カール・バルトと
エキュメニズム

一つなる教会への途

佐藤司郎著

新教出版社

序説

教会の思惟と行為はそれらが一つの聖なる教会、ただひとりの主を承認するキリスト者の交わりを実現しようと努めているかぎりにおいてエキュメニカルである（生活と実践世界会議、一九三七年）――これを広い意味でエキュメニズムと呼ぶとすればカール・バルト（1886-1968）の神学はどのように見られるのであろうか。これが本書で追求した問題であった。われわれはバルトの神学者としてのほぼすべての歩みを検証し、結論として、この問いに、全面的な然りをもって答えることになった。

従来カール・バルトはエキュメニカル運動に対し批判的で無理解なように見られることがあり、エキュメニズムとは結びつかないと考えられることもあった。その理由もむろんないわけではない。というのもじっさいその若き牧師時代最初の任地ジュネーヴでジョン・モット（学生キリスト教連盟の指導者で一九一〇年のエディンバラ世界宣教協議会の議長をつとめた）の講演を聞きその人格に感銘を受けるというようなこともあったが、とりわけ第一次大戦後、近代プロテスタント主義批判に転じてからは、一九二〇年代の弁証法神学時代を通じてエキュメニカル運動に対しその啓蒙主義的刻印や実用主義のゆえにほぼ一貫して批判的態度をとり、その言説は部分的には一九三〇年代の半ば過ぎまでつづいていたからである。

しかしバルトはその長い神学的キャリアにおいてそうしたところに留まりつづけることはなかった。ここでもバルトはまさに「転換の中に生きる神学者」（E・ブッシュ）であった。一九三八年クリスチャン・センチュリー誌の求めに応じ「この一〇年私の心はいかに変化したか」に答えてバルトは「この一〇年」にエキュメニカル運動に関わるようになったことを重要な変化として回顧している。興味深いのは一九二八年までは自分が個人的に知っていたのはスイスとドイツそれにオランダの一部だけであり、一九二九年に初めてイタリアを見、ようやく世界を、少なくともヨーロッパ各地をやや広範囲にわたって実際に見ることになったこと、そして各地の教会に内的な関心をもつようになったことを、エキュメニカルな関心と責任の意識が生じたことに結びつけていることである。これはわれわれにもよく分かることであろう。

さてしかしその間バルトのエキュメニズム観に決定的な意味で転換をもたらしたのがドイツ教会闘争であったことは間違いない。具体的にはルター派、改革派、合同派といった教派的伝統を超えてバルメンに結集し『バルメン神学宣言』（一九三四年）を発表した告白教会の闘いの経験がエキュメニズムへの新たな理解を彼にもたらした。そしてその理解を明快に示したのが、翌年、ドイツを追われたバルトがジュネーヴのエキュメニカル・セミナーでおこなった連続講義「教会と諸教会」（三五年）であった。ここで示されたキリストにおける諸教会の一致、信仰告白における出来事としての一致という考え方は、たとえばエキュメニカル運動をこの講義でバルトは理論的に肯定し実践的に否定したといったフィッセルト・ホーフトの批判的見解にもかかわらず、バルトの基本的な、そして後々まで変わらないエキュメニズム観の提示であったと評価してよいと思う。

戦後バルトが「世界教会協議会」創立総会（アムステルダム、一九四八年）の開会講演者として登場したことは、エキュメニカル運動へのそれまでの関わりからして一般に大きな驚きをもって受けとめられた。いずれにせよそれは「世界教会主義者《エキュメニスト》」としての彼の活動の頂点であった。バルトを推薦したのはアメリカのヴァン・デューセンであった。バルトは躊躇したがフロマートカからの説得もあって引き受けた。大会の準備段階から精力的に参加したバルトは、大会後も、自らの属するスイス改革派教会でアムステルダムの線に立って対話による一致のために努力した。われわれは本書第三章で彼のあまり顧みられることのない講演『スイス改革派教会のエキュメニカルな課題』などの分析も試みた。

　しかし一九五〇年代の前半、「世界教会協議会」第二回エヴァンストン大会（一九五四年）の準備委員として積極的に活動したことを最後にエキュメニカル運動への関わりは後退し、それに取って代わるかのようにカトリックの神学者たちとの関係が深まっていくことになる。もともとカトリック教会・神学者との実りある出会いは彼のミュンスター教授時代（1925-30）に始まった。ボン時代に本格的に取り組んだアンセルムス研究が、近代プロテスタンティズムとカトリックの二正面に対峙しつつなされたバルト神学の形成に、決定的に寄与することになったことは周知の通りである。五〇年代は、むしろカトリックの側からバルトへの並々ならぬ関心が寄せられた（ハンス・ウルス・フォン・バルタザール、ハンス・キュンクなど）。こうした中で第二バチカン公会議への関心がバルトの中に生まれたのも不思議ではない。本書でも第二バチカンとバルトの関わりを彼の残した手記をもとに記述した。バルトがバチカンの神学者たちに提示した公会議諸決議への「設問表」はこれからも神学的な対話の一つの手がかりとなろう。晩年カトリック教会との関係が深まる中でバルトはカトリックに改宗してしまうのではないかという噂さえ立ったが、むろん彼はこれをきっぱり否定した。バルトの絶筆「新しい出発・立ち帰り・告白」（『最後の証し』）は翌年一月のエキュメニカル祈祷週間のプロテスタントとカトリック、新旧両派の合同フォーラムの講演とした用意されていたものであった。翌日書き継がれるはずの草稿を机上に残して彼は一九六八年一二月一〇日夜天に召されたのである。

　一二月一四日告別式がバーゼル大聖堂で行われ、七人の関係者が追悼の言葉を述べた。マックス・ガイガー（バーゼル大学神学部長）、ルーカス・ブルクハルト（バーゼル州知事）、ヘルムート・ゴルヴィツァー（ドイツの教会と大学を代表して）、フロマートカ（式次第に彼の名はなかったが、直前に到着し、社会主義圏の東欧教会を代表して短いスピーチをした）、ハンス・キュンク（カトリック神学者として）、エーバハルト・ユンゲル（若い世代の学者を代表して）、そしてフィッセルト・ホーフト（世界教会協議会を代表して）。これらの名前だけでもカール・バルトの世界教会的な広がりを確認することができるであろう。この中でハンス・キュンクの語った追悼の言葉はバルトとエキュメニズムの関係を最も適切に語っていてわれわれの手引きとするに相応しいように思われる。彼の語っている中から二つとり上げたい。第一にキュンクは、バルトを第二バチカン公会議と関係するカトリック革新運動の精神的な父祖の一人となったといって過言ではないと述べつつ、バルトの態度を「神の言葉に信頼して自己の教会に堅くふみとどまりつつ、しかも他の教会に対して開かれた視野をもっている」ものと評価した。第二にキュンクは、バルトはいたるところでわれわれの「共通の信仰の証人」となったと語った。これら二つに私も、バルトとエキュメニズムの関連でわれわれの確認しておくべき基本的認識として同意したい。少し敷衍して言えば、第一にキリストにおける一致というのは、自らの教会の立場、信仰の告白を放棄することを意味せず、むしろそれぞれの教会はキリストの教会であるかぎり自らが真にキリストの教会であるかをそれぞれに問わなければならないということである。それぞれの教会がひとりの主の声に真剣に聞き、主の声によって心開かれ他の者の声にも聞くときに、諸教会は「遠くはるかな所にか近い所にかはともかく」（『和解論』第一部）一致への途上にあることを確信してよいのである――命じられているのは「われわれ自身の門前を喜んで掃き清める志と結びついた静かな兄弟的希望」（『使徒タチノ墓ヘ』）である。第二にキュンクの、バルトは「共通の信仰の証人」であったという証言は貴重である。われわれはバルトが晩年ドゥ・ケネタンのインタビューに答えて「私の関心は、いつも、エキュメニカルな神学、つまりある特定の教派の狭い範囲の中に包摂されない神学を教えることでした」（一九六二年一一月二〇日）と語っていることなどを思い起こすからである。彼はまさにこの「エキュメニカルな神学」、全教会的な信仰、「共通の信仰」の証人にほかならなかった。

目次

第一章　エキュメニカル運動と弁証法神学

第一節　二〇世紀キリスト教の二つの新しい事象

二〇世紀のキリスト教の歴史に特別な広がりと深み、そして彩りをもたらした二つの事象をわれわれは指摘することができるであろう。一つは「エキュメニカル運動」であり[1]、もう一つは「弁証法神学」である。これらは、一方は宣教、他方は神学と、その領域の範疇を異にし、最初から直接の関係があったということはないとしても、時代を共有し、やがて人を介して重なり合い、時に批判的に、また時に近接して歩んだ。何よりバルトその人においてそういうことができるであろう。

「エキュメニカル運動」とは、本来教会とは一つであり、多数の教派・教会に分かれて存在しているという現実を克服し再び一つの教会として世界に対するその使命を果たしていこうとする理念・運動のことである。一九四八年八月にアムステルダムで正式に発足した「世界教会協議会」（World Conference of Churches = WCC）に代表されるこうした運動が世界のキリスト教にまた政治社会にも大きな影響を与えてきたことは一般に認められている通りである。

近代の「エキュメニカル運動」の流れをつくり出した要因はむろん種々あげられる。しかしその中でとくに大きな役割を果たしたのは一九世紀欧米プロテスタント教会の海外伝道であった。英国教会をはじめとして信仰覚醒を経験したアメリカの諸教派はみな熱心に海外伝道に取り組んだ。新しい伝道地での宣教師の協力は自然であり、また不可欠であり、宣教師を派遣する側でも信徒を中心とする教派を超えた宣教団体や聖書協会などが生まれた。以来今日までその活動は拡大し、教会の一致や諸教会の宣教における協力だけでなく、世界の、またそれぞれの地域での社会的正義と平和の追求、さらには今日、宗教間対話の理論と実践にまで及んでいる。

一九世紀以来の「エキュメニカル運動」の発展をわれわれはおよそ三段階に分けて理解することができるであろう。[2] 第一段階は一九世紀から二〇世紀初頭にかけての時代、第二段階は二〇世紀の前半、そして第三段階は二

（1）英語の「エキュメニズム」（形容詞エキュメニカル）は「住む《オイケイン》」という原義をもつギリシャ語のオイクメネーに由来する。オイクメネーは、すでに前五世紀、人の住んでいる土地を意味していた。新約時代ではローマ帝国を、したがって全世界を意味し、四世紀にはキリスト教の公式の用語として、その語形変化した形で、帝国全体の教会、その教会会議、また教会の普遍的で有効な価値をもつ信条・決議・役職などに付して用いられた。一九世紀にいたり新たな観念が付け加わり、キリスト者の世界大の交わりに属していること、教会の一致のために働く用意をしていること、その心得などを意味するようになる。フィッセルト・ホーフトによればアンリ・デュナンは一八五〇年代にＹＭＣＡにおける「エキュメニカルな心」について語っているという。二〇世紀に入り今日まで、一九四八年創立の「世界教会協議会」（ＷＣＣ）を中心に、エキュメニズムは教会一致運動から宗教間対話までその含意は広がっている。ＷＣＣの「トロント宣言」（一九五〇年）に、「エキュメニカル」という表現は全世界に対する全教会の福音宣教の全活動に関係するときに適切に用いられているのであるとうたわれているように、「エキュメニズム」（エキュメニカル）にはつねに宣教の次元がなければならない（フィッセルト・ホーフト）――なおドイツ語では一般にプロテスタントでは「エクメーネ」が、カトリックではたとえば第二バチカン公会議などでも「エクメニスムス」が用いられる。本書ではエクメーネに対して「エキュメニズム」を、ときに「世界教会」という訳語も当てた。Vgl. *W. A. Visser't Hooft*, Art. Ökumenisch, RGG^3.; *ders.*, Geschichte und Sinn des Wortes "Ökumenisch", in: Ökumenischer Aufbruch, Hauptschriften, Bd.2, 1967, S.11-28.

（2）一般に認められているように一九一〇年のエディンバラ宣教協議会が一九世紀からのエキュメニカル運動の到達点であり、二〇世紀のエキュメニカル運動の出発点でもあった。ここに収斂する動きをわれわれはさし当たり三つ認めることができるであろう。一つは一七世紀の半ばから大陸でもイギリスでも敬虔主義の陣営を中心に活発化した海外伝道の動きである。一八、一九世紀に多くの宣教協会・聖書協会が生まれ、本国の送り出す側での

〇世紀後半から今日までである。二一世紀も早や二〇年近く経過し、この第三段階はむろんもっと細分されるべきであろうが、それはここでのわれわれの関心ではない。この第一段階、すなわち、草創期の、後に「世界教会協議会」にまでつながっていく重要な大会ないし組織の中から、ここで本書の関心に従って二つの名をあげておきたいと思う。一つは、第一段階の到達点であると同時に第二段階の出発点となった宣教協議会、すなわち、一九一〇年六月にエディンバラで開催された「世界宣教協議会」（World Missionary Conference）であり、もう一つは、第一次大戦勃発直後の一九一四年八月初めにドイツのコンスタンツで結成された「諸教会の国際友好関係促進のための世界連盟」（Weltbund für internationale Freundschaftsarbeit der Kirchen / World Alliance for International Friendship through the Churches）である。「エキュメニカル運動」は一九一〇年代に本格的にその活動を開始した。

他方、「弁証法神学」といわれるドイツ、スイスのプロテスタント教会に起こった新しい神学的潮流は、周知のように、カール・バルトの『ローマ書』初版（一九一九年）をきっかけにして始まった。弁証法神学運動の担い手やその主張については後述するとして、その中心にいたカール・バルト自身がジュネーヴで牧師補として教職者の歩みを始めたのは一九〇九年九月、その後アールガウ州ザーフェンヴィル教会の牧師に就任したのは一九一一年七月であった。かくて「エキュメニカル運動」とカール・バルト及び弁証法神学、これらは——具体的に関係し始めるのは「エキュメニカル運動」の第二段階に入ってからであり、限定して言えば一九二〇年代半ばから三〇年代を通じてであったが——深く関わり合いながら進むことになる。

（1）「エキュメニカル運動」と「弁証法神学」

（a）「エキュメニカル運動」の始まり

一九一〇年六月一四～二三日、スコットランド教会（The United Free Church of Scotland）の所有するエディンバラのアセンブリー・ホールで開かれた「世界宣教協議会」は「エキュメニカル運動」の第一段階の到達点であるとともに第二段階の出発点として運動の嚆矢とも見なされている。(3)

主として信徒を中心とした教派を超えた協働がさかんになり、伝道地においても女性を含む宣教師たちの協力が深められて行った。もう一つは、一九世紀に、国際的な組織や大会が創設・開催された（一八五一年、ロンドンでの第一回万国博覧会。一八六四年、赤十字。一八九六年第一回近代オリンピックなど）のに呼応するかのように生まれた諸教派の国際組織である（一八六七年、アングリカン・コミュニオンの第一回ランベス会議。一八七〇年、第一バチカン公会議。一八七五年、改革派世界連盟、一九〇五年、バプテスト世界連盟など）。いま上げた組織は国際的だとはいえ教派内の結束を示すものであったのに対して、三つ目にわれわれが上げなければならないのは、キリスト者学生・青年組織であり運動であろう。それは教派を超え、国家・民族を超えたものであった（一八五五年、YMCA／YWCA。一八九五年、キリスト教学生世界連盟、一九〇七年、世界日曜学校連盟など）。すべてを網羅することはできないが、二〇世紀のエキュメニカル運動はこうした各領域の多様な動きが連携して生まれた。以下の諸文献をを参照せよ。W・ウォーカー『キリスト教史4　近・現代のキリスト教』ヨルダン社。西原廉太「エキュメニズムに進むキリスト教」、『総説キリスト教史』二二九頁以下、日本基督教団出版局。戦後のエキュメニカル運動については、神田健次「戦後のエキュメニカル運動史（前）」『神学研究』三八、一九九一年、二五一～二八〇頁、同（後）、『神学研究』三九、一九九二年、一一九～一四二頁など。Vgl. Dictionary of the Ecumenical Movement, ed. by Nicolas Lossky, Geneva 1991.

（3）エディンバラの「世界宣教協議会」は一八五四年ニューヨークとロンドンではじめて開催され、一八六〇年にはリバプール、一八七八年、八八年にロンドン、さらに一九〇〇年にニューヨークで開かれた宣教協議会の継続として開催されたエキュメニカルな協議会であった。諸宣教団体の正式代表が出席したこと、徹底した事前準備がなされたこと、伝道地の教会や新しく生まれた教会の代表者も少数ながら出席してそれぞれの地域の状況をよく伝えたことなど、時代を画する協議会として今日まで近代の国際宣教を巡る協議会の実質的な出発点と位置づ

エディンバラ協議会以後、「エキュメニカル運動」は、エディンバラの影響を受けた諸団体によって担われることになる。「国際宣教会議」(International Missionary Council=IMC)[4]と「信仰と職制世界会議」(World Conference on Faith and Oder)をわれわれは先ずあげなければならない[5]。

エディンバラ協議会と並んで二〇世紀「エキュメニカル運動」の一つの起源とも目されているのは先述の「諸教会の国際友好関係促進のための世界連盟」(以下「世界連盟」と表記)である。「国際宣教会議」や「信仰と職制」とは異なり、教会による平和への積極的な貢献を目指したものであり、クウェーカー教徒ジョセフ・アレン・ベイカーとドイツ人フリードリヒ・ジークムント＝シュルツェの働きが大きかった。一九〇八年に始まった教会交流はやがて一九一〇年に合同の教会委員会の設置に至り、一九一四年八月に「世界連盟」が成立した。ドイツ教会闘争時に若きボンヘッファーが青年委員の一人として活躍するなど、「生活と実践」とともに重要な役割を果たした(付論、参照)[6]。

(b)「弁証法神学」運動の発生

「弁証法神学」とは、周知のように、第一次大戦後のドイツとスイスのプロテスタント教会に現れ、機関誌『時の間』(1921-1933)などを通して当時もっとも大きな影響を与えた神学運動を指す。カール・バルト、エドゥアルト・トゥルンアイゼン、フリードリヒ・ゴーガルテン、ルードルフ・ブルトマン、そしてゲオルク・メルツによって担われたが、終始その中心にいたのはバルトであった[7]。

けられている。一五九の宣教団体が一二〇〇人以上の代表者を送った。ヨーロッパの参加者がもっとも多く、大陸の四一の団体から一七〇人が参加した。それ以外ではインド、ビルマ、中国、日本、韓国などから一七人の参加があったが、これらは欧米(イギリスとアメリカ)の宣教団体の枠の中での参加であった。Vgl. *W. R.*

Hogg, Ecumenical Foundations, A History of the International Missionary Council And Its Nineteenth-Century Background, 1952.　なお一七人のアジアからの参加者名については同書 p.395-396を参照。

（4）「国際宣教会議」はエディンバラの会期中「溢れる喜び」（W・R・ホッグ）のうちに設置が決定された「継続委員会」によって引き継がれ、第一次大戦の困難な時期を乗り越えて一九二一年に成立した。議長にジョン・R・モット、幹事にJ・H・オールダムを選出し、組織もタスクも基本的にエディンバラを継承した。「国際宣教会議」は一九二八年にエルサレムで第一回の大会を、一九三八年にタンバラムで第二回大会を開催した。都合五回の国際宣教会議（一九四七年ホイットビー、一九五二年ヴィリンゲン、一九五七／五八年アチモタ）をへて一九六一年に「世界教会協議会」に統合された。

（5）「信仰と職制世界会議」は一九二〇年八月の準備会議をへて、一九二七年にローザンヌで最初の世界会議を開催した。米国聖公会のC・H・ブレント主教がエディンバラ宣教協議会で与えられた教会一致の幻を推進力としていた。彼はエディンバラでキリスト教の一致の新しい時代の到来を予感しまさに回心にも似た経験をしていたが、教会の一致のために考慮されるべき神学的問題が回避されていることにも気づいていた。第二回大会は一九三七年にエディンバラで開かれた。「信仰と職制」は「生活と実践」（後述）と一つの組織になるため一九三七年にそれぞれ解散を決議して、翌一九三八年にオランダ・ユトレヒトで「世界教会協議会」が暫定的に成立した。

（6）「生活と実践世界会議」（World Conference on Life and Work）はこの「諸教会の国際友好関係促進のための世界連盟」から生まれた。その成立にはスウェーデンのルター派ナータン・ゼーデルブロムに負うところが大きかった。ゼーデルブロムのほか、ジョージ・ベル、フリードリヒ・ジークムント＝シュルツェなど有力な指導者たちが集まった。ゼーデルブロムはエディンバラで力強い働きをしたオールダムに助言を仰ぎながら社会生活の領域での諸教会の連携を模索し、第一次大戦後の一九一九年／二〇年と世界会議の準備を進め、一九二五年にストックホルムでその第一回大会が開かれた。第二回大会は一九三七年オクスフォードで開かれた。

（7）「弁証法神学」――『時の間』が刊行された年に外部の「あるひとりの傍観者」がそのように呼び始めた――はバルトの『ローマ書』初版（一九一九年）が当時の若い牧師・神学者に積極的に受けとめられて始まった。一九一九年秋にタンバッハで開催された宗教社会主義の大会――バルトは「社会の中のキリスト者」と題して講演――がこの運動の担い手たちの出会いの場となり、弁証法神学運動の始まりの機縁ともなった。『ローマ書』第二版の刊

バルトはこの神学運動が始まった時にその意図において一致していた点を次のように述べている。「人神（Menschgott）をもった――われわれはそれの聖所をそのような人神であると考えた――今世紀初頭の新プロテスタント主義の積極主義的‐リベラルな、あるいはリベラルな‐積極主義的な神学に対して、神の言葉の神学を――われわれ若い牧師たちに対して聖書から命じられたものとして次第に迫ってきており、またわれわれが宗教改革者たちのところで模範的に主張されているのを見た神の言葉の神学を――対置させることである」[8]。また「弁証法的」という言葉は優越的な神と人間が出会うときの思考の特徴を意味していると考えていた。「危機神学」とも呼ばれたが、それは第一次大戦後の全般的な危機意識を背景に、神に対する世界と人間、教会を頂点とする人間の文化の危機を剔抉したからであった。「神の言葉の神学」という名称は『時の間』発刊の頃の共通の自己理解を表すものとして当事者たちが使ったものだが、バルトやトゥルンアイゼンにはとくにこの呼び方が相応しい。

（c）一九一〇年前後

「エキュメニカル運動」と「弁証法神学」、一方は世界的広がりをもつ宣教の組織・運動であり、他方は地域的にもかなり限定された神学的な運動であって、違いは明らかであった。担い手たちの世代も異なり、フィッセルト・ホーフトも指摘しているようにエキュメニカル運動の推進者のほとんどが一八八〇年以前の生れであったのに対して、弁証法神学に加わった人はそれより若く一八八〇年以後に生まれた当時三〇歳代の少壮の神学者や牧師であった。「エキュメニカル運動」が主として英国人とアメリカ人、その宣教団体及びキリスト者たちによって――大陸のキリスト者たち、具体的にはドイツの教会人も、とり分けベルリンの神学教授たちを中心に多数加わっていたけれども――推進されたのに対し、「弁証法神学」がまずはドイツ語圏の人々に受けとめられ、かつ担われたことは、その後の世界の歴史の展開の中で両者の関係にも影響を与えた。それと関連して「エキュメニカル運動」が「われわれの世代で世界へのミッションは完成する」（ジョン・R・モット）といった言葉に代表される第一次大戦前の楽観主義的なプロテスタンティズムに支配されていたのに対して、「弁証法神学」の担い手たちに共通していたのはすでに述べたように大戦後の人間と歴史に対する深刻な危機意識であった。こうした神学的な認識は彼らが「エキュメニカル運動」に加わっていくことをときに妨げ、ミッション理解などにおいてもかなり批判的な立場をとることを余儀なくした。次節で扱われる一九三二年のバルトの講演『現代における神学とミッション』などからわれわれはそれをはっきりうかがい知ることができる。

(2) バルトの「エキュメニカル運動」批判

(a) バルトの疑念

草創期の「エキュメニカル運動」をバルトはどのように見ていたのか、一九二〇年代から三〇年代初めまでの、

行（一九二二年）ならびに『時の間』誌の創刊（一九二三年一月）までがこの神学運動の第一段階である。第二段階は一九三〇年頃までで弁証法神学の展開期に当たる。弁証法神学の若い担い手によるそれぞれの領域における研究活動が進展するとともに、当初から内包されていた考え方の違いが顕在化し論争もくり返された。第三段階は一九三〇年代に入り、一九三三年の『時の間』の休刊まで、運動の分化・分裂の時期である。神学の考え方の相違に加えてヒトラーの政権奪取（一九三三年一月）とドイツ的キリスト者運動の台頭は教会政治的な態度決定を巡って分裂を余儀なくした。ドイツ的キリスト者信仰運動の中に新プロテスタンティズムの本質の―最後の、全く完璧な、最悪の産物」（『訣別』）を見ていたバルトは、とり分けゴーガルテンが彼らの側に立つのを見て同じ雑誌に執筆することを拒否し、『時の間』誌自身に『訣別』なる論文を掲載し弁証法神学運動は事実上終わりを迎えた。

（8） *K. Barth*, Abschied, in : Vorträge und kleinere Arbeiten 1930-1933, GAIII (49), S.496f.（『訣別』）。

いずれも短い諸発言を辿れば、非常に懐疑的であったことは明らかである。

バルトの最初の発言の一つは一九二五年八月にストックホルムで開催された実践的キリスト教世界会議（「信仰と生活」）を巡るものである。「すべての教派とすべての国のキリスト教会……は、もしもそれが病気でなかったならば、一九一四〜一八年に別な態度をとり、また一九二五年にストックホルムで別な言葉を見いだしたであろう。教会は、それがもう一度、それが基礎づけられている希望の上に、全面的に自分を置くのでなければ、健康となることはないであろう」（一九二六年六月『教会と文化』）[9]。文化理解における終末論的視点からストックホルムも含めてエキュメニカル運動に鋭い批判を記している。前年のトゥルンアイゼン宛の手紙にすでに次のように記していた、「エゲリ湖では宗教－社会的トランペットがもう一度吹き鳴らされたことを聞いて私は安心しています（トゥルンアイゼンもそこで講演をした）。そのことはたしかによいことであるに違いありません、というのもまさに今だから、まさにストックホルムの詐欺を前にしているからです。フォルストホフも最近になって（《聖書の証言》誌で）加わった意地悪な連中の側でなされている詐欺はわれわれには通用しません」[10]。これらがもっとも早い段階の発言である。[11]

こうした発言の後であるが、次のような一文は彼の思いを素直に示したものでないだろうか。The Student World 誌の編集者ミラーに、信仰のキリストについてのシンポジウムのための論文執筆の依頼をていねいに断った上で、こう書いている、「こうした企画によって、次のような外観が、つまり、キリストにおけるキリスト者の一致が一つの現実であるかのような外観、つまり可能なかぎりの多くの種々のキリスト教的立場の合計によって見えるものとして示されることができるような一つの現実であるかのような外観が醸し出される、あるいはすでに存在する外観が強化されるかも知れない。またキリスト者の一致が種々のキリスト教の見解の間の選択と切り捨てという道の上で遂行されるかのような外観が醸し出される、あるいはすでに存在する外観が強化されるかも知れない」[12]。その上でさらにバルトはこう書いている、「エキュメニカル運動」においてキリストにおける一致という真理問題が問題にされないとしたら、私にできることは三千の言葉を連ねることではなく一言も発しないことだと（一九二八年三月）。こうして彼は「エキュメニカル運動」に関して自らあえて沈黙してしまった。

その後バルトはようやく一九三一年頃から再びいろいろの機会に発言し始める。そしてこれらの諸発言はドイツにおける国家社会主義の台頭と無縁ではなかった。『福音主義教会の危急』（一九三一年一月）ではストックホルムとローザンヌ（「信仰と職制」一九二七年）の両方を名指ししながら、教会のあの目に見える一致を造り出すのは神であって教会ではない、教会はこの一致を求めつづけていく以外のことをするのではないことを強調している[13]。われわれが次項で少し詳しく取り上げる三〇年代初頭の二つの論考『《キリスト教》への問い』（一九三一年一二月）と『現代における神学とミッション』（一九三二年四月）で一九二八年のエルサレムの宣教会議に言及される。とくに前者においてバルトは、自らの事柄《ザッヘ》に対するキリスト教の「裏切り」、「ちょっとした適応と譲歩」を指摘し、「『人種、民族、国民』の神性についてファシズムと語り合うすべを知っているというような《キリスト教》[14]」を批判した。「ファシズム」とはバルトにとって「異質な諸宗教」の一つにほかならなかったが、そうし

(9)　*K. Barth*, Die Kirche und die Kultur, in : Vorträge und kleinere Arbeiten 1925-1930, GA III (24), S.504.（『教会と文化』）。

(10)　*K. Barth-E. Thurneysen*, Briefwechsel Bd.2, 1921-1930. GAV (4), S.382f.

(11)　Vgl. *T. Herwig*, Karl Barth und die ökumenische Bewegung, 1998, S.23.

(12)　*K. Barth*, Offene Briefe 1909-1935. GAV (35), S.111f.

(13)　*K. Barth*, Die Not der evangelischen Kirche, in : Vorträge und kleinere Arbeiten 1930-1933, GA III (49), S.82f.（『福音主義教会の危急』）。

(14)　*K. Barth*, Fragen an das《Christentum》, ibid., S.150f.

た宗教に対するミッションを放棄しプロパガンダに堕したキリスト教の在り方に批判が向けられている[15]――エルサレム宣教会議については少し後になって『教会教義学』の『神の言葉』（I/2）で[16]、また『神論』（II/1）でも言及される。神認識における自然神学の問題がミッションとの関連でも言及され、「あらゆる種類の自然神学[17]」が否定された。プロパガンダと自然神学の問題がバルトのエルサレム会議批判の要点であったが、これらはこの時期の宣教神学、エキュメニカル運動全般に対する批判でもあった。このうちプロパガンダ批判のほうはドイツの宣教神学においてもアングロ・アメリカンによる「エキュメニカル運動」批判としてエルサレム会議（一九二八年）をきっかけに用いられ始めたが、宣教における自然神学批判のほうは「民族性の神学」が浸潤するドイツの教会状況で受け入れられることはきわめて困難であった。

ここでもう一つ触れておきたいのはアドルフ・ケラーとのやりとりである。バルトの最初の任地ジュネーヴでの実際上の上司で当時自ら創立に関わったスイス福音主義教会連盟の最初の幹事をつとめていたケラーは、その著書『キリスト教世界における弁証法神学の道』（一九三一年）で、「エキュメニカル運動」と「弁証法神学」の並行性を主張し、弁証法神学側の消極的な姿勢を嘆きつつ両者の媒介を計ろうとした[18]。これに対してバルトは返信で、とくにケラーの書の第九章を話題にし、教会間の交わりなど「実践的課題」についてはこれを認めたものの、「エキュメニカル運動」においてエキュメニカルなものが形式的に目標として設定されそれがまるで人間的な活動と人間的な語りのテーマであるかのように理解されていると批判し、両者の並行性を全くもって認めなかった[19]。

(b) ドイツ宣教神学とバルト

バルト自身の懐疑的な反応はいま見た通りだが、バルトのドイツ宣教神学への影響はエルサレム宣教会議（一九二八年）以前においてはほとんど確認できないというW・ギュンターの見解[20]に賛意を表した上でジョン・G・フレットは、一九二八～三三年のドイツ宣教神学と「弁証法神学」との関係に一つの見取り図を提示した。[21]これを参考に整理すれば、次のようになるであろう。

１、アングロ・アメリカンの宣教論に対するドイツ宣教論の批判的な見方はグスタフ・ヴァルネックにまで遡

(15) Vgl. *K. Barth*, KDI/1, S.159. なおバルトも評価するミッションとプロパガンダのM・ケーラーの区別については以下を見よ。*M. Kähler*, Die Mission - ist sie ein unentbehrlicher Zug am Christentum? [1908], in : *ders*., Schriften zu Christologie und Mission, hrsg. von H. Frohnes (TB 42), 1971, S.105-255.

(16) KDI/2, S.368.

(17) KDII/1, S.107.

(18) *D. Adolf Keller*, Der Weg der dialektischen Theologie durch die kirchliche Welt, 1931, IX Kap. S.168-205.

(19) 「私が思いますに、そこには全くの、私の見るかぎり和解できない方法上の対立が隠れています。あなた方は『運動』そのものに関心をもっています……それゆえまた運動にそのようなある種の尊敬すべき誓いをもって同伴しなければならないのです。私は……ただこういうことをあなたにお伝えしたかっただけなのです。あなたが描いてみせたエキュメニカル運動と弁証法神学が共存し共属し合っているということについて私は賛成しないということです」。*K. Barth*, Brief an D. Adolf Keller, 1.31.1931.（バルト・アルヒーフ所蔵）。なおヘルヴィクは、この返信に出てくる、「私は、いわば、現場での（an Ort und Stelle）エキュメニカルなものを求めています。概念の地理的な意味への関心はありません」という文言に関連して、バルトのエキュメニズム観の転換となった一九三五年七月の講演（『教会と諸教会』）で語られるキリスト支配的脱中心主義がはじめて現れることに注目している。Vgl. *T. Herwig*, ibid., S.24f. これに関連して本書第三章第一節（４）-（ｂ）を参照せよ。

(20) *W. Günther*, Von Edinburgh nach Mexico City, 1970, S.46.

(21) Vgl., *John G. Flett*, The Witness of God. The Trinity, *Missio Dei*, Karl Barth, and the Nature of Christian Community, 2010, p. 78-122. 参照、拙稿「宣教の神学としてのバルト神学」（『人文学と神学』五号）。

るドイツ宣教論の基本線として以前から存在していた。2、この批判的立場はアングロ・アメリカンの線で行われたエディンバラ協議会の後、第一次大戦をへて深刻化し、エルサレム宣教会議において厳しく対立し合うに至った。[22] 3、この段階でドイツ宣教論はバルトおよび「弁証法神学」の「エキュメニカル運動」批判の言説を用いることになる、すなわち、アングロ・アメリカンの「適応主義」(accommodationism)を批判する中で、植民地主義に並行する形で西欧文明の移植として行われてきたミッション活動に近代プロテスタンティズムの退廃的な帰結を見ていた「弁証法神学」に「同志」のように引きつけられ、その批判的方法を用い始めた。4、しかしながらこうしたドイツ宣教論と弁証法神学の間の、いわば対話は、ヒトラーの全体主義の登場によって途絶し、ヴァルネック以来「民族性」の言説に浸潤されていたドイツ宣教論には「弁証法神学」の、というよりバルトの、とりわけ三〇年代に入って改めてなされたミッション批判に耳を傾ける余裕はなくなっていた。じっさいその時期の講演でバルトは「古い」敬虔主義的なミッション理解を、また「いかがわしい」アングロ・アメリカン的なミッション理解を批判しただけではない、ドイツにおける「本物のルター主義を自称する」ミッション理解を、二〇年代後半に台頭してきた「民族性の神学」とその根底にある近代の新プロテスタント主義の自然神学という文脈においてもっとも厳しく批判せざるをえなかったのである(本章第二節を見よ)。[23]

こうしてドイツ宣教論は「弁証法神学」とバルトに対して両面価値的な対応を取らざるをえなかった。[24] 一方でそれは「弁証法神学」にその文化否定の傾向性のゆえにミッション否定の神学を見て取り、ミッション意志を「麻痺させる(腿の関節がはずされる)[25]」ものだと批判した。他方しかしそれは、「弁証法神学」を、敬虔主義でもないアングロ・アメリカンでもない宣教の新たな方向づけのための「浮標信号」として認めた。フレットは、前者としてデヴァランネ、カール・イエーガーなどをあげたほか、「弁証法神学」がミッションの現実を知らないと批判したアドルフ・ケーベルレやジークフリート・クナークらもそれに加えている。「弁証法神学」の機能を後者のように積極的な意味で紹介したのはＧ・ジーモンだが、「弁証法神学」ならびにバルトの立場を理解し宣教論の中に積極的に取り入れようとした人々がいたことはいうまでもない。終始バルトに近くに立っていたバーゼル宣教会のカール・ハルテンシュタインの名をまずわれわれはあげなければならない。[26] さらにはヘンドリク・クレーマー[27]、フィッセルト・ホーフト[28]、そして広い意味においてディートリヒ・ボンヘッファーもその中に加えてよいであろう（第二章の「付論」を参照せよ）。

---

(22) Vgl. *W. Günther*, ibid., S.32-35.
(23) Vgl. *K. Barth*, Die Theologie und die Mission in der Gegenwart, in : Vorträge und kleinere Arbeiten 1930-1933, GAIII (49), S.194.
(24) *John G. Flett*, ibid., pp.85.
(25) *K. Barth*, ibid., S.207. ; *S. Knak*, Missionsmotiv und Missionsmethode unter der Fragestellung der dialektischen Theologie, in : Botschafter an Christi Statt, 1932, S.66.
(26) カール・ハルテンシュタインはバルト神学に親しみ宣教論におけるその実りを模索した人。一九三三年に妻と義兄がユダヤ人迫害で殺され、その後宗教社会主義にも接近した。一九二六～三九年までバーゼル・ミッションの主事をつとめ、バルトとも親しくつき合う。スイスの宣教学の重鎮。一九四一年にシュトゥトガルトの高位聖職者として領邦教会監督ヴルムに協力、宣教団体を帝国教会に組み込むドイツ的キリスト者の企てにきびしく反対した。戦後、「ドイツ福音主義教会」（ＥＫＤ）や「世界教会協議会」（ＷＣＣ）創設に尽力した。一九五二年ヴィリンゲン宣教協議会の後まもなく死去（RGG^4）。
(27) Vgl. *H. Kraemer*, The Christian Message in a Non-Christian World, 1938.
(28) 第二章第一節、注７参照。

第二節　もう一つの戦線――バルトのミッション論

本節でわれわれは一九三〇年代に入ってバルトが発表した二つの論考（『《キリスト教》への問い』と『現代における神学とミッション』）を改めて取り上げることになる。すでに第一節でわれわれは一九二〇年代後半から散見されるバルトの「エキュメニカル運動」批判を瞥見し、さらにドイツ宣教論におけるバルトならびに「弁証法神学」の肯定的かつ否定的な受けとめもフレットの研究に従いながら確認したが、二つの論考はそうした中でバルトの基本的立場を総括的に示すものであった。

　重要なことは、二〇年代末から三〇年代にかけてのバルトにとって、ミッションの問題は、近代プロテスタントの自然神学との闘いのもう一つの焦眉のフロントにほかならなかったことである。[29] その意味において二つの論考でのミッション批判はきびしいものにならざるをえなかったが、同時にミッションの使命はそうしたきびしい道をとおってはじめて果たされるとも彼は考えていた。そこにきわめて積極的なものがあったことをわれわれは見誤ってはならない。『現代における神学とミッション』の最後のところでバルトは、「現代の特定の神学」――つまりバルト神学、ないし弁証法神学――によって「ミッション意志の麻痺」が招来したといった批判を念頭に、こう記す、「こうした非難がこの講演によってやはり確かめられたと誰かが思ったとしても私は驚かない。私はこうした非難を受け入れる。そして一人の男のことを思い起こす、われわれはみな聖書からこの男のことを知っている。彼は腿の関節を外され〔麻痺させられ〕それを甘受しなければならない、腿の関節を外された〔麻痺させられた〕者として勝利し、イスラエルという名をいただくために」〔創世記三二章二三以下〕。バルトからすれば、

まさにこうしてミッションの道は拓かれるのである。(30)

(1)《諸宗教》へのミッション――『《キリスト教》への問い』

(a) 論説の寄稿

一九三一年一二月バルトはスイス・ツォフィンギア協会『中央新聞』のクリスマス企画に快く応じて、『《キリスト教》への問い』という比較的短い論説を寄せた。(31) 企画の趣旨はキリスト教の置かれた状況を、とくに増大する現代の非キリスト教化を背景に考察するというものであったが、編集者レルヒはバルトに、世界の現状と未来がキリスト教に提起する諸問題に関わることを書いて欲しいと求めた。バルトは未来からの問いには触れず今日《キリスト教》に突きつけられている問題は何か、それを自分はどのように見ているか、四点にわたって述べた。

(b) 今日問われている《キリスト教》

1. バルトによれば今日《キリスト教》が向き合わなければならない相手は二〇年前の大戦前と違い、「世界

(29)「一九三〇年代初頭のミッション問題との彼自身の関わりはキリスト教と民族性をつなぐハイフンとの闘いのもう一つの例であった」。*John G. Flett*, ibid., p.78.
(30) Vgl. *John. G. Flett*, ibid., p.166.
(31) 周知のようにバルト自身学生時代からスイス・ツォフィンギア協会・学生組織に所属して活動した。レルヒはそれをつてに各地のツォフィンギア学生組織の協力を得ながらバルトの寄稿に期待した。*K. Barth*, Die Theologie und die Mission in der Gegenwart, ibid., S.141f.

観」(145)[32]ではなく、「多くの異質な諸宗教」(ibid.)である。二〇世紀の《キリスト教》は「脱神化された世界」(148)、「世俗化」(ibid.)した世界に相対しているのではない。時代は、むしろ新しい諸宗教の勃興によって特徴づけられるのである。このことを今日《キリスト教》は認識し理解しているだろうか、それが《キリスト教》へ向けられるべき第一の問いである。

この場合「宗教」をバルトは次のように定義する、「宗教とは……人間によって見つけ出された神の告知(Verkündigung)、この告知の把捉であり肯定である。そしてそれはそのようなものとして人間に対して権力をもって現れるのだが、この権力は人間自身の一切の選択あるいは行為すら排除する。人間はその権力を肯定することもする、だがそうする根拠をあげることもできないし、そうしようともしない。それは何よりもそして第一にまさに彼自身の現実の存在(彼の『プライベートな生活』)を独占使用し、人間全体をその聞き手、囚人、その新たな使者、兵士たらしめる要求と力をもっている、そのような告知である」(145)。こうした宗教、また諸宗教がキリスト教そのものにとって、また個々のキリスト者にとって「問い」(146)として意識にのぼるようになったのは、「全く新しい宗教の登場」(ibid.)によって状況が一変したからである。この新しい宗教としてバルトは、「真正の(ロシア)共産主義」(ibid.)、国際的な「ファシズム」(ibid.)、そして「アメリカニズム」(ibid.)をあげ、アメリカニズムをその中でもっとも強力な宗教だと名指しした。かくて今日、旧新の「諸宗教」に囲まれている《キリスト教》はそれに相対し、それに答えることを求められている。

2. 《キリスト教》に向けられている第二の問いは《キリスト教》はそうした異質な諸宗教との間で血戦以外の何ものも期待すべきでないということがはっきり自覚されているかということである。《キリスト教》は他と並ぶ「ひとりの神(ein Gott)」(149)ではなく「本当の神(*den* Gott)」(ibid.)を宣べ伝える。したがって「あらゆる神々の神性を、それら神々と共にそれらの宗教性の真剣さを問いに付す」(ibid.)。そこでは諸宗教が依存している神と人との「絶対的結びつき」(ibid.) は終焉を迎える。諸宗教が《キリスト教》に対してもちうる唯一の関係は、古代における皇帝礼拝、すなわち「キリスト教徒迫害」(ibid.) でしかない。「人は健忘症からだけ、小さな誤解からだけ、共産主義者とキリスト者、ファシストとキリスト者、《アメリカ人》〔ヨーロッパのアメリカ人！〕とキリスト者でありうる」(150)。かくてバルトによれば「《キリスト教》は本来次のことを知らなければならない、すなわち、自らを取り囲む異質な諸宗教の中に、そしてこれらの諸宗教の精神《ガイスト》の中に、原理の中に、意志の中に、デーモンの中に、ただ全く敵しか持っていないということ、そして《キリスト教》はそれらの敵から寛容を期待すべきでないということ、なぜなら自らもそれらにいかなる寛容も与えることはできないのだから、ということを知らなければならない」(150)。

3. そこで第三の問いはこうである、「《キリスト教》は自分の事柄《ザッヘ》に対するちょっとした裏切りによって異質な諸宗教との迫り来る軋轢を回避しようとする誘惑がどんなに間近に迫っているか、知っているのだろうか」(ibid.)。たとえばここで異質な諸宗教の一つとされたファシズムと《キリスト教》の関係についてバルトは次のようにいう、「ファシズムは、『人種、民族、国民』の神性について自らと語り合うすべを知っている《キリスト教》をいたるところで見出した」(150f.) と。バルトによれば《キリスト教》はそれら異質な諸宗教と、いわば「狼と一緒になって吠える〔順応する〕ようなことがあってはならない」(150)。この関連でバルトは三年前（一九二八年）エルサレムで開催された国際宣教会議を批判的に振り返ることになる。というのも彼によればその会議で福音理解が掘り下げられることなく、むしろ「非‐キリスト教諸宗教の『価値』」(151) に数週間にわたり取

(32) *K. Barth*, Fragen an das《Christentum》, in : Vorträge und kleinere Arbeiten 1930-1933, GAIII, S.145. 以下引用は本文中の（　）内の数字で示す。全集（GA）編集者（M. Beintker, M. Hüttenhoff, P. Zocher）はこの大戦前の世界観として特に世界観的無神論、物質主義、ダーウィニズムなどを挙げている。

り組んだと聞いているからであり、また第一次大戦中にはあらゆる国々の《キリスト教》が当時の基準的宗教のドグマと折り合いをつけそれと手を結ぶすべを知ったからにほかならない。バルトによれば、今われわれの為すべきことは、諸宗教のスピリチュアルな価値について語り、それらに架橋することではない。「キリスト教の使信は本来まさにわれわれの時代の混乱と危機の中で、きわめて純粋に、あの諸宗教の声と全く混じることなく響かなければならなかった。他の諸宗教へと架橋して確実なものとしたいと願うキリスト教会の現存可能性は、人がこうした架橋を断固として中止し、《キリスト教》が唯一の神と失われた人間に対するこの神の憐れみの使信をもって……あらゆる宗教の只中を……それらデーモンに指一本分も妥協することなく通り抜けていくことと共に立ちもし倒れもするであろう」(152)。問題は、バルトによれば、諸宗教に取り囲まれている《キリスト教》にとって「人間的な『諸欲求』に気遣いそれらによって自らを定位するプロパガンダではなくて、ミッション」(153)であった。ミッションとは何か。ミッションとは、「彼がどんなにか深い自らの諸欲求をあのような諸宗教において満足させることによって誤解しているということを、またあれこれの宗教の『神』との彼の誤って絶対的と考えられた結びつきとは彼がそこから覚めることのできるし覚めるべき酩酊であるということを人間にはっきり語ることである――つまりミッションとは、神が啓示したもうたことを、神がそれを啓示したもうたがゆえに人間が聞かなければならないことを人間に語ることにほかならない」(153)[33]。

4. 最後に、バルトは、今日の状況、すなわち新旧の諸宗教がミッションを課題としている《キリスト教》に立てる、彼のいうもっとも困難な問いを四つ目として提示した。簡単に言えばそれは、《キリスト教》が自分が何であるか正しく理解しているのだろうかという問いである。「《キリスト教》は自分がすべての世界観と宗教がそうでありうる以上のものであり、またそうしたものとは別のものであることを知っているのだろうか。《キリスト教》はただひとりの神の教会、イエス・キリストの教会、失われた者らを憐れむ神の教会であることを知っているだろうか」(154)。自らをそのような教会として理解したとき《キリスト教》はもはやたんなる《キリスト教》(Christen*tum*) でも《キリスト教主義》(Christian*ismus*) でもない (153)。キリスト教は、-tum でも、-ismus でもない。《キリスト教》は他と並ぶ一つの宗教ではないのだから。

種々の問いにさらされている《キリスト教》、その《キリスト教》が自らを教会として理解すること、ここにバルトはその答えを、《キリスト教》の進むべき道を見いだした。「自分自身を教会として理解する《キリスト教》は、諸宗教のおしゃべりな栄耀の只中にあって、人間が聞きそして神が語るそのような場であろうとする」(154)。諸宗教に対する教会のミッションはどのようになされるのであろうか。バルトはこういう。ミッションは本来まず《キリスト教》の次のような告白から始まらなければならない、すなわち、《キリスト教》は諸宗教の宣教者が知らないものを知っている、人間は唯一のまことの神への奉仕において、これまで神を見出してこなかったしこれからも決して見出すことのない、むしろいつもただ神がご自分を人間に明らかにしてくれることを待ち焦がれているに過ぎない「貧しい者」(ibid.) であることを知っていると。そしてこのような貧しさにおいてキリスト者たちは共産主義者ともファシストとも諸宗教とも「連帯している」(ibid.) ことを知らなければならない。このことが教会の語りを可能にする。「神の啓示を信じる人、したがって人間が聞き神が語らなければならないことを知っている人は、まさにそのことによって、いわば自動的にすべての人間と結びつけられている。すなわちその人は彼の知らない宗教においても……共通の危機と問題とを再認識するであろう。その人はすべての人間に結びつけられて彼らに権威をもって語ることができるであろう」(ibid.)。「教会は神の言葉を聞くとき教会であり、それゆえ確かにプロパガンダをおこなう結社ではない。教会に与えられているのはミッション、換言

(33) Vgl. K. Barth, KDI/2, S.392.

すれば、派遣（Sendung）なのである」（ibid.）。

以上われわれは『《キリスト教》への問い』を見てきた。キリスト教を一貫して括弧付き《キリスト教》で表記している意図はすでに明らかだと思う。括弧付き《キリスト教》とは他と並ぶ諸宗教の一つとしてのキリスト教の形態である。《キリスト教》は自らに対する外側からの問いに答えるためにこそ自らが何であるかを知らなければならない。《キリスト教》の真理は神が語り人がそれに聞く教会にある。ミッションとは派遣のことであるが、ミッションにおいて教会は人が聞くべきことを語らなければならない。左にいる人間にも右にいる人間にも、味方であろうが敵であろうが彼ら人間に「福音」（ibid.）を語らなければならない。バルトの以下の締めくくりが、本論考の眼目を端的に示す。「《キリスト教》はキリストの教会であり、キリストの教会であろうとするということを知っているだろうか。そのことが今日、《キリスト教》にこれまで立てられたもろもろの問い以上に差し迫ったものであろう」（155）。

本論考は比較的短いこともあり、[34]仏訳がつくられたほかドイツの雑誌に転載され、さらにフィッセルト・ホーフトによる英訳が「キリスト者学生世界連盟」の The Student World 誌に掲載され注目を引いた。ホーフトによれば、当時の人間主義的ミッション理解に反対していたH・クレーマーやK・ハルテンシュタイン、R・スピアといった次代を担う人びとにとってバルトの宗教批判ならびに諸宗教批判は強力な支えとなり、キリスト中心のミッションの神学が論議されるタンバラムにおける第三回国際宣教会議（一九三八年）にまで影響を及ぼすことになったという。[35]なお英訳に際してフィッセルト・ホーフトは「アメリカニズム」なる語をドイツ語圏では一義的だとしても英語圏の受け取り方が様々なことを理由に別の言葉に置き換えることをバルトに提案した。しかしバルトはドイツの雑誌掲載に際し「ファシズム」を巡って同じような問題が起きたことを述べながら両方のケースで提案を受け入れなかった。[36]

（２）ミッションを問う──『現代における神学とミッション』

（ａ）ブランデンブルク宣教協議会

ブランデンブルク宣教協議会で一九三二年四月一一日に語られた講演『現代における神学とミッション』は『《キリスト教》への問い』とは比較にならないほど周到な準備のもとになされたものである。バルトをベルリンに招いた協議会議長ユリウス・リヒターに受諾を伝えた折り返しの手紙で彼は「ミッションの問題に私はずっと前から関心をもっていますが、今日焦眉のものとなっている問題提起を前にしてその関心はまったく特別のものになっています[37]」と書いている。じっさい彼は前年一九三一年から三二年にかけての冬、ミッションの文献をていねいに調べるなど準備に時間をかけた。同じ頃のゴルヴィツァー宛ての手紙には、講演で、「新ルター主義によって創造の神学（それは少しずつだが通常の自然神学にいっそう似通ってき始めている）がミッション論の中に持ち込まれることと対決すること」を試みたいと書いている。[38] 本講演の分析はわれわれの研究主題の解明のために欠かせない。

（34）Vgl., K. *Barth*, Fragen an das《Christentum》, ibid., S.142f.
（35）*W. A. Visser't Hooft*, Karl Barth und die Ökumenische Bewegung, in : EvTh, 40. Jg. 1980, S.4f.
（36）K. *Barth*, Fragen an das《Christentum》, ibid., S.143. Anm.15. ; Brief W. A. Visser't Hoofts an Barth vom 1.2.1932, in : Bw. Visser't Hooft, S.7f.; Brief Barths vom 2.2.1932, in : Bw. Visser'tHooft, S.10.
（37）K. *Barth*, Die Theologie und die Mission in der Gegenwart, ibid., S.156.
（38）K. *Barth*, Brief vom 22.12.1931.（バルト・アルヒーフ蔵）。Vgl., K. *Barth*, Die Theologie und die Mission in der Gegenwart, ibid., S.157.

(b)『現代における神学とミッション』

バルトは講演の冒頭で、ここで自分に与えられている課題を次のように述べる、「現代におけるキリスト教ミッションの働きは神学の働きから何を期待することが許され、何を期待することが許されないのかという問題に答えようとすることにある」(164)[39]と。この課題を果たすために彼ははじめに「ミッション」と「神学」、それぞれを概念規定し、さらにその関係を規定することからはじめる。われわれはこれを瞥見した上でバルトが最後に付加的かつ例示的に語った神学からの、もっと端的に言えばバルトからの四点にわたる現代のミッションへの問いを少し詳しく取り上げたいと思う。

「ミッション」とは何か。バルトによればミッションとはイエス・キリストの使信を異教徒に伝える教会の行為である。異教徒は教会の外だけでなく内にもいることに注意されなければならない。教会は「異邦人の教会、罪人の、そして徴税人の教会」(166)であるのだから。教会の内部の異教徒に対して「反復の形式で」(ibid.)伝えられることが外部の異教徒に対しては「始まりの形式で」(ibid.)なされるのである。「教会はこうした外の異教徒と内の異教徒との連帯を、教会における世界・被造物・諸国民とすべての世界・すべての被造物・すべての国民との連帯をたんに表明するだけでなくこれを実行に移すことによって……主に対する教会の告白を現実のものとする。……イエス・キリストが主であること、神であることへの告白という意味でこうした人間的な連帯を実行に移すことが教会の特別なミッション的行動である」(167)。

他方「神学」とは何か。バルトによればミッションと同じく「神学も教会の行為、イエス・キリストへの告白の一形態、彼についての使信の伝達によって彼の御心を行おうとする試み」(ibid.)のことである。しかし神学は、以下のようにしてミッションから区別される、「神学はミッションから、また教会のその他の、狭義においてではないミッション的な宣教から以下のことによって区別される、すなわち、神学はそれ自身が使信の伝達というより、こうした行為についての熟考、こうした伝達の正しさについての熟考でありたいとすることによって区別される」(167f.)。それゆえ「神学は矯正的な性格をもつ」(168)[40]。神学は「教会がその行為において主の行為と自らを同一化することはできず自らの行為を主の行為によって方向づけ、主の行為に準拠しなければならないがゆえに存在しなければならない」(169)。こうした神学理解についてはわれわれは一九三二年末に出版された『教会教義学』(KDI/1)を参照すべきであろう――ただし講義は一九三一年の夏学期と一九三一／三二年の冬学期で終わっていた。

さて「イエス・キリストの使信を今や外部の異教徒にも伝達すること」(170)としてのミッションと「内部と外部への使信の伝達の正しさの熟考」(ibid.)としての神学はどのような関係に立つのであろうか。バルトはまず共通点を指摘する。両者とも教会を何よりも次のような場所として前提する、すなわち「神が自らを啓示し人間の認識と行為とを認め、その結果神の名と力添えにおいて・それゆえ神の祝福のもとで・神の力において行為がなされ業がなされねばならず、またなされうる」(ibid.)場所として。ミッションも神学もそうした教会における「信仰の業」(ibid.)であり「教会的服従の試み」(169)である。こう言ってもよい、「ミッションも神学もそれがミッションであり神学でありたいとすれば、それは人間の良き思いと良き行為の事柄ではなくて、神の目論見と確証の事柄なのである」(172)と。その上で、両者はそれぞれその「独自性」(172)を自覚しなければならないし、自覚することができる。ただ両者の間に境界線を引くというようなことはできない。じつは「ミッション」と「神学」との本当の相違は「務め〔奉仕〕(Dienst)」(175)の相違なのである。

その務めの違いとは何か。ミッションにおいて――説教、牧会、教育においてと同じくまた内国伝道やその他

(39) 以下引用は本文中の(　)内の数字で示す。
(40) Vgl. *Barth*, KDI/1, S.11.

の諸機能においてと同じく――問題はキリスト教の使信の伝達の務めである。その場合バルトが強調するのは使信の伝達としてのミッションにおいてそれが何であれ伝達先の、相手方の状態を前提するものでは決してないということである。彼はこの事態を「教会的行為のあの他の諸形式に対してミッションの特別なものとは教会がここでこの務めのいわば純粋な主体であるというところにある」(175)という。むしろ「前提されるのは、聞き手が神と隣人を憎んでいるということであり、誤った神々に仕えているということであり、このような人間としての彼らのためにキリストは死んで甦ったということである」(ibid.)。結合点は否定される。「キリスト教の使信はそれ自身が前もって設定するほかない諸点に結びつくのであって、すでに以前からそれ自身においてそこに在る諸点に結びつくのではない」(ibid.)。教会のミッションは希望に逆らって希望することであり〔ローマ四・一八〕、「架橋」(176)ではなくて「跳躍」(ibid.)、「敢為」(ibid.)なのである。次いでバルトは、神学の務めについて二つのことを指摘する。第一にミッションが神学から期待できるのはあくまで「人間に可能なもの」(178)であって、教会の主から期待でき期待すべきものを期待することはできない。第二にミッションを含む教会の種々の行為が神学から期待しうるのは神学が特定の問いをもって随伴することである。「われわれは神学は教会において判定を下すとは決して言わない、そうではなくて問いを立てなければならないのだとだけ言っておく。……教会の宣教がこれらの問いを聞いたならば、教会が語ることがこれらの問いの火をくぐりぬけたならば、その時神学は教会の宣教に対してなしうる奉仕を、人が神学から期待できる奉仕をなしたのである」(184)。

以上のような「ミッション」と「神学」の関係の考察を前提に、最後にバルトは、現代のミッションに対する神学の側からの問いかけを四つ、例示的に提示した。われわれはこれを取り上げなければならない。

1. 第一に取り上げられるのは「ミッションの動機」(183)の問題、それに対する神学的問いである。

問いはミッションの正当化に向けられる。一般にミッションは今までもそして今もミッションの動機を自ら対してまた全教会に対して明らかにすることに、すなわち自らを「教会の本質必然的な機能」「全キリスト教徒の不可欠の生命の表現」(185)として正当化することに重点を置いてきた。しかしもし、今日のドイツのミッションなどに規準的な仕方でそれは見られるのだが、偶然な歴史的・社会的・文化的動機をミッションの動機とするならそれは自己正当化というものではないだろうか。なるほど正当化は必要であろう。しかしバルトはこう問う、「ミッションも、そしてミッションこそ、究極的には自分で自分を正当化できないということ、服従の行為として正当化されていることをただ希望できるだけであるということ、この希望を担保するものを自らもつことはできないことについて……はっきりしているのであろうか」(186)と。バルトによれば「ミッシオ」(missio)という概念が古代教会の三一論の用語(子と聖霊のこの世への派遣)であるということが、また近代のミッションがイエズス会と敬虔主義というバロック・キリスト教の精神から生まれたということもわれわれにとってミッション動機の過大評価への警告を意味する。「ミッションのあらゆる人間的正当化は根底に至るまで疑わしい」(190)。ミッションは人間の業でありながら徹底して「信仰の業」、「教会的服従の試み」、「無防備な不確かな企て」(170)として、生ける神の命令としてだけ可能なのであり、初めから始める勇気だけが問題なのである。

２．第二に取り上げられるのはミッションへの「呼びかけ」(190)の問題と、それに対する問いである。問いは具体的に「ミッションの報告」に向けられる。「報告」というのは一般にミッションの「宣伝」のために行われるものであろう。しかし多くの「報告」でまさに決定的なこと、すなわち異教徒の現実的な危機、福音の現実的な力、現実的な回心について、現実的に生まれた新しい生活などが観察の対象になっていない。こうした報告の中の「最高の直接的な報告」は『使徒言行録』であろうが、それは神の啓示の証しであり、決して「われわれの宣教師の行為の歴史によって反復され継続され可能なら凌駕されるために」(192)語られているのではなかった。そうであるなら「ミッションの報告は何のために興味を喚起すべきなのだろうか。信仰の業としてのミッションのためにである！　教会が、派遣する側のいわゆる本国の教会が、異教徒キリスト者の教会が自分自身をもともとそうであるものとして、すなわちミッション教会として認識し確認するためである！　ミッション団体ないし協会としてではなく、ミッション活動のため独自に決意した人間集団としてではなく、ミッション活動のために召し出された人間集団として自らを認識し確認するためである」(193)。同趣旨のことをバルトはこう述べて二番目の問いを締めくくった、「ミッション教会、すなわちミッションを人間の持ち前の力の業としてではなく信仰の業として担って行くミッション教会は、教会がそもそも集められるというのとは別の仕方で、換言すれば、あの反復の形式において、したがってじっさいプロパガンダによってでは決してなく、それ〔教会〕自身もミッションによって、ただミッションによってのみ集められるというのとは別の仕方で集められることが果たして可能なのだろうか」(194)と。

3. 第三に取り上げられるのは「ミッションの課題」の問題であり、それに対する神学的な問いである。

バルトによれば、ミッションに関する現代の文献はミッションの課題理解として三つの理解の仕方が行われていることをわれわれに示している。一つは敬虔主義的なミッション理解であり、「人間の魂の内的な転換」(194)をミッションの課題とする。もう一つはアングロ・アメリカ的なミッション理解であり、それはキリスト者となるということを「新しい道徳的な生活内容の受容」(ibid.)として、ミッションの課題をそうした内容をもった生活へと、換言すれば「キリスト教的に規定された文化ないし文明の中に移行させる、引き入れる」(ibid.)ところに見る。三つ目はブルーノ・グートマンによって導入され代表されている現代のルター主義のミッション理解である。それによれば人がキリスト者となるということはもともと神の子である人間――彼は自然的・歴史的・社会学的な連関に根差すその生活形態によって創造にかなった形で規定されている――がその帰郷の道を見出すということである。人はそれとは知らずにすでに帰郷の途上にあるのだが、今や福音に聴くことにおいて、すなわち、キリストにおいて、自ら神の子であることに――いわばそれはあらかじめ予定されていたことなのだが――覚醒し、それが活性化され、その頂点が経験されると考えられる。かくてミッションの課題はここでは「異教徒を――そのために宣教者は福音の告知者として権能を与えられ且つ義務づけられているのだけれども――もっとも深い意味で自己自身へと呼びかける、まさにそれによって神へと呼びかける」(ibid.) ところにその本質があることになる。

これらに対してバルトの投げかけた問いないし批判は二つと言ってよいであろう。第一にバルトはこれら三つのミッションの課題理解を人間の理解の仕方を反映しているものとしてどれか一つを絶対的に正しいものとせず、「相対性」(195) において、「留保」(195) のもとに、「真理契機」(196) を含むものとして受け取るべきだとして次のようにいう、「人がもしこうした原則的なことで納得できるならば、真剣な障壁も、しかしまた三つの理解の仕方のもつ真理契機も、落ち着いて、あまりに大きな相互の独善なしに、考量されることが可能とならないはずはないのではないだろうか」(ibid.)。たとえば敬虔主義的なミッション理解について言えば、回心とは何か、個人の体験としての回心とは何か、あるいは神の国の宣教においてミッションの課題をそのように狭く考えてよいかという問いと共に、ツィンツェンドルフの「子羊のために魂を獲得する」というような定式において、根本的に語られるべきことはみな語られているのではないかというような理解をバルトは付け加えた。いずれにせよバルトによれば、「これらすべての問題の只中のどこかに……正しく立てられたミッションの課題はある」(202)。第二の神学的問いはアングロ・アメリカ的なミッション理解とグートマンによって代表される現代のルター主義のミッション理解に向けられる。なるほど両者はミッションの課題理解において対照的だが、それは見かけに過ぎず、両者とも「創造の概念」(198) に依拠している点で共通するものをもつ。しかし批判はよりいっそう鋭く後者に向けられている。「その区別は内人間的な区別であって、神学的な区別ではない。《永遠の結びつきに基づく自由な人間存在》[41]という考え方が反対陣営の西欧主義者の進歩信仰・文明信仰に似た人間的原理の絶対化――こちらでもあちらでもキリストとキリストについての独自の理解の仕方とのあいだの同一性への信頼が現実となっている――を意味するというのであれば、両者とも本来のミッションの課題の世俗主義的な脅かしなのではないだろうか」(199)。そこに残るのは結局「文明化された人間」(ibid.)であれ「原初的人間」(ibid.)であれ、人間でしかない。これがまさに「創造の条項」を「教会の立ちもし倒れもする条項」としたグートマンと彼によって代表されている現代ドイツのルター主義のミッションの課題理解の本質である。こうしたミッションに対し神学はつねに随伴し問いを立てる。詳しく言えば、それらの問いが見えるようにしておくこと、問いとして開かれたままであるように力を尽くすこと、これがすでに本講演のはじめにも述べたバルトの神学の課題理解であった。

4. 最後に、四番目に取り上げられるのは、「ミッション説教」の問題であり、それに対する神学的問いである。

ここでの問題は「ミッションに随伴する神学」(202)であって、他人の神学でもないし神学教師のそれでもない。ミッション説教を担うミッショナリー自身の神学である。というのもその神学が「彼に彼の説教の具体的な内容のため具体的な導きを与える」(ibid.)のであり、しかも彼のミッション説教に彼以外のだれもその責任を負うことはできないのであるから。ところで説教における、とくにミッション説教における神学的な問題は、ミッショナリーが「実践的、教育‐心理学的、民族‐宗教学的な諸根拠に基づいて、正式に、すなわち、言葉をもって敢行することが許される、あるいは敢行しなければならないと信じているもの」(204f.)と「聖書によって彼に彼が語るべき内容としてつねに提示されるもの」(205)との間にある。「こちらにおける言葉の問題とあちらにおける聖書的啓示証言、これら両方の審級の基本的な上下秩序の関係の明快な認識はミッショナリーに絶えず神学的な問いを想起させるであろう。そしてこうした関係が存在するということ、そのことが、神学がミッショナリーに語ることのできるおそらく最善のこと、いずれにせよ決定的なことであろう」(ibid.)。その場合ミッショナリーの「自由」はどのように考えられるべきであろうか。それは「指導者の自由」(ibid.) ではなく、「奉仕者の自由」(206)、「人間に奉仕する自由」(ibid.)、「人間へ向けられた御言葉に奉仕する自由」(ibid.) である。彼は「結合」する。なぜならすべての言語は「結合すること」(ibid.) であるから。しかし自然神学の意味での「結合点」(ibid.) がキリスト教の信仰告白と説教とを豊かにすることは決してない。というのも「彼は、本当の結合点は、人間の言語の領域にも、その力の中にもないということを、また人間と人間、したがってミッショナリーと異教徒の関係は連続的だが、しかし神と人間の関係、教会でもミッションでも問題の中心である神と人間の関係は非連続的であることを、また恵みは……架橋としてではなく奇跡として宣べ伝えられなければならず、高められた自然としてではなく奇跡として宣べ伝えられなければならないことを知るであろう」(ibid.) からである。かくてバルトは、ミッションにおいて何が問題なのか知っているのなら、簡単に片付けたり、随伴する切迫した問いから逃れることをしないように要求し、例示的に四つあげた問題とそれに随伴する神学的な問いを締めくくった。

周到に準備されたこの長大な講演、時間の関係もあってバルトの後に予定されていた共同講演者クナークの講演（「今日の宗教事情によって神学のミッション分野にはどのような課題が立てられているのか」）はなされなかった。講演後最初の質問に立ったクナークの発言は議場に混乱をもたらし、[42] バルトも、一年前同じ会場でなされた講演

(41) これはグートマンの著作名。*Bruno Gutmann*, Freies Menschentum aus ewigen Bindungen, 1928.

(42) 講演会に来ていたベルリンの若き私講師ボンヘッファーはエルヴィン・ズッツに次のように書いている、「……バルトは小さな椅子に被告人のように座って大勢の教会人を前に話をしなければなりませんでした。また質問を始めるように促されて長いばつの悪い沈黙が続いたのです。だれも最初に恥をさらしたくはなかったから

（『福音主義教会の危急』）時の混乱を思い起こさざるをえなかった。[43]

バルトの講演は一方で積極的に受けとめられたが[44]、他方で総じて批判的・否定的に受けとめられことは、民族性に依拠するキリスト教、あるいは創造の秩序の神学が広がった一九三二年の状況において不思議なことではなかった。バルトは『《キリスト教》への問い』でファシズムを一つの異教的宗教と断じ、『現代における神学とミッション』では取り分けグートマンに代表される創造の概念に依拠したミッションの課題理解に厳しい批判の目を向けざるをえなかった。本節のはじめに述べたように、本講演の終わりにヤコブと神の使いの格闘（創世記三二章二三以下）に言及し、バルトの、また「弁証法神学」のミッション理解に向けられた非難にも答えながら、むろん神学はそのまま「ヤーウェの使い」（207）などではないけれども、神学が問いをもって教会で果たす役割はミッションにも誠実に向けられなければならないし、ミッションもまたこの自らのパートナーとしての神学に対してただ嘆くだけてあってはならないと語った。福音の宣教としてのミッション、それが神の委託にふさわしくなされること、バルトが深い関心を寄せていたのはまさにそのことであった。

です。沈黙が不吉なものになりはじめたとき、クナーク氏が質問を始めたのです。スイスの国民感情とドイツの国民感情との違いはどこにあるか、バルトの見解はどうかと。これで質問の程度は決定的に決まってしまいました。苦痛に満ちた時間でした。バルトはショックを受けていたけれども、しかし集まったものすごい数の教会人は、バルトがどんなに魅力的な人間であるか、それに満足して帰宅したのです」。Brief an E. Sutz vom 17.5.1932, in : Ökumene, Universität, Pfarramt 1931-1932, DBW 11, 1994, S.88.

(43) ただしクナークとの関係は彼がミッションに対する弁証法神学の貢献を評価しており、バルトも事前の研究でクナークのミッション神学を評価していたこともあって、その後の書簡のやりとりの中で相互理解に達したことは記憶されてよい。

(44) たとえばカール・シュテックは「神学的なミッションの概念」が明らかにされたことを高く評価した。Brief Stecks an Barth vom 19.7.1932.（Vgl. *Barth*, ibid., S.162）。バルトの講演はハルテンシュタインの『ミッションの神学的理解』によっても受けとめられた。Vgl. *Karl Hartenstein*, Die Mission als theologisches Problem, 1933, S.11-15.

第二章　エキュメニズムへの覚醒

第一節　転換

(1)『バルメン神学宣言』

われわれは第一章でバルトの「エキュメニカル運動」への懐疑的な見方、その鋭い批判を瞥見した。ところが一九三〇年代の半ばドイツ教会闘争の只中でその姿勢は大きく変化することになる。彼が一九三八年に『クリスチャン・センチュリー』誌の求めに応じて一九二八年からの一〇年を回顧して寄せたよく知られた自伝的文章をここで引いておくことは有益なことであろう。

もし私が最近十年間のノートを取り出して眺めてみた場合、ちょっと見てすぐ気がつくことは、近年になって初めて私は世界ないしは、少なくともヨーロッパのある部分をやや広範囲にわたって実際見たということである。……とにかく今日私はまた、明瞭にであれ、かすかにであれ、すべての遠い場所から、そこの歴史から、そこの人々の現在の状況から語りかけられることなしに存在しえた時期がどうしてあったのか分からないのである。スイスやドイツにたいしてほどにフランスやイギリスにたいして内的に関心をもつことなしに、また私の神学上の仕事の上で多くの諸教会――それらは一つの「教会」における諸教会なのであり、そこでは有難いことに多くの反響と協力があり、したがって私もある共同責任をとらねばならない――についてたえず考えることなしにどうして存在しえたか不思議に思うのである。私は私なりに、このような仕方で、この十年間「エキュメニカル運動」をして来たのであり、そのことを喜んでいるのである。いま初めて私は他人を見ていて、エキュメニカル運動をするか、あるいは――ナショナリズムや地方的感情に妨げられて――それをしないかは、彼がどういう態度を取り、何に注目し、何に自己を賭けるかという点で相違を生じせしめるということがわかるのである。しかし、私がエキュメニカル運動をするということは、私がかつて書斎で一つの無くてならぬものとみなしていたことを棄てる必要があるとか、軽く考える必要があるとさえ思っているわけでは決してない。むしろ、それはこのあらゆる教会にとって無くてはならぬものが、一つの教会にとっても無くてならぬものであることを発見したことから来た、献身と喜びの体験を意味しており、また――それが私の課題であるかぎり――この無くてはならぬもののために立ち上がる新しい決断を意味しているのである。(1)

かくてバルトはエキュメニズムへの覚醒をこの一〇年の間に起きた大きな変化として名指しした上で、「エキュメニカル運動」に責任的に関わることを「献身と喜びの体験」として、また「課題」と「決断」として語った。このスタンスそのものは、関わりの仕方やその程度は状況によって変化したものの、一九三九年に戦争が始まってからも、そして戦後も基本的に変わらなかった。

こうした「覚醒」の具体的な転機となったのはドイツ告白教会の信仰宣言『バルメン神学宣言』（一九三四年）であった。そのように判断していい理由をわれわれは後年の『和解論』第三部の記述に求めることができるであろう。(2)バルトは一つの重要な補説でエキュニズムに言及し、彼にとって評価できない、いわば過去のエキュメニ

（1）『バルト自伝』佐藤敏夫編訳、五五～五六頁。
（2）フィッセルト・ホーフトはバルトが『和解論』第三部でエキュメニズムを近代における教会のこの世への志向

ズムと、評価すべき「新しい形態」のエキュメニズムを区別した。バルトはそこで宗教改革期から一九世紀初頭プロイセンで成立したルター派と改革派による「合同教会」までその流れをたどっている。それによれば、その流れは――カトリックとプロテスタントの間にも、プロテスタント内部にもおそるべき分裂は今日まで残っているが――イエス・キリストの一つなる教会における諸教会一致の思想、また一致のための努力と意志として、近代の最初から潜在しただけでなく、だんだん強くなっていった。けれどもこうした教会の一致がまだあまりに形式的に理解され、いわば「自己目的」的に理解されていたために、後から立ち現れてきた啓蒙主義的、浪漫主義的な平等主義を越えられなかった。これが彼のいう古いタイプのエキュメニズムである。これに対し、ようやく一九世紀になって、さらに二〇世紀に入り、そうした過去のエキュメニズムを乗り越える別の方向性をもった「新しい形態」のエキュメニズムが現れてきた。バルトは次のように書いている。

> そのことは、教会の一致ということが、目的論的・動的に（イエス・キリストに基づく一致において、彼のための一致として、すなわち、世における世のための彼の御業の証しのための一致として）理解され始めたときに起こった。その点で良い一実例を提供しているのは、「ドイツ的キリスト者」に対する戦いにおいてルター派、改革派、合同教会の人々によって共に語られたバルメン会議（一九三四年）における「神学宣言」である。その真にエキュメニカルな性格については、その後神経過敏な教派主義が、ことさらに疑問視したに過ぎなかった（傍点、バルト）[3]。

ここから読み出されるべきことはいくつもあるが、今はただ二つのことを指摘しておきたい。一つは、バルトがエキュメニズムの新しい理解に導かれたのはバルメンであったということ、それが覚醒の大きな転機となったという事実の確認である。なるほどここで「バルメン会議」とその「神学宣言」は新しい形態のエキュメニズムの「一実例」として上げられていて、最初のものだと言われているわけではない。しかし「新しい形態」とバルトがいうエキュメニズムは、このバルメンを通してはっきりしてきたものであることは間違いない。じっさいバルメンは「エキュメニカルな出来事」[4]であったし、告白教会は世界教会に対してエキュメニカルなキリスト教を代表した。[5]

の現れの一つとして手放しで肯定的に評価したとして「反対派の指導者が賛美者となった」と評した（W. A. *Visser't Hooft*, Karl Barth und die Ökumenische Bewegung, in : EvTh, 40, 1980, S.22.）。

（3）*K. Barth*, KDIV/3, S.37f.

（4）Vgl. *Andreas Lindt*, Barmen als ökumenisches Ereignis, in : ÖR 33 (1984), S.465-475. ; *Martin Fischer*, Überlegungen-Zu Wort und Weg der Kirche, 1963, S.274.

（5）『バルメン神学宣言』に対する世界教会の最初の反応はイギリスから起こった。一般紙の〈タイムズ〉が、バルメン採択から四日後の六月四日、神学宣言の全文を掲載してこれを伝えた。教会では同じくイギリスで、六月六～七日に開催された英国教会の主教会議で、当時「生活と実践世界会議」議長でもあったジョージ・ベル主教がこれに言及した。主教たちに理解の困難は残ったようだが、ベルの熱意とともに真剣に受けとめられたといってよい。周知のように彼は、前年イギリスのドイツ人教会牧師として赴任していたボンヘッファーとの交わりの中で告白教会の闘いに理解を深めていた。ドイツのルター派教会は『バルメン神学宣言』の採択に賛成したにもかかわらず、六月初旬にエーレルトら有力な神学者たちがバルメンに反対する『アンスバッハの勧告』を発表するなど、バルメンの線から距離を取り、「ルター派世界協議会」（ＬＷＣ）の委員会でバルメンがとくに取り上げられることはなかった。改革派教会でも、バルメンがバルトの起草になることで改革的派刻印を持つと受け取られたにもかかわらず、目立った反応はなかったが、同年の夏、改革派世界連盟の機関誌（The Quarterly Register）に応答があったほか、一九三七年六月になってモントリオールにおける同連盟の世界大会の決議の中でバルメンへの支持表明がなされた。会議の報告によれば、「……一つの声明が……起立により満場一致で採択もう一つは、内容に関して、ここにバルトのエキュメニズム観が簡明に示されていることである。彼はそれを教会の「目的論的・動的」一致、すなわち、イエス・キリストに基づく、イエス・キリストのための一致――これをバルトは「世における世のための彼の御業の証しのための一致」と敷衍している――と言っている。それはまた信仰の告白における一致でもあった。バルメンの翌年の重要な連続講義「教会と諸教会」はこうした教会の一致理解をさらに推し進めた。

バルトのエキュメニズムへの積極的な姿勢への転換に大きな役割を果たしたのは一九三〇年代に入って始まったフィッセルト・ホーフトやピエール・モーリィとの交流であった。[6] フィッセルト・ホーフトとの関係はその後必ずしもいつも良好だったというわけではなかったが、少なくとも彼の「イニシアティヴ」（T・ヘルヴィク）によってバルトは「エキュメニカル運動」に参与するようになった。[7] 一九三四年八月、バルメン会議以後はじめてバルトはエキュメニカルな会議（ジュネーヴでの「国際学生会議」）に参加したが、それもフィッセルト・ホーフトとピエール・モーリィ、このたびはとくにモーリィの努力のおかげであった。[8] ここでの経験がボンを追われたあとバルトがボセーのエキュメニカル研究所に関わるきっかけとなった。

(2) 信仰の告白における出来事としての一致――『教会と諸教会』

ドイツのボンを追われスイスのバーゼルに移ってまもなく、一九三五年七月末に、バルトはアドルフ・ケラーによって創設されたジュネーヴのエキュメニカル・センターで、その夏期セミナーとして四回の連続講義をおこなった。われわれがここで取り上げる『教会と諸教会』(Die Kirche und die Kirchen) である。これはバルトがはじめて「エキュメニカル運動」の根本問題を、フィッセルト・ホーフトに言わせれば、「予想に反して」、「教会の一性が本来何を意味しているかが忘れられないように、鋭い論争の形式ではなく、注意喚起の形式で」[9]論じたものであった。バルトのエキュメニズム観を知る上でもっとも重要な講義と言ってよいであろう。四回の講義題

された。その声明をもって総会は、宗教の自由に関してその考えを述べるとともに、バルメン神学宣言の諸条項を支持することによってドイツ告白教会と同じ立場を取った」。Vgl. A. *Boyens*, Die Theologische Erklärung von Barmen 1934 und ihr Echo in der Ökumene, ÖR 33, 1984, S.377.

（6）参照、E・ブッシュ『生涯』小川圭治訳、三五一～三五二頁。

（7）フィッセルト・ホーフトの『自伝』（*W. A. Visser't Hooft*, Memoirs, pp.15-16, 36-37.〔Die Welt war meine Gemeinde. Autobiographie, 1972〕）によれば彼がジュネーヴでＹＭＣＡ世界連盟のスタッフとして働き始めた頃学生キリスト教運動の書記をしていたニコ・ストゥフケンスからバルトについて聞き、出版されたばかりの『ローマ書』第二版（一九二二年）を買って読み、恐ろしく難しかったけれども、聖書の生ける神について改めて語っていることに深い感銘を受けたと言う。一九二〇年代の後半には、バルトの嵐が神学の世界に吹き荒れる中、フィッセルト・ホーフトはモーリィに勧められてFoi et Vie誌にバルトに関する短い論考を寄せた（一九二八年）。当時バルトの本はまだフランス語に訳されておらず、彼のこの小論はフランス語で書かれた最初のバルトの紹介文になった。同じく一九三〇年一月、彼はキングス・カレジ（ケンブリッジ）のバルト神学入門講義に招待された。彼はその講義録を手紙にそえて彼の（社会的福音《ソーシャル・ゴスペル》に関する）博士論文とともにバルトに送った。バルトはこれを評価し英国とアメリカで出版するように勧めた。以来、フィッセルト・ホーフトはバルトの注目するところとなった。Vgl. *Barth-W. A. Visser't Hooft*, Briefwechsel 1930-1968, S.3-7.

（8）バルトは『証人としてのキリスト者』の講演を行い、世界からの、とくにアジアから来た若い参加者たちと、二日間にわたる討論に応じた。討論では、すでにわれわれも第一節で検討した、二年前のベルリン講演『現代における神学とミッション』でバルトがドイツの宣教神学の危機として批判した「自然神学」の問題を質問者たちにも見出さざるをえなかった。Vgl. *W. A. Visser't Hooft*, Karl Barth, ibid., S.5.

（9）*W. A. Visser't Hooft*, ibid., S.6.

目はそれぞれ「教会の一性」（Die Einheit der Kirche）、「教会の多数性」（Die Vielheit der Kirchen）、「諸教会の一致の課題」（Die Aufgabe der Einigung der Kirchen）、そして「諸教会の中の教会」（Die Kirche in den Kirchen）である。[10]

(a)『教会と諸教会』

初回の講義の冒頭でバルトは講義題「教会と諸教会」の意味をこう説明する、「教会の多数性に直面して提起されている教会の一性を問う問題」[11]（214）である、と。

1. はじめにバルトは「教会の一性」とは何かを問う（第一講義）。

彼によれば、教会の一性が問題になるのは、何か実際的な理由、たとえば教会の多数性が伝道地の活動に不都合だからとか、あるいは教会に対する教会員の信頼の低下につながるからというようなことのためではない――たとえそうであってもそうした理由は副次的なものに過ぎない。教会は委託によって生きており、委託の中に教会の多数性は存在しない、それゆえその一性が問われる。とはいえ一性それ自体が問題なのではない。聖書が「主は一人、信仰は一つ、洗礼は一つ、すべての者の父である神は唯一であって、すべてのものの上にあり、すべてのものを通して働き、すべてのものの内におられます」（エフェソ四・五～六）と語るときの認識の内容が問題なのである。そこでバルトは「教会の一性」を次のように理解する、「教会の一性への問いは教会の具体的な首《かしら》にして主である方としてのイエス・キリストへの問いと同一でなければならない。一性の恵みは恵みを与えたもう方から切り離されない。この方において一性は根源的かつ本来的に現実であり、その方の言葉と霊によって一性はわれわれに啓示され、その方への信仰においてのみ一性はわれわれの間で現実でありうるのである。もう一度言おう。神と人間の間のただひとりの仲保者としてのイエス・キリストがまさに教会の一性であると、すなわち、教会の中に教会《ゲマインデ》・賜物・個人の多数性は存在しても、教会（Kirche）の多数性は排除されている、そのような一性であると。われわれは一性の理念を――たとえそれがどんなに美しく道徳的な理念であっても――考えることは許されない。われわれは教会の委託の中に教会が一つであることが含まれていることを認識しそれを口にするとき、われわれは彼のことを考えなければならない」(217)。かくてバルトは教会の一性をイエス・キリストその人と同一とし、それ以外のところに求めなかった(12)。

2. イエス・キリストが教会の一性である（第一講義）かぎり教会の多数性は不可能な現実として排除されるほかない。にもかかわらず多数の教会が存在することをわれわれはどのように説明すればよいのだろうか、どのように受けとめればよいのだろうか（第二講義）。

多数性に関しては、むろんいろいろの説明がなされるであろう。しかしバルトは「キリスト自身の答え」に聞こうとしない、時に「思弁的」(ibid.)であったり、時に「歴史哲学的、社会哲学的」(218)であったりする理解

---

(10) なお『教会と諸教会』の中で「諸教会」(Kirchen)というのはこの場合複数の各個教会(Gemeinde)のことではない、そうではなくてカトリック教会(die katholische *Kirche*)とか、ルター派教会(die lutherische *Kirche*)とか、改革派教会(die reformierte *Kirche*)といった時の教会、つまりキリスト教の諸宗派、諸教派のことである。いずれにしてもそこに教会(*Kirche*)なる語が入っていることは確かなことであって、われわれもここでは「諸教会」とした。

(11) *K. Barth*, Die Kirche und die Kirchen, in : Theologische Fragen und Antworten, S.214-232, 1957^1 1986^2. このバルトの第二論文集からの引用ページ数は、本文内の（　）の数字で示した。Vgl. *G. Plasger*, Kirche als ökumenisches Ereignis. Die Einheit der Kirchen in der einen Kirche Jesu Christi, in : Michael Beintker, Christian Link, Michael Trowitsch (Hg.), Karl Barth im europäischen Zeitgeschehen〔1935-1950〕, S.471-483.

(12) *Klaus Hoffmann*, Die große ökumenishe Wegweisung, 2003, S.139ff. なおバルトの教会の「委託」理解については、拙著『カール・バルトの教会論――旅する神の民』二〇一五年、三〇九頁以下、参照。

を退けて、教会の多数性という事実をそのまま受け入れるところから問題に取り組もうとし、以下のようにいう、「人は教会の多数性をそもそも説明しようとすべきではない。人はそれを、自分のであれ、自分と関係ないものであれ、罪を取り扱うように、取り扱うべきである。人はそれを事実として承認すべきである。人はそれを間に入り込んできた不可能事として理解すべきである。人はそれを、われわれ自身が自らに担わなければならない、われわれ自身をそこから解放することのできない、そのような罪責として理解すべきである」（220）と。バルトにはそのように受け取ることが、「教会の多数性に直面して提起されている教会の一性を問う問題」に真に答える道を拓くものであった。

かくてバルトによれば教会の多数性は「不可能事」であり、「罪」であり、「困窮」そのものにほかならない。それは「キリストの昇天と再臨の間の中間時」における教会の状況でもあるであろう。「この時の未完成、重荷、困窮は、教会の多数性の中でも明らかになる」（221）。われわれは説明するための理論を持ち合わせず、「一つの謎としてのこの困窮そのものの前に立ち尽くす」（222）。この「現実的な困窮」（ibid.）を前にわれわれは何をすべきなのだろうか。バルトはいう、「ここに現実的な困窮がある。それはわれわれが実際的に態度決定しなければならない、そして実際的にしか態度決定できない困窮である。そしてこの態度決定の最初の言葉も最後の言葉も教会の主に向けられた赦罪と聖化を求める祈りでなければならないであろう」（ibid.）と。

3．イエス・キリストが「教会の一性」であり（第一講義）、「教会の多数性」はわれわれ自身の罪であり困窮であるときに（第二講義）、諸教会の一致という課題がわれわれに与えられていることになる（第三講義）。それは教会の主から提示された課題であり、したがって一つの誡命にほかならない。その際バルトにとって基本的なことはそうした一致が人間によって達成されるものではないという認識であった。「あの誡命の成就はただ全くそして排他的に命令者イエス・キリストご自身の業であるということ、教会はこの方において最後決定的に教会のどんな多様性にもかかわらずすでに一つとされており、われわれの意欲、能力、努力によってはじめて一つとされなければならないのではないということ」（223）であった。

この関連でバルトはここで、つまり彼の考える諸教会の一致について語る前に、諸教会の合同（Union）、同盟（Bund）や連盟（Allianz）を批判的に取り上げながら、「いわゆる」という語を冠して「エキュメニカル運動」にも言及する。バルトは過去の教会の合同や同盟や連盟とは区別し「エキュメニカル運動」のしていることを「いつも良いこと約束に満ちた事柄」（225）であったと評価しつつ、次のように述べて運動に一定の距離をおいた。「諸教会の一致はあまりにも偉大な事柄であって一つの運動の結果ではありえないであろう――たとえどんなに賢明かつ慎重に指導された運動であっても。エキュメニカル運動の種々の機関の側での公式の諸決議・諸声明は、いずれにしてもこの結果の先取りであり、すでにそれだけでもそれらは教会的実体を欠いたものと言ってよいであろう。じっさいそうした諸決議・諸声明は、さまざまの教会において今や現実にただ一つの教会の声の権威をもって、ただたんに国際連盟の委員会でもすることができるような立派な人道的な決議文のようにではなく聞かれ理解されるために、そうした教会的実体を必要とするものであろう」（ibid.）。こうした観点からバルトはローマ法王が昔も今も教会一致の努力に否定的な態度をとっていることを「不幸なことだとは思わない」（ibid.）と書き、さらに次のようにつづける。「どこかで、誰かによって、あらゆる教会的な運動の高慢さに対して、諸教会の一致はつくり出されるのではない、そうではなくて、ただイエス・キリストにおいてすでに実現している教会の一性に対する服従において見出されかつ承認されうるだけだということが、想起されなければならなかったし、今も想起されなければならない」（ibid.）。ローマ法王の姿勢はバルトにとってわれわれが想起しなければならないことの一つのしるしの意味をもっていた。

さてそうであるならバルトは何をもって決定的な意味で諸教会の一致と考えたのだろうか。「教会の一性に向けての諸教会の一致について――われわれは思い違いをしてはならない。それはたんに諸教会が互いに忍耐し尊敬し合い時には一緒に働くこともあるということを意味するものではないであろう。たんに互いに知り合う、お互いのいうことに耳を傾けるということだけではないであろう。たんに何らかの口では言い表せない交わりの中で一つであることを感じとるということだけではないであろう。それはまたたんに諸教会が、信仰において、愛において、そして希望において現実に一つとなる、したがって一致した思いで礼拝を行うことができるようになるということを意味するものでもないであろう。それは、就中、次のことを意味するであろう――そしてそれこそが自余の真正さの決定的な試金石であろう――、それは、すなわち、諸教会が共に告白すること、換言すれば共に外に向かっても語る、世に向けても語る、そしてそれによって教会を基礎づけているイエスの命令を遂行することができることを意味するであろう。諸教会がその教えとその秩序とその生活をもって伝えなければならない証言・使信は、本来、様々の場所や賜物や個人の言語や形態においてどんなに多様であっても、事柄においては同一のことを語らなければならないであろう。教会に真剣な意味で立てられている課題という意味での諸教会の一致は、疑いもなく一つの統一した信仰告白（Konfession）へ向けての諸信仰告白の一致を意味するであろう。種々の信仰告白がそのままであるならば教会の多数性もそのままなのである」（226）。

4. 信仰の告白における一致、これがバルトの考える「諸教会の一致の課題」にほかならなかった（第三講義）。これは具体的にはどのようにして果たされるのであろうか（第四講義）。

バルトによれば諸教会の一致の課題の遂行とは「すべての教会的行為の前提」である「キリストに聞く」（228）という具体的・実践的課題を遂行するのと別のことではない。しかしわれわれが「キリストに聞く」のはわれわれの属する教会においてであって他の教会においてでも中立的な場所においてでもない。そこで次のように言われる、「もしわれわれが、ご自身が教会の一性でいまし、この方において諸教会の一致もすでに成し遂げられている方としてのキリストに聞こうとするなら、われわれは何よりもまず慎み深く、しかし堅実な即事性の中でわれわれの特別な教会的実存を告白しなければならない。……キリストがわれわれをそれ以外の仕方でお招きにならなかった以上、われわれはわれわれ自身の教会を信ずと告白することによってしか、キリストを告白することはない。……もしわれわれがわれわれ自身の、つまりわれわれに指し示された教会的場を恥じ、自ら教会の一性を、したがってキリストを、提示しようとしたり、あるいはむしろそれを演じようとするようなことがあれば、これほどに教会の一致のために役に立たないことはないであろう」（229）。この後半の言葉は「エキュメニカル運動」を念頭において、じっさいそうであるかは別にして、述べたものである。

かくて問題はそれぞれの教会に投げ返される。諸教会がそれぞれにそれぞれの伝統と信仰告白とにそって、本当に「キリストに聞いているか」自らに問わなければならないのである。バルトはここで教会の「生活」、「秩序」、さらに「教理」の問題においてそうするように勧める。そのように問う中ではじめて「諸教会の中の教会」が生起し、可視的となる。

最初の問題、教会の「生活」に関し、たとえば教会を取り囲むこの世の諸現実や諸問題に対して立場を定めようとする場合、われわれは自らの教会の伝統に従って本当にキリストに聞いているか、したがって一種の戦略や戦術に従っていないか、「キリストに無縁な声」（230）に聞いていないか、われわれは問わなければならない。バルトは『バルメン神学宣言』を念頭に、次のように述べている、「もし二、三の教会が、それらがまだどんなに異なった分裂した教会であっても、それぞれがあくまで自分独自の仕方で、悔い改めの用意をもって、そうした問いを自らに立てることさえすれば、まさにそれによってこれらの諸教会の中に自動的に教会が出来事となり、見えるものとなるであろう、そうではないだろうか！　昨年、ドイツにおけるルター派の人たちと改革派の人たちとは——よく注意せよ、それぞれルター派の信仰告白と改革派の信仰告白から出発して——キリストから実際的な決断を命じられているのに気がつくにしたがって著しく接近するにいたったのである」（230）。それゆえバルトにとって重要なことは、諸教会の連合やそうした連合の試みを先行させるのではなくて「教会の多数性の中にあってなにがしかの一つなる教会の経験をすること」（ibid.）であった。

同様のことは教会の「秩序」についても、教会の「教理」についても言いうることでなければならない。教会の個々の組織、秩序、あるいは礼拝など、むろんそれぞれに大切にされているであろう。ただしそこで本当にキリストが問題になっているのであろうか。「私はいう、個々の教会をして自分自身のことを――まさにただ自分自身のことだけを、しかし自分自身のことにおいてまさにキリストをまったく真剣に受けとめさせよ！　そうすれば、たとえその教会で一致の努力に関して何も語られなくも、その教会の憲法やその礼拝においてさし当たり何の変更もされなくとも、これらの個々の教会において一つなる教会が出来事となり、見えるものとなるであろう」（231）。個々の教会それぞれが自らの秩序の中にあってキリストに熱心であることがバルトにとっては問題であった。そのとき教会は多数性の中にあって教会の一性を提示することになる。「教説」についても同様である。カトリック教会はトリエント公会議にまで至る義認論を、ルター派も改革派もそれぞれの、たとえば聖餐論を、最後まで考え抜かねばならない。ただしそれは「キリストに、聖書のキリストに」（ibid.）聞き従いながらである。バルトによれば、そう語ることは「相対論的な危険な響き」（ibid.）を放つとしても、そうした道行きの先にしか教会の一致はないのである。こうしてバルトは最後に「すべての教会において、よく理解していただきたいのだが、すべての教会においてまさにそのすべての教会にとって最も固有な意味において、しかしまさにそれゆえにキリストに聞きつつ、もう一度、本格的な、冷静な、厳密な、現実的な神学がなされなければならない」（232）ことを要請し、「キリストの真理を問うことは、いつも希望にあふれたこと、またいつも愛に満ちたこと、そしていつも事情のいかんにかかわらず諸教会の一致に役立つこと」（ibid.）であると述べて四つの講義を締めくくった。

(b)『教会と諸教会』の意義

『教会と諸教会』の内容をわれわれはいささか詳しく辿った。本講義の意義をまとめておこう。

1、エキュメニカル・セミナーでのこの連続講義自体が「エキュメニカル運動」へのバルトの積極的姿勢を示し、彼にとっての一つの転機を意味していた。[13]

2、講義の基礎に『バルメン神学宣言』があり、この講義で示されたキリスト論的なエキュメニズム観は後の『教会教義学』に至るまで変わらなかった。[14]

3、ただしかし当時の「エキュメニカル運動」に対してはなお懐疑的な態度を崩していない。それはしかし、1、で指摘したことと矛盾することではない。

4、バルトの考える諸教会の一致とは信仰告白における出来事としての一致であった。すなわち、イエス・キリストに基づく、イエス・キリストのための、すなわち御業の証しのための、信仰の告白の一致であった。

5、それは諸教会が「悔い改めの備え」(230)をもってキリストに聞いて歩む道であり、その先に諸教会の一致が出来事となり、現出するとバルトは考えた。

フィッセルト・ホーフトは『教会と諸教会』を高く評価した。当時まだ不安定な中にあった「エキュメニカル運動」に神学的基礎を提供し、最初の「エキュメニカル運動」の危機の克服に貢献したと。しかし他方、彼は、バルトが「エキュメニカル運動」の課題についてあまり語らず、しかもそれを約束に満ちた事柄としながらも、

(13) *T. Herwig*, Karl Barth und die ökumenische Bewegung, 1998, S.21.
(14) KDIV/1, S.764f. 本書第五章を見よ。

その運動の結果に対しては否を語ったとして批判した。フィッセルト・ホーフトによれば、理論的に肯定し実践的に否定するというバルトに対して、そのどちらでもないもう一つの道を示したのが、同じく一九三五年に書かれたボンヘッファーの『告白教会と世界教会』であったという。それは前年ファネーで起こったように、なるほどまだ世界教会が形成途上であっても、福音の歪曲に対して福音の真理を共に告白するということは可能だということであった。そのようにして「エキュメニカル運動」の中で一つの教会が現出するということ、それが可能であるということであった。フィッセルト・ホーフトは、一九三五年のバルトはそれをはっきり見ていなかった。それを認識したのは一九四八年アムステルダムであったと述べている。[15] バルトがこの講義で「エキュメニカル運動」の「課題」についてあまり語らず、エキュメニズムの「結果」について懐疑的な発言をしたことはたしかである。しかしフィッセルト・ホーフトがボンヘッファーに見ていたものが当時のバルトになかったかどうか、とくに戦争中のバルトの公開書簡なども考慮に入れながらわれわれは慎重に検討する必要があると思われる。

第二節　『一つのスイスの声』

「世界教会協議会」（WCC）の早期の正式な設立がヨーロッパの政治状況の緊迫化とともに遠のいた一九三八年以降、バルトは求められて、ヨーロッパ各国の、またアメリカの教会に対して、団体宛に、あるいは個人宛で多くの手紙を書いた。それは第二次大戦の終わり近くまで及んだ。こうした世界教会との手紙のやりとりそのものがこの時期のバルトの「抵抗活動の一部」（E・ブッシュ）であり、それは結果としてバルトの「エキュメニカル運動」となった。これらを通して彼は世界教会に呼びかけ、語り、慰め、そして訴えた。戦後最初の出版物

『一つのスイスの声　1938-1945』はその証しの記録にほかならない。[16]この本に収められた書簡・講演の基調音は、何よりもヒトラー政権に対する妥協なき闘いの調べであった。教会も中立にとどまることは許されない。政治的決断が求められているのであり、ドイツの国家主義に抵抗し、キリスト告白の困難な闘いを引き受けなければならないのである。

バルトはその序文に次のように記している、「まさにご自身の教会におけるイエス・キリストの独占的支配への告白――それはかつて一九三四年にはバルメンにおいてわれわれの喜びでありわれわれの抵抗であった――はこの世におけるイエス・キリストの独占的支配への告白としても継続され、遂行されることが欲せられた。それこそが、ここに印刷された《神学的＝政治的小冊子》で試みられたことであった」。そこでわれわれはイエス・キリストをこの世のただ一人の主と告白することの具体相をこれらの書簡と一部講演によって、第二次大戦下におけるバルトと世界教会との、また「エキュメニカル運動」との関わりを瞥見したい。

(15)　*W. A. Vissel't Hooft*, Karl Barth, ibid., S.6.

(16)　*K. Barth*, Eine Schweizer Stimme 1938-1945, S.6.（『バルト著作集』第六巻）。諸論考は基本的に時間的順序で配列されているが、冒頭に一九三八年六月の重要な論考「義認と法」を置いて教会の政治的共同責任を明らかにした。「論文『義認と法』は欠かすことは許されなかった。なぜならそれは特別に神学的読者に対して全体の神学的前提を一目で分かるようにすることができるものであり、またそうでないとあまりにも突然に悪名高いブラハへの手紙――ふつうならこの本はそもそもこの手紙で始まっていなければならないのだが――が最初に来ることになってしまうからである」(Vorwort, S.11)。拙著『カール・バルトの教会論――旅する神の民』二〇一五年、一三一頁以下参照。

（1）政治的神奉仕――一九三八～四二年のエキュメニカルな書簡

（a）政治的神奉仕

一九三八年の二つの書簡と一つの講演をはじめに取り上げたい。ミュンヒェン危機にさいしてチェコの神学者であるフロマートカに宛てた書簡はバルトの立場を内外に鮮明に示し衝撃を与えた。ミュンヒェン会談の一〇日前、九月一九日に公表されたこの手紙で彼はチェコの兵隊はキリスト教会のために戦い苦しんでいるとして、彼らにドイツに対する抵抗《レジスタンス》を呼びかけた。むろんそれは同年六月の『義認と法』によって聖書的にも基礎づけられた教会の政治的神奉仕の立場に立つものであることは間違いないが、その実際の適用はこの場合武装抵抗を含むものであった。

戦い、また苦しんでいるすべてのチェコの兵隊は、私たちのためにも――そして今日、いささかの留保もなく言いますが、ヒトラーとムッソリーニのかもし出す雰囲気に呑まれて笑いものになりうるだけか、そうでなければ根絶されてしまうだけのイエス・キリストの教会のためにも闘い、苦しんでいるのです。……確実なことはただ一つ、人間の側から可能な抵抗が、今日、チェコの国境において行われなければならないということであり、また、その抵抗する良心は――その抵抗と共に最後の成功も！――できるだけ多くの者が、その信頼を、人間に、政治家に、兵器に、そして飛行機に置くのではなく、生ける神でありイエス・キリストの父である方に置くことにかかっているということです[17]」。

フロマートカ宛書簡は武器を取って抵抗することをバルトが促迫する内容を含むゆえにとり分けドイツ教会に衝撃をもたらしたが、しかしそれは正しい国家のために教会に与えられた本来の奉仕、すなわち、政治的神奉仕以外のものではなかった。それを一〇月二四日付けの『オランダの《教会と平和》同盟婦人代表者への手紙』は「平和」という言葉を巡って明らかにする。

> 教会はなるほど平和を宣べ伝えることができますし、また宣べ伝えなければなりません。けれども教会はその時々の新しい状況のただ中で、その都度、平和ということで何が理解されなければならないかということを、神の言葉から聞き取ることに対して新しく心を開いていなければなりません。それゆえ教会は、この平和というものが徹底して、またどのような状況の下にあっても、砲火をまじえないということの上に成り立っているなどと、決してきめてかかることはできないのです。……正しい国家に必要なのは、国家が平和を守ることとです。しかしまさに守るのです。詳しく言えば平和を、すなわち、正義と自由に仕え、正義と自由において生起する平和を守るのです。そしてこのような自由においてしか福音も宣べ伝えられることはできません。それ以外の自由では、福音は圧迫されるか嘲笑されるかのどちらかです。教会はそのような事態におちいることを望みませんが、もしもそのようになった場合、それを耐えなければなりません。教会は福音のために、正しい国家と、それゆえまた正しい平和をも求めねばならないのです。……教会は教会員に対して、福音のために、また福音の宣教を通して、死や滅びよりもっと悪いことがあると言わねばなりません。

---

(17) *K. Barth*, ibid. S.58-59. 本文の（　）内の数字は頁数。宮田光雄『カール・バルト』二〇一五年、八三頁以下、参照せよ。

それは、反キリストの支配という恥辱を自ら肯定してしまうことです。……[18]

教会はその福音のゆえに「反キリストの支配という恥辱」を受けてはならない。また国家への委任として平和のために配慮すること――『バルメン神学宣言』第五項！――が「砲火をまじえないということの上に成り立っているなどと、決してきめてかかることはできない」と記したバルトであったが、ドイツの国家社会主義に対してなぜ教会は沈黙することが許されないのか、その理由は何か、その観点からわれわれは、同年一二月にヴィプキンゲンの会議でなされた講演『教会と今日の政治問題』も取り上げておかなければならない[19]。

ヴィプキンゲン会議〔スイスのユダヤ人救援組織の最初の会議〕でバルトは、「今日の政治の問題」を、教会の問題として、信仰の問題として語っている。彼によれば、一九三三年当時の教会が一つの政治的実験としての国家社会主義に対し「中立」の立場を守り続けようとしたこと、そしてこの政治的実験を新しい神の啓示と見なすドイツ的キリスト者らの主張が教会に入り込むことを防ぐことに努め「今日の神学的実存」の道を追求したことは間違っていなかった。しかし今日そうした教会的中立はもはやありえないとバルトは述べる。その理由を彼は国家社会主義がたんなる一つの政治的実験でなくなって、それ自身神的なものとなろうとし、神的な力を自らに要求しているところに、一言でいえば「救いを与える施設」となっているところに見た。「国家がその委託の限界をこえて」〔『バルメン神学宣言』第五項〕教会となった。「本格的な、しかし世俗化された教会」となった。そこにバルトは国家社会主義の本質を見いだし、そのようなものとしてキリスト教会はそれと対決するほかないとしたのである。

さらにバルトは宗教的な救いの機関としての国家社会主義が、何よりも「反キリスト教的な反教会」としてのあらゆる特徴を示していること、同時に政治的実験としても国家の根本的解体の特徴を示していることを示し、教会の信仰の証しと国家社会主義の肯定は両立しないと語った。前者についてバルトは、国家社会主義のユダヤ人迫害にその決定的理由を見いだした。「一一月ポグロム」〔帝国水晶の夜〕のことを聞いた上で、次のように述べている。

> けれども、このような判断を下す決定的にして聖書的＝神学的理由は、国家社会主義のさまざまな反キリスト教的言明や行動にあるのではなく、まさにこの数週間、特に私たちの心を動かした、あの原理的な反ユダヤ主義にあるのである。……ドイツにおいては、もはや次のことは公に決定され実施されているのであるが、それは、まさにイスラエル民族の「肉体的絶滅」であり、まさにユダヤ教の会堂や律法の巻物の焼却であり、ドイツ人にとって恐怖を意味するものの総括としての「ユダヤ人の神」や「ユダヤ人の聖書」の忌避である。そしてこれらのことが実行されているところでは――まさにそのことによって、すでにそのことによってだけでも、キリスト教会はその根において攻撃され抹殺が企てられているのである。今このドイツの国中で、反ユダヤ主義のペストによって引き起こされ、天にまで届く言い表し難いほどの悲しみの声を、誰が聞き逃しうるであろうか。この困窮と悪意が内容的に意味していることに直面して、私たちキリスト者の耳に鋭く鳴る警鐘を聞かないということがありえようか。ユダヤ人を捨て迫害している者は、ユダヤ人の罪のために、それからまたそれによってはじめて私たちの罪のためにも死にたもうたお方を捨て迫害しているのである。原理的なユダヤ人の敵は、他の点でたとえ光の天使であったにしても、原理的なイエス・キリス

(18)　*K. Barth*, ibid., S.63-64.
(19)　Vgl. *E. Busch*, Unter dem Bogen des einen Bundes. Karl Barth und die Juden 1933-1945, 1996, S.326-336.（『カール・バルトと反ナチ闘争――ユダヤ人問題を中心に』上下）。

トの敵なのである。反ユダヤ主義は聖霊に対する罪である。なぜなら反ユダヤ主義は神の恵みの否定なのであるから。[20]

Ｅ・ブッシュの教示するように、ここで語られているのは、第一に、国家社会主義が本質的に反ユダヤ主義であるということ、第二に、教会はユダヤ的なものと「根において」結びついていること、したがって第三に、この体制によって教会が否定されているということである。[21] ユダヤ人迫害とはじつはキリスト教会が「その根において」攻撃されていることである。「根において」という比喩は、いうまでもなくローマの信徒への手紙一一章一八節に基づき、接ぎ木された枝としてのキリスト教はその根としてのイスラエルとのつながりにおいてしか存立しえないことを意味する。バルトにとってユダヤ人と教会のつながりは「ユダヤ人イエス・キリスト」において明らかになった。[22] この方は「ユダヤ人の罪のために、そしてそれから、またそれによってはじめて私たちの罪のためにも死にたもうたお方」であった。バルトは国家社会主義の反ユダヤ主義において明らかになっている反キリスト教性を認識し、そこから国家社会主義との教会の対決を基礎づけた。それゆえバルトにとって「政治的実験としての、そしてまた宗教的な救済施設としての国家社会主義の二重の性格は、国家社会主義によって提出された問題を、ただ政治的問題としてだけ扱って、同時に間接・直接に、信仰問題として扱うことをしないということを許さない。それゆえに、教会は、今日の政治的問題に対して、いかなる場合も、中立であることはできない」(80)。かくて国家社会主義の本質理解とそれへの教会の抵抗の聖書的かつ神学的基礎にバルトの決定的な意味でイスラエル神学が作用した。

(b) 戦争を巡って

一九三九年九月一日早暁ドイツ軍はポーランドに侵攻、九月三日イギリス、ついでフランスが宣戦を布告し、五年八ヶ月におよぶ第二次大戦の戦端が開いた。三週間後の九月二四日、バルトはチューリヒ州ホルゲンで大戦勃発後最初の説教をした。その中で彼は、この戦争は「平和のために、自由のために、この貧しい地上の正義と秩序のために、それなしには人間の生が何の価値も尊厳ももてないような生の形態を維持するために必然的となった」と述べ、求められることがあれば、われわれはこの苦闘に参加し、そこから退くことは決して許されないと語った。[23] 大戦勃発後のエキュメニカルな公開書簡も、教会が、そしてキリスト者が、この戦争に関わることの不可避性、その根拠、その目標、あるいはそれと信仰との関係、などを巡って認められる。この項ではわれわれは一九三九〜四二年のエキュメニカルな公開書簡を取り上げる。

一九三九年一二月、フランスのヴェストファール牧師に宛てた『フランスへの手紙』でバルトは教会と今時大戦の関係に関して三つのことを述べている。第一に、教会はこの戦争に対して「無関心」でも「中立的」でもありえず、むしろ今日教会は「抵抗」は不可避だということを真剣にはっきり語ることによって暗黒の時代にあらゆる国の人々を慰めることができるということ。第二にしかし、そもそも戦争における最後のものとは戦争それ自身ではない。バルトはこう述べる、「それ〔戦争〕は〔痛々しいが必要な手術に似ているのですが〕助けること・救うこと・生きることのためにのみ遂行されうるのです。戦争におけるこのような面を強調することが、あらゆる

(20) *K. Barth*, Eine Schweizer Stimme, S.89-90.
(21) *E. Busch*, Unter dem Bogen, S.328.
(22) Vgl. *E. Busch*, ibid., S.165f.
(23) 「エフェソ三・一四〜二一による説教」(『カール・バルト説教選集』第一〇巻)。拙稿「第二次大戦勃発と告白教会の説教」(『危機に聴くみ言葉』説教黙想アレテイア特別増刊号』二〇一一年、六二〜六七頁)、参照。

国において必要になる時はまもなく来るでしょう」（112）。それゆえバルトは、ドイツ民族をともかく罰しなければならないというような考えはキリスト教的にも人間的にも不可能だ、むしろ「病人を扱う」ように扱い、新たな「平和」は配慮に満ちたものでなければならないと訴えた――大戦勃発後まもなくして表明されていたこうした考えは一九四四年以降さらに明確に語られ始めた。さて第三にこうしたことがすべて神の戒めへの服従においてなされるべきことを、次のように書いている。「私たちは次のことに対して、すなわち、神が、神の戒めに服従しつつ私たちが今なさなければならないまさにその業において『決着がつけられねばならない！』をもって私たちの行く手をさえぎり、私たちを神の戒めをもってまったく違った仕方でふたたび導くことを欲しておられるということに対して、準備ができていなければなりません。そのようにしてまた、そしてそのようにしてはじめて、決然と、新しい服従のために、神を頼りとする準備ができていなければなりません。私たちの抵抗の業はこのような準備の中でなされているとき、良き業なのです」（116）。そしてバルトによれば「神はいかなる過ちも犯さないということを私たちは知ることができるし、またそのことを知らなければならない」（116）のである。

『フランスへの手紙』と同じく『スイスからイギリスへの手紙』（一九四一年四月）も最初に「この戦争に責任をもつ」ことを「キリスト教的服従の対象」とすることが「神の明らかな意志」であるとし（185）、それが「共通の理解」（181）でなければならないと訴える。その場合バルトは、キリスト者の抵抗の基礎をイエス・キリストに求め（「人がヒトラーに反抗するには、本来的なキリスト教の現実、つまりイエス・キリストの名においてはっきり対立するのでなければ、現実に堅固な立場を保つことはできない」（191））、イギリスのキリスト者に見られる「あらゆる自然法的な判断」（ibid.）による戦争反対、あるいは「何らかの人間的な理想の名において」（192）遂行されるキリスト教の戦争参与の基礎づけには疑問を呈する。その相違はあるものの、しかしバルトは、以下の実際的な諸結論については意見の一致は見ることができるとした。それは第一に、キリスト者の闘いの根拠がイエス・キリストにあるがゆえに、政治的領域においてもキリスト者は責任逃れをすることは許されないこと。第二に、同じキリスト論的な根拠に基づいてこの闘いにおいてキリスト者は政治的熱狂主義に陥ることがあってはならず、冷静でなければならないこと。第三に、同じくこの根拠に基づいて、キリスト者は何か戦後の特定の将来計画などにとらわれてはならないこと。最後に、この闘いは信仰の謙虚さと率直さとにおいてなされるということ、等である。むろんバルトはこの手紙で彼のキリスト論的立場をイギリスのキリスト者に押しつけているわけではない。それゆえ、最後に、次のように記す。「私はあなたがたにさらにお願いしたいのですが、先に述べたすべてのことを問いとして受け取っていただきたいのです。しかし、この問いに対してどうしても答えなければならないというのではなく、私があなたがたとの一致をどの点で今よりもっと確信することになりうるのかを示したいからなのです。しかし今、問いはそれで十分とすべきです。……イギリスの教会とイギリスのキリスト教徒のもともとの生活が、その内容において、またそれらのキリスト教的・神学的言語――それに私たち大陸では非常な重きをおいているのですが――において、ただ部分的にしか、詳しく言えば、より小さな部分においてしか見えるものとなっていないことを、私は聞いて知っており、時間と共に確信にまで達しているということについて、あなたがたは全く安心してよろしいのです。私はとくに、イギリス国教会の教会の交わりは、その教理からでは全くなく、むしろその祈りから、詳しく言えば日々の祈りに対する個人の参与という点から理解されるべきであるという命題について考えています。ですから私は、あなたがたと私の間にある実際的な一致は、私がヨーロッパ大陸の仕方で問いを出す時に表現されるよりも、はるかに大きいに違いないということを、何のためらいもなく喜んで考慮に入れているのです」(198)。

イギリスの教会とその現実を配慮しつつ書かれた手紙だが、政治的領域への責任にまで含めて語るバルトの言葉の根底に、ここでも『義認と法』で獲得された国家に関する神学的認識があることは明らかである。四月に発表されたこの手紙は、七月に国家の検閲部によって発行禁止になった(24)。

一九四一年一一月、待降節メッセージとして認められた『オランダへの手紙』をここで見てみよう。フィッセルト・ホーフトの依頼に応えて書かれたと見られるこの手紙で、バルトは「毎日、毎時間、不安と憂慮、脅迫と死に囲まれて」「信仰と信実と忍耐の重大な試練」のただ中にあるオランダの人々に、「主は近い！」との使信を慰めの挨拶として書き送った。それはまたこの時代に、バルトが世界の教会に向けて送った慰めと励ましのメッセージでもあった。「あなたがたが必要としているのはたしかに希望です。しかしそれは現在的な希望です。現在的な希望とは、それをもってあなたがたが今、今日、暗黒のただ中で、そしておそらくいぜんとして暗黒でありつづけるであろう明日も明後日も、勇敢に生きることができる希望です――解放の日をおそらくもはや見ることができないであろう人々をも現実に完全に慰める希望です。この正しい希望と、それゆえ正しい慰めが待降節の使信、すなわち、主は近い！　なのです」(304)。

『オランダへの手紙』は『一つのスイスの声　1938-1945』に収録された最後のエキュメニカルな公開書簡であった。これ以後、つまり一九四二年末から一九四四年半ばまでの発言はここには収められなかった。バルトはこれに注を付して、それは「偶然のこと」ではないとして、次のように記している。「……一九四三年一月二二日トリポリ陥落、三一日スターリングラード――一九四四年六月六日、フランス上陸開始。これは第二次大戦の転機となった時期だった。それについて私は新たな問題の提起が思い浮かぶまで喜んで沈黙した」(306)と。

(2)《ジュネーヴ》への期待と批判――「アメリカの教会人への手紙」

フランスやイギリスに宛てて書かれたのと同様の手紙をアメリカにも書くように幾度となく依頼されていたバ

ルトは、ようやく一九四二年一〇月に、提出された質問に答える形で「アメリカの教会人への手紙」を書いた。その中には「戦後の再建」についての問いも含まれており、彼はこれらに丁寧に、しかし慎重に答えている。その上で最後に、バルトの方からの「質問とお願い」の形で「エキュメニカル運動」にも言及した。それは《ジュネーヴ》への厳しい批判を含むものであったが、同時にそれは世界教会への期待と希望の裏返しでもあったであろう。ここに見られるバルトのエキュメニズム理解そのものは『教会と諸教会』以来変わっていない。

「エキュメニカル運動」に関連する部分でバルトは、最初に、一九三三年以来の「歴史の決定的な諸瞬間」にさいし、「エキュメニカル運動」の側からそれに対する声が何も聞かれなかったことを遺憾とし、こう書く。「……《ジュネーヴ》から、つまりエキュメニカルな運動から、これらの歳月の歴史の決定的諸瞬間においてすら、何も聞かれなかった。……具体的に一つにされている世界教会の名において、告白的な、明確な、勇気と慰めとなる言葉が、キリスト教界と人類に向けて発せられなかった」(299)と。バルトにとって重要なことは、こうした言葉が「一人の神学教師」の言葉として聞かれるようになることではなかった。そうではなくて、『教会と諸教会』で表明されていたように、キリストの業の証しとしての信仰の告白的な言葉が、拘束力のある言葉として、諸教会の一致において発せられ、そして聞かれることであった。世界教会の組織がまだ形成途中であり、委託に基づく責任ある言葉を語ることが今はまだ難しいというような《ジュネーヴ》の事情をバルトは理解しつつも、フィッセルト・ホーフトをはじめとする彼の友人たちにそうした言葉の発せられるのを要求し、訴えかけた。

エキュメニカル運動において一つになっている諸教会の実際の協議会が語る公然たる拘束力のある言葉の

(24) 参照、E・ブッシュ『生涯』小川訳、四四〇頁。

ようなものは、必然的に教皇の回勅のような性格を持つに違いないとか、諸教会の一致はまだそこまで進んでいないとか私に言ってはなりません。いったい使徒的な自由さにおいて公然と拘束力のある仕方で語られる兄弟の言葉というものもありえないのでしょうか。そして新しく発見されたキリストの教会の霊的な一致が――私たちが実際に真似ることのできない誤った教会の教皇を中心とする一致に対し！――そのような自由な使徒的な兄弟の言葉が今日キリストの教会の名で語られることにおいて示されないのでしょうか。私は問いたいのですが、このジュネーヴの機関に対して何らかの仕方で（おそらく今日の状況においては形式よりも内容において正しい仕方で）認めることができるために、すなわち、まさにそこから人はそのような言葉を聞くことを希望してよいし、また今やたんに研究と議論が積み重ねられているだけでなく、キリスト教的に語られ、したがってキリスト教的に行動がなされていることが見られると願ってもよいと認めるためには、世界の諸教会は何を待てばよいのでしょうか（299）。

さらにバルトは、エキュメニカルな運動とエキュメニカルな協議会が必要としているのは「御霊と力の証明」だと喝破し、次のように続ける。

ジュネーヴの私たちの友人たちは、世界の諸教会が明らかに自分たちを信任している表明をなし、そしてその明確な委託の下に自分たちが立たないかぎり、そのような霊的な力は持てないと主張します。けれども私は少し違った見解を持っております。つまりエキュメニカルな運動と協議会は、人があちらこちらで彼らについて苦情を言うという危険を犯しても、御霊と力の証明を、問うことではなくて、それに従うことを本来すでにしておくべきだったのです。……今、それこそ今、一つの教会が諸教会の中で聞きうるものとなり、それによってそれが生きた現実とならなければならないのです。そのように聞かれるようになることを、まさに今あえてせず、これからもしないというのであれば、どのようにして後になってそうしたことが起こるというのでしょうか（301-302）[25]。

信仰の告白における出来事としての諸教会の一致という『教会と諸教会』において示されたバルトのエキュメニズム理解はここにもはっきり現れ出た。「一つの教会〔の声〕が諸教会の中で聞きうるものとなり、それによってそれが生きた現実とならなければならない」。イエス・キリストの言葉が、諸教会を通して一つの教会の声として、諸教会において、また教会の外の世界の人々の間でも聞きうるようになることへ向けての諸教会のキリストに基づくキリストのための「目的論的・動的」な一致こそが、彼の考える教会の一致にほかならなかった。フィッセルト・ホーフトが『教会と諸教会』の段階でバルトは同じ時期ボンヘッファーの見ていたものを見ていなかったと評していたことにすでにわれわれは言及したが、ここでバルトの語っていることはボンヘッファーと変わらない。[26] しかしそれは当然のことで、ボンヘッファーもまたじっさいバルメンから大きな励ましを与えられていたのだから。

（3）戦後の先取り――一九四四〜四五年

戦争が終結へと向かう中、世界の教会に、またドイツの教会に、バルトは何を語ろうとしたか、『一つのスイ

（25）参照、E・ブッシュ『生涯』小川訳、四一九頁。K. *Barth-W. A. Visser't Hooft*, Briefwechsel, GA V (43), S.91f.

（26）本書第二章の付論「ボンヘッファーとバルト――エキュメニズムを巡って」を参照せよ。

スの声　1938-1945』に収められた一九四四〜四五年のいくつかの講演を取り上げなければならない。

ナチス・ドイツに対するバルトの見方と態度は、「第二次大戦の転機となった時期」をへてドイツ降伏の見通しが確実になり始めた頃から変化し、ドイツに対する世界の怒りと憎悪に警鐘を鳴らし、いわば健康を害した病人としてのドイツがどのようにして健康を回復することができるのか、その手助けをすることに、その努力は向けられていく。ノルマンディー上陸作戦の一ヶ月半後、一九四四年七月二三日、オーバーアールガウの教区大会での講演『今日の時代におけるキリスト教会の約束と責任』でバルトは次のように述べている。「もしも今日義人を救うためでなく、罪人を救うために来たりたもうた方であるイエス・キリストの御前に立つ民族があるとすれば、それはユダヤ民族とならんで――まさにこの民族と注目すべき類似性において――ドイツ民族である。……この防衛が近い内に不必要になり、ドイツ戦争国家が倒され害を与える危険性が取り除かれるときに、神が審きたもうところで、私たちがもう一度審くことは、私たちの課題ではありえないであろう」(330)。さらにこのことを、一九四五年の初めにスイス各地でなされた講演『ドイツ人とわれわれ』は、今日ドイツが「真っ暗な分岐点にあって」必要なのは、まったく単純に「友人たち」だと語った。「この人々、これまでつねに尊重してきた民主的・社会的・キリスト教的理念のゆえにこころ高ぶらさせているスイス人があなたがたに何の関心ももたないときでも、私はそうではない、私は以下のような者である、すなわち、彼らがあなたがたにそのように言わないときでも、私はあなたがたの味方である！　私はあなたがたの友であるという者である」(355)と。こうしたバルトの立場と態度とに対し、一方で寛容にすぎると反発するスイス人から、他方で過激すぎるとするドイツ人亡命者から寄せられた反論に、彼は『二つの往復書簡』(一九四五年三月、四月)をもって答えた。これらの手紙でも、必要なのは彼らの友となることだとする立場は変わらなかった。

同じ頃バルトはイギリスの『マンチェスター・イヴニング・ニュース』のインタビューに答えて「いかにして

ドイツ人は健康になりうるか」の問いに答えた。この中で彼は一方で連合国がドイツに対しいかなる態度をとるべきかに言及するとともに、他方でドイツ人自身が改めるべきことを三点指摘した。第一に、彼らに求められるのは、自らの責任をにないつづけることである。彼らが己の世界史的役割などに思いを寄せるのではなく、ドイツ人としての自らの生活を確立し、他の国々に与えた損傷の除去のために専念することである。第二と第三は、いずれも、ドイツ人自身の内的な取り組みに関係する。第二は過去に関わることとしての罪責の問題であった。バルトによれば、「起こった事柄に対する責任の問題が、ドイツ民族自身の生において、長く重大な役割を演じないことはありえない。しかしすべては、問題がどのように問われるかに、かかっているであろう」（377）。バルトによれば、そうした反省に立っての「ドイツ民族の政治的、社会的、経済的構造における徹底的な変革」（377）は避けられない。その場合、まさにキリスト教会も徹底的改革の例外ではありえないのである。

> 真に興味ある実り豊かな問題は、現にあるすべてのグループ（たとえば共産主義者たちやキリスト教会も含めて！）が、それぞれに特別な仕方で一緒に引き入れられていった罪責問題である。そこでは他者へのどんな怒りも無意味であり、またすべてのドイツ人が互いに関係し合っている場所は、まさにこの罪責問題の中にある。彼らはこのような場所を見いだし、ただ幾人かの人ではなく、ただあれやこれやの人ではなく、すべての人が、程度やその意味は様々であっても、起こったことを起こるがままにしておくことによって誤り、失敗した、ということに関して、公然とでも、暗黙のうちにでも、了解し合うことを怠ってはならない。今ぜひとも起こらなければならないのは、ドイツ民族のあらゆる社会層、身分、階級、党、流派の中で、人々が問うことである。すなわち、私たち――私と私の同輩、私と私の心の友――が、事実上私たちがみな互いに引き起こし、今もまたみな互いに苦しまなければならないあの破局へと導いていった特別な誤謬とは何

か？　だれか他人ではなく、ほかならぬ私たちが、どのようにして、思慮深い考えであれ愚鈍な考えであれ、わがままな考えであれ軽率な考えであれ、それらをもって一九三三年から一九四五年までの大きな誤算を可能にしたのであろうか？　もしすべての人間が、自らの持ち場でこのような問題にもし取り組むようなことがあれば、あらゆるグループのドイツ人は互いに出会い、そして互いに仲良くやっていくことであろう。そしてそれこそが、今生起しなければならないことなのである（377f.）。

ここで表明されたバルトの罪責の連帯という問題意識はやがて『シュトゥットガルト罪責宣言』にまでつながっていく。これについては次章で詳論する。いずれにせよバルトがドイツ人に求めているのは、人間としての誠実さに関わる、もっとも基礎的な態度・行動というものにほかならない。キリスト教会にだけ要求されているのではない。教会も例外としない、すべてのドイツ人の組織に関わることである。罪を他者になすりつけるのではない、みんなが悪いとするのでもない、自らの誤りと罪責に具体的に向き合いこれを担うことである。そしてその先にバルトは新しいドイツとドイツの教会の再生を見ていた。

付論　ボンヘッファーとバルト――エキュメニズムを巡って

(1) ボンヘッファーとエキュメニカル運動

バルトのエキュメニズムへの覚醒の契機は一九三四年五月のバルメンにおける告白会議とそこで採択された信仰告白、すなわち『バルメン神学宣言』であった。[1] バルトと異なり早くから「エキュメニカル運動」に参与していた少壮の神学者ボンヘッファーにとっても、[2] バルメンとダーレムの線で開始された教会闘争はエキュメニカル

(1) 拙著『カール・バルトの教会論――旅する神の民』第三章を参照せよ。

(2) アメリカから帰国しベルリン大学神学部私講師に就任した二五才のボンヘッファーはベルリンの前総教区長ディーステルの推薦により、一九三一年九月、ケンブリッジで開催された「諸教会の国際友好関係促進のための世界連盟」（WFK=Weltbund für internationale Freundschaftsarbeit der Kirchen）の年次総会に参加し――それはディーステルのねばり強い説得だけによるものではなかった。E・ベートゲが教示しているように、平和問題、すなわち、「ドイツ国内に起こってきた平和を排斥する新しい動き」が彼の参加を促した――、そこで世界連盟青年委員会の新たな三人の書記の一人に選出された。これがエキュメニカル運動との直接の関係の始まりである。彼は草創期のエキュメニカル運動に関わり、一九三七年二月、「生活と実践」オクスフォード大会準備のためのロンドン委員会後書記を辞した。以下、参照。*J. Glenthoj*, Dietrich Bonhoeffer und Ökumene, in : Die Mündige Welt. Bd. II. 1956. / *E. Bethge*, Dietrich Bonhoeffer, Eine Biographie, 1967（以下、DBと略記。村上、雨宮、森野訳『ボンヘッファー伝』1～4）; *W. A. Visser't Hooft*, Dietrich Bonhoeffer and the Self-understanding of the Ecumenical Movement, in : The Ecumenical Review, Vol.28, issue 2, 1976. ／H・J・マルグル「エキュメ

運動にとって一つの画期を意味するものと受けとめられていた。「ドイツ教会闘争は、エキュメニカル運動の開始以後の、その歴史における第二の大きな段階を画するものであり、決定的な仕方において、この運動の将来をも共に規定するものとなるであろう」[3]。一九三五年夏に記されたこれらの言葉にわれわれは「世界教会」（die Ökumene）と「告白教会」（die Bekennende Kirche）両方の将来にかけるボンヘッファーの静かな決意のようなものを読みとることができるであろう。教会闘争はバルトにおいてもボンヘッファーにおいても、前者においてはエキュメニズムへの覚醒の、後者においては草創期のエキュメニカル運動の方向性を示す決定的出来事となった。

ボンヘッファーがエキュメニカル運動に直接の関わりを持ったのは一九三一年九月～一九三七年二月までの五年半、逮捕されるまでを含めても一二年ほどであった。彼より少し年長で新しい世代としてエキュメニカル運動の担い手となりつつあったフィッセルト・ホーフトは、このまだ二五歳の「若いドイツの新人《ニューカマー》」が古い世代の教会人に指導されてきたエキュメニカル運動にあってその方向性に大きな影響を与えたと証言している[4]。ボンヘッファーは「世界連盟」（「諸教会の国際友好関係促進のための世界連盟」）青年委員会の書記の一人として、多くの制約を受けながらも数度にわたり国際会議の準備に携わり、自らも講演者として現実的で鋭利な問題提起をし、エキュメニカル運動に貢献した。

一九三〇年代の前半、形成期のエキュメニカル運動の中でボンヘッファーが訴えた第一のことは、エキュメニカル運動とは何かという「エキュメニカル運動の自己理解」（フィッセルト・ホーフト）に関わることであった。神学的に言えば、ボンヘッファーはエキュメニカル運動の教会性を問うた。彼にとって、エキュメニカル運動は目的組織でも友好組織でもない、そうではなくて神の言葉を語る委託を与えられた教会であった。ただこの教会は個別教会ではなくて「一つのキリストの教会」なのであって、宣教領域は全世界にほかならない。かくてボンヘッファーにとってエキュメニカル運動の課題とは「全世界に対するイエス・キリストの要求を聞き取れるようにすること」であり、この考えはやがて「全教会会議」（Ökumenisches Konzil）の提唱となる。

第二にボンヘッファーがエキュメニカル運動に求めたのは、「平和の戒め」を神の意志の具体的要求としてとらえることであり、それへの服従を語ることであった。一九三二年七月チェコのチェルノホルスケで開かれた「国際青年平和協議会」での講演では、「今日の戦争は、人間の魂と肉体とを絶滅させる。……、したがって将来起こりうるべき戦争は、教会によって全く拒否されねばならない」と語り、さらに一九三四年八月のファネー会議の名で知られる協議会では、「世界連盟とは諸民族の間での平和のための教会の活動を意味する」として平和が集中して語られた。

第三にボンヘッファーは、告白教会の成立（一九三四年五月）以後、エキュメニカル運動に関わる世界教会に告白教会への態度決定を迫った。具体的には、「帝国教会」か「告白教会」か、どちらをドイツ代表として招くかを巡って激しく争われる。ボンヘッファーは帝国教会の働きかけや世界教会側の曖昧な態度に抵抗しつづけた。

ニカル運動とボンヘッファー――「告白教会と世界教会」の動機について」（『神学』二九巻、一九六六）。：神田健次「D・ボンヘッファーとエキュメニカル運動――一九三一～三五年の参与をめぐって」（『神学研究』三五号、一九八七）。：森野善右衛門「ボンヘッファーとエキュメニカル運動」（『ボンヘッファー研究』一六号一九九九）。クリスティアーネ・ティーツ「ディートリヒ・ボンヘッファーとエキュメニズム」（日本ボンヘッファー研究会編『東アジアでボンヘッファーを読む』二〇一四年、一一五～一二九頁）。拙稿「世界教会の形成と告白教会――ボンヘッファーとバルト」（渡辺昭一編『ヨーロピアン・グローバリゼーションの歴史的位相』勉誠社、二〇一三年、一二〇～一二九頁）。拙稿「真理における一致を求めて」（日本ボンヘッファー研究会編『ボンヘッファー研究』三一号、二〇一五年、三四～四〇頁）。

（3）*Bonhoeffer*, Die Bekennende Kirche und die Ökumene, DBW14, S.379.（『告白教会と世界教会』）。

（4）*W. A. Visser't Hooft*, Dietrich Bonhoeffer, ibid., pp.198.

その中で、今上げたファネー会議で採択された『決議』、すなわち、「ドイツの教会の状況に対する実践的キリスト教の世界教会評議会の決議」は、ドイツ的キリスト者を批判しそれと対立するものとして明確に告白教会の立場に立った画期的な信仰の告白となった。結局のところエキュメニカル運動に直接に関わったそれほど長くない期間にボンヘッファーが求めたのは告白教会との連帯であり、世界教会は告白教会が「いつわりの教えの教会」として拒絶したドイツ的キリスト者に支配された教会と対話するようなことがあってはならないということであった。エキュメニカル運動もまさに「告白する教会」として、一致の中に真理を求めるのではなく、真理の中に一致を求めなければならない。むろんその際彼によれば告白教会も世界教会から問われているのであり、告白教会も罪の告白と悔い改めをなしつつ「兄弟」としての世界教会との連帯に生きなければならないのである。

以上に述べたことを、われわれは、次に、一九三二〜三五年のボンヘッファーの三つの主要な文書に即して確認し、彼が参与し構想したエキュメニカル運動とはいかなるものであったか瞥見し、最後にバルトとの関係を考えてみたい。

(2) 真理における一致

(a) チェルノホルスケ教会講演

一九三二年七月——ボンヘッファーのエキュメニカル運動への参与の半年後、ヒトラーの政権奪取の半年前——「世界連盟」の「国際青年平和協議会」の折に、チェコのチェルノホルスケ教会でなされた講演『世界連盟の活動の神学的基礎づけへの試み』をはじめに取り上げる——この講演は、とくに今日ボンヘッファーの平和主義という観点からも読み直されており、その有効性は失われていない。(5) しかしここでは、主として、彼のエキュメニカル運動論という観点から取り上げる。

協議会の本番では、彼の掲げた主題そのものが参加者には余計なもの、ないし退屈なものと思われただけでなく、エキュメニカル運動に対する彼の厳しい要求に賛意を表したのはごくわずかであったという[6]。

講演を彼は「エキュメニカル運動の神学はまだ存在していない」（329）[7]といささか挑戦的に語りはじめ、とり分けエキュメニカル運動のドイツにおける憂慮すべき状況を念頭において[8]、「エキュメニカルな活動がそれに沿って進むべき明確な神学的な線を、その時々に適切に労苦して生み出す努力を怠っていた」（ibid.）ことを指摘し、

（5）Vgl. *H. E. Tödt*, Dietrich Bonhoeffers ökumenische Friedensethik, in : H. Pfeifer (Hg.), Frieden, das unumgängliche Wagnis, 1982（テート「ボンヘッファーによる世界教会の平和倫理」『平和の神学』）。*W. Huber*, Ein ökumenische Konzil des Friedens — Hoffnungen und Hemmnisse, in : Ökumenische Existenz heute 1, 1986 / *M. Heimbucher*, Christusfriede — Weltfrieden, 1997.

（6）*Bethge*, DB, S.294-297. E・ズッツに宛てた手紙によるとボンヘッファー自身もこの種の全体協議会に不信感をいだいたまま帰国した（Brief an E. Sutz, Aug.1932, DBW11, S.99f.）。

（7）*Bonhoeffer*, Zur theologischen Begründung der Weltbundarbeit, 1932, DBW11, S.327.（「世界連盟の運動の神学的基礎づけへの試み」）。以下（　）内の数字はDBW11の頁数。

（8）エディンバラ世界宣教協議会（一九一〇年）以来、ドイツ教会においても、エキュメニカル運動が、ベルリンを中心に、A・ダイスマン、F・ジークムント－シュルツェなどによって推進されてきた。しかし一九二〇年代半ばから「民族性の神学」が台頭するとともに世界教会の考え方は後退した。その中で、一九三一年六月に起こった、ケンブリッジ協議会準備のためのハンブルク協議会に対するエルランゲンのアルトハウスとゲッティンゲンのヒルシュによる批判声明が協議会開催当日の朝の新聞に掲載された事件は翌年になっても影響は消えなかった。声明は「諸民族の親善の問題におけるキリスト教的・教会的な協調と協動は、他の民族がわれわれの民族に対する殺人的な政治をわれわれに対しておこなうかぎり、不可能だ」と述べていた。ボンヘッファーの講演はそうした状況を踏まえて語られたものである。

「われわれの事柄の真実さと確かさとのためにエキュメニカル運動の責任ある神学」(330) を要求した。ボンヘッファーにとってこうした要求ないし問いは、「われわれの事柄」という言い方に表れているように、決して「外側から、傍観者の無関心な場所から」(ibid.) なされているのではなく、「無条件に内側から」(ibid.) 提出されたものであった。しかしこうした神学的基礎づけを問うことはエキュメニカル運動の古い実践家には、おそらく自分たちに対する強い批判として聞こえたであろう。

ここでボンヘッファーのいう「責任ある神学」の輪郭をその所論にしたがって辿ってみよう。ボンヘッファーは「世界連盟」を「時代に適用しようとする一個の新しい教会的目的組織」(328) とは見ない、そうではなくてそれを教会と見る、すなわち、「世界の主である主イエス・キリストの一つの教会《ゲマインデ》」(331) に違いなく、その限り「み言葉を全世界に語るという委託」(ibid.) をもつ。しかもこの教会は個別教会ではなく「一つのキリストの教会」(ibid.) なのであるから、宣教の領域は限定されず、それは全世界だと言わなければならない。「この世界全体が、キリストの領域なのである」(ibid.)。ボンヘッファーによれば、イエス・キリストの支配の外に生の自律的領域というものは存在しない。かくて「世界連盟」を教会と理解するとともに、伝統的なルター主義の二王国説を突破したところでエキュメニカル運動の課題を次のようにいう。

> この全世界に対する教会の要求、より適切に言えば、全世界に対する教会の主の要求を言葉で言い表すために、「世界連盟」の諸教会は共に集められたのである。これらの諸教会は、全世界に対するイエス・キリストの要求を聞き取れるようにすることを教会の課題であると理解している (ibid.)。

「全世界に対するイエス・キリストの要求を聞き取れるようにすること」――これがボンヘッファーの考える

エキュメニカル運動の本来の課題にほかならない。その遂行のために必要な神学的考察をさらに彼は三つの問いを提出して展開する。第一に、教会はいかなる権能において語るのか。第二に、教会の語る言葉、すなわち、福音と戒めは、いかにして力をもって、すなわち、全き具体性において、今ここでの言葉として宣べ伝えられるのか。第三に、神の戒めがこの時何であるかを教会はどこから知るのか、である。それぞれの考察を簡単に見ておこう。第一の問いに対しボンヘッファーは、「教会は、この地上におけるキリストの現在であり、現臨するキリストである（der Christus praesens）」（331）という認識に立って、「教会だけが語ることのできる権能において、すなわち、教会に現臨したもう生けるキリストの権能において」（ibid.）と説く。第二の問いに関して、彼によれば教会が戒めを具体的に語るためには現実の状況との関係づけは不可欠である。しかしもし戒めの具体性が状況の認識に依存するとしたら、そこにはかえって戒めの語りの不確かさが生まれる。それでもなお神の戒めとして語るとすれば、誤りと罪の可能性を免れない。それならば語らない、語れないのであろうか。ボンヘッファーは、これまで多くの教会が取ってきた道、すなわち、「問題回避と原則の段階への後退」（333）の道を取らない。むしろ「あらゆる危険を冒して何事かをあえてなす道」（ibid.）を取る。たとえば、「この戦争には参加するな」というような戒めを「神の戒めとしてあえて語る」（334）のである。そうであれば、こうした「戒めの宣教は、罪の赦しの宣教によって基礎づけられる」（ibid.）ほかないであろう。そこで第三の問い、すなわち、教会はどこから戒めを聞くのか。ボンヘッファーによれば、戒めの認識は「神の啓示の行為」（335）である。それをどこで聞くかといえば、一つは「聖書の律法、山上の説教」（ibid.）、もう一つは「創造の秩序」というほかない。しかし彼によれば、両者ともそのままでわれわれの聞くべき戒めの啓示なのではない。すでにボンヘッファーは、今われわれの確認したように、教会の語りの権能を問い、教会の言葉は今も生きたもうキリストの言葉だと語った。戒めもまたキリストから来るのでなければならない。「キリストからのみ、われわれは、われわれが何をなすべきか、知らなければならない」(336)。山上の説教についていえば、それを語った預言者キリストからではなく、神の戒めを成就し新しい世界をもたらし、約束したもう方としてのキリストから聞くのだし、創造の秩序についていえば、[9] 堕落した創造の秩序はキリストにおいて新しい光のもとに現れる。創造の秩序は神の戒めの啓示ではなく、それがキリストに対して開かれているかぎり、保持の秩序としてのみ存続する。したがって「教会は、この世界の秩序が歴史的に移り変わって行く中にあって、ただ、どの秩序が、この世界の罪と死への根本的転落を最も早く止めることができ、かつ福音にその道を用意することができるのか、ということだけに注目すべきである」(337)。この秩序こそ、まさに、彼によれば、今日、「国際平和の秩序」(338)にほかならなかった。教会が語るのは、何か理想とか、目標とかいうものではない。そうではなくて神の意志の具体的要求なのであり、神の戒めであり、それゆえ求められているのは、われわれの服従なのである。

(b) ファネーの決議

一九三四年八月二四～三〇日――バルメン告白会議からおよそ三ヶ月後、レーム暴動、オーストリア宰相ドルフス暗殺、そしてヒトラーが大統領と首相の権限を兼ね「総統《フューラー》」として新たな権力固めに入った時期――のファネー会議での講話を次に取り上げる。

ファネー会議の名で知られる協議会は一九三七年開催予定の「生活と実践世界会議」(オクスフォード)の準備ためにデンマークのファネーで「世界連盟」の執行委員会と「生活と実践世界会議」の共同で開かれた。最終日に採択された『決議』、すなわち、『ドイツの教会の状況に対する実践的キリスト教世界評議会の決議』[10] はドイツ的キリスト者を批判しそれと対決し明確に告白教会の立場に立った決議として世界教会において決定的な意味をもった。「生活と実践世界会議」議長J・ベルと「世界連盟」議長O・V・アムンセン監督が重要な貢献をなしたほか、ボンヘッファーも青年書記としてきわめて困難な事前準備に当たり、招待されていた告白教会総会議長のＫ・コッホが参加を見合わせる中で自らイギリスからの講師として、同時に告白教会の代表として参加し、重要な講演と説教を行った[11]。バルメンの出来事を受け、帝国教会を排除し告白教会の立場を世界教会で貫くことをした。

残された二つの文書のうち、大会第二日目になされた『教会と諸民族の世界――「世界連盟」の活動の神学的基礎づけに関する暫定的な構想』をはじめに取り上げる。元の原稿は失われ、テーゼの記された要旨のみが残されている。

彼ははじめに「世界連盟」とは何らかの目的のための団体ではなく教会であるという自己理解を決定的なこととして提示する。二年前のチェルノホルスケ教会の講演と、その点で立場は変わらない。しかしチェルノホルスケでなされたエキュメニカル運動の基礎づけのための神学的考察のようなものは一切省かれ、「世界連盟とは諸民族の間での平和のための教会の活動を意味する[12]」として平和に集中して語られた。キリストの平和の誡めを諸

(9)　講演の三ヶ月前（一九三三年四月二九～三〇日）のドイツ国内の協議会での「創造の秩序」と「保持の秩序」を巡るＷ・シュテーリンとボンヘッファーの論争については *Bethge,* DB, S.288ff. 神田健次、前掲論文一二八頁以下を参照せよ。ボンヘッファー、シュテーリン共同の署名のある同協議会の報告は、DBW11, S.131-138. なおこの時期「創造の秩序」に代わって用いられた「保持の秩序」の概念も新ルター主義の誤った用い方であるとしてその後使われなくなった（テート、前掲論文、二〇二頁、参照）。

(10)　*A. Boyens,* Kirchenkampf und Ökumene 1933-39, 1973, S.337.

(11)　Vgl. *Bethge,* DB, S.431-454.

(12)　*Bonhoeffer,* Die Kirche und die Welt der Nationen (Zur theologischen Grundlegung der Arbeit des Weltbundes), DBW13, S.295-297.（「教会と諸民族の世界―世界連盟の活動の神学的基礎づけに関する暫定的な構想」）。

民族に向けて拘束力ある言葉として宣べ伝える絶好期と彼は考えたのである（H・E・テート）。

ボンヘッファーははじめに「戦争とは何か」を示し、次いでその戦争を正当化する論理と、世俗的な立場からする平和主義の論理に言及し、最後に、それらを共に「非キリスト教的」、すなわち「キリストから立論せず、願わしいあるいは願わしくない世界像から立論している」として批判し、「キリスト教会」の立場を明示しようとした。まず戦争の正当化の論理に対してボンヘッファーは、「人間の意志」が、つまりすべての人間が「汝殺すなかれ」という神の戒めの前に直面させられていることを指摘し、それに徹底して従うことが要求されているとした。その徹底した要求の前には、「国家は保持されなければならない」とか、「民族は自らを守らなければならない」とか、さらには「隣人愛が私をそうさせる」といった抗弁も、何の権利ももたない。次に、世俗的平和主義に対してボンヘッファーは、戦争を「自然主義的‐唯物論的に」は理解せず、「悪魔的諸力」によるものと見て、それゆえそれは「ただキリストご自身によってのみ」追い払われる、そのために必要なのは「宿命論でも組織でもない、そうではなく祈りだ」と語った。「助けと救いはただ神ご自身からしか来ない」。チェルノホルスケで語られた、教会は世界に向かって「現在の状態を変革するように」と呼びかけなければならないというような言葉は語られなかった。同じくチェルノホルスケで、「絶対平和主義」（Pazifismus）という言葉も恐れるべきではないとされていたのに対し、ここでは留保された。「世に勝った勝利は、絶対平和主義ではなく、信仰だ」。この信仰、「すべてを神から期待し、キリストの再来とその支配を希望する」信仰が強調された。

もう一つの文書、八月二八日朝の小礼拝の説教『教会と諸民族の世界』は、ボンヘッファーの最も力強い平和の説教であった。聖書のテキストは詩編八五編九節、聴衆に深い感銘を残した。

ここではしかし、ボンヘッファーが「平和はいかにして成るのか」と問い、以下のように述べてエキュメニカル運動に新たな方向づけを与えたことだけを確認しておくことにしたい。

平和はいかにして成るのか。世界がそれを聞き、聞かざるをえないような、すべての民族がそれを喜ばざるをえないような平和への呼びかけを誰がするのか。個々のキリスト者は、そのことをなしえない——彼は確かに、すべてのものが沈黙しているところでも、声をあげ、証しすることができる。しかし、この世の力は、無言のうちに彼を押しつぶしてしまうことができる。個々の教会もまた、確かに証しをなし、苦しむことはできる——ああ、そのことだけでもすればよいのだが——、しかし、それもまた、憎しみの力によって押しつぶされてしまう。ただ、世界のすべてから集められた、キリストの聖なる教会の大いなる全教会会議(das ökumenische Konzil)だけがそれを語ることができる。世界は、歯ぎしりしながらも、平和についての言葉を聞かざるをえないし、諸民族はその言葉を喜ぶことになる。なぜなら、このキリストの教会は、その子らに、キリストの名において、その手から武器を取り去り、戦争を禁じ、荒れ狂う世界に対してキリストの平和を呼びかけることになるのだから(300f.)。

教会の言葉の権能が現臨の生けるキリストにあることは、すでにチェルノホルスケの講演で明らかにされていた。さらにここでは「平和への呼びかけを誰がするのか」という新たな問いと共に、それは個々の教会ではなく、全教会会議だけであると明確に語った。それこそが、キリスト者個人よりも、個々の教会よりも、いっそう拘束的で、力ある言葉を語ることができると彼は考えた[13]。この期待はさらに翌年の論文『告白教会と世界教会』でも表明される。

(13)　全教会会議への言及は以下にも見られる。一九三二年夏学期のベルリンの講義『教会の本質』(DBW11, S.286f.)。一九三三年夏学期の「キリスト論講義」(DBW12, S.316.)、一九三三年「ユダヤ人問題に対する教会」(DBW12, S.354.)。

（c）告白教会と世界教会《エクメーネ》

そこで最後に、三つ目に、一九三五年八月、『福音主義神学』に発表された重要な論文『告白教会と世界教会』[14]を取り上げる。

周知のように本論文執筆の背景の一つに「ヒンツガウル拒否」と呼ばれる次のような出来事があった。[15]それは「信仰と職制世界会議」の継続委員会の総幹事L・ホジスンが六月一七日付けの手紙でボンヘッファーを八月にデンマーク（ヒンツガウル）で開かれる協議会のゲストとして招待しようとしたのに対して、何回かの手紙のやりとりの後、最終的に七月一八日の手紙でボンヘッファーが断ったという挿話である。ホジスンいうところのエキュメニカル運動の立場から帝国教会にも告白教会にも出席依頼をするという立場は、ボンヘッファーの到底受け入れるところではなかった。[16]ボンヘッファーは自らの立場をこの『告白教会と世界教会』で示すことを望んだ。彼はこの論文を一九三六年二月一一日付けのN・カールシュトレームへの手紙に添えてホジスンに送付した（DBW14. S.378. Anm.1.）。ヒンツガウル拒否を機にボンヘッファーが、まだその将来が全く不透明な闘いの只中にあって、世界教会と告白教会の歩むべき方向と線を示したのが本論考であった。ボンヘッファーが掉尾に記しているようにここに「問題は示された」（399）のであり、「理想がではなくて、戒めと約束が示されているのであり――自分の力で自分の諸目標を実現することではなくて、服従が求められているのである」（ibid.）。

冒頭でボンヘッファーは、「告白教会の闘いは、その初めから、ドイツ内外のキリスト教会の非常に強い関心と同情のもとに、なされてきた」（378）と述べ、過去二年間の「世界教会」と「告白教会」の出会いを振り返ることから始める。世界教会がドイツ・プロテスタント教会の闘いと苦しみにあずかろうとし、ファネーでは告白教会を明確に支持する決議に至ったことは事実で、それは一方で、それまでの両者の歩みを考えれば、「最大の注目に値する」（382）ことではあった。しかし他方その事実は、ドイツの教会にとって、たとえば自らの傷を外にさらさざるをえなかったという点で「非常に腹立たしい」（ibid.）ことであったかも知れない。しかしボンヘッファーにとって両者の出会いは「途方もなく約束に満ちた出来事」（ibid.）であった。世界教会と告白教会とは、互いに存在するためにこそ、問い合うことをしなければならないのである。

最初に告白教会が世界教会へ提出する問いが取り上げられる。告白教会が世界教会に提出するのは信仰告白の問題に尽きる。そこでボンヘッファーは次のように述べて、問題に切り込む。

> 告白教会は、世界教会を、その全体性において、信仰告白の問題の前に立たしめるかぎり、世界教会にとっての一つの真正な問いであることを意味する。

告白教会とは、ボンヘッファーにとって、「その全体性において、排他的にただ信仰告白（Bekenntnis）によってのみ規定されていることを目指す教会」（382）である。しかもその場合「バルメンとダーレムの教会会議の諸決定」、すなわち『バルメン神学宣言』と『ダーレム・メッセージ』の線に「拘束されて」（383）解釈された信仰告白である。告白教会と対話する者にとっては、この信仰告白に対して、ただ然りか否かがあるのみであって、中立はない。その意味は、信仰告白が可能なかぎり真剣に考えられるということだけではなくて、告白教会によって拒絶された「いつわりの教えの教会」（ibid.）、すなわちドイツ的キリスト者によって支配された教会とも対話するというようなことは、あってはならないということを含んでいなければならない。これが「告白教会から

（14）*Bonhoeffer*, Die Bekennende Kirche und die Ökumene, DBW 14, S.378-399.（『告白教会と世界教会』）。
（15）*Bethge*, DB, S.548-554.
（16）Ibid., S.348ff. H・J・マルグル、前掲論文、参照。

の問いかけ」(384)であり、世界教会はこれによってたとえ「困難な内面的な危機」(ibd.)を招来するとしても、この問いの背後に後退することは許されないのである。

告白教会からのこの問いかけの核心を、ボンヘッファーは、世界教会の教会性への問いの中に見た。そこで第一の問いは、次のようになる、「世界教会はその目に見える代表において教会なのだろうか。あるいはその逆に、新約聖書において証しされている教会の真の世界教会性は、世界教会の組織の中に、その目に見える、ふさわしい表現があるのであろうか」(ibid.)。ボンヘッファーは、世界教会自身の「内的発展」(388)も認めつつ、告白教会の登場によってこの問題への圧力が強められる中で、世界教会が教会として明確な態度を取ったことを評価した。

そこで世界教会は後に退かなかった。世界教会は、ファネー協議会において、躊躇と内面的抑制とをもってではあったが、全く特定の諸点において、ドイツ的キリスト者の支配の教えと行動とを厳しく非難し、告白教会の側に立ったことによって、真に教会的な言葉を、ということは、すなわち、まさにまた審判者的な言葉を語ったのである。単純に事態の必然性に迫られてなされたこの発言は、神の戒めに対する責任ある服従から生まれた言葉であった。ファネー協議会において、世界教会は一つの新しい時代に入ったのである。それは、ある全く特定の場所で、世界教会の教会的な委託が世界教会に見えてきたのである。そしてそのことが世界教会の永続的な意味なのである(389)。〔傍点、筆者〕

第二の問いは、「世界教会は、いかにして教会でありうるか。またいかにしてその要求を基礎づけることができるのか」(ibid.)である。ボンヘッファーにとって教会は告白する教会であり、教会の一致は信仰告白の一致にほかならない。「教会は、ただ信仰を告白する教会としてのみ存在する、すなわち、教会の主に味方し、この主の敵に反対して告白する教会としてのみ存在する。……教会の真の一致のためには、信仰告白における一致が必要なのである」(ibid.)。そうであれば、教会である世界教会においてそのような信仰告白の一致はいかにして実現されるのか、それが世界教会へ向けてのここでの問いであった。ボンヘッファーは、従来エキュメニカル運動の推進者たちが、世界の教会の交わりを重視し、「全キリスト教の豊かな富と調和」(390) を生かそうとしてきたことを取り上げ、それでは「世界教会の問題と教会そのものの持つ真剣さを覆い隠してしまうことに力を貸す」(ibid.) と指摘し、次のようにいう。

ただ一致の中にのみ真理があるという命題が、いかに真実であり、聖書的であるとしても、同様に真実であり、聖書的であるのは、真理においてのみ一致は可能であるというもう一つの命題である (ibid.)。

真理が問題であるがゆえに――じっさいそれこそが信仰告白において問題なのだ――告白教会は「反キリストの精神」(393) の支配するドイツ的キリスト者との対話を最後決定的に中断した。世界教会にとっても中立はない。ここで世界教会が――ファネーはそのことをなした――決断を下すことこそ、自らの課題に忠実なことであり、世界教会が教会でありうる道にほかならなかった。この関連で述べられた以下の言葉は、直前にやりとりのあったホジスンらが念頭に置かれたものであろう。すなわち、「そこから自明的に出て来る結果は、このように中断された会話は、他の場所で、たとえば世界教会の協議会のようなところでもう一度取り上げることができるというものではないということである。告白教会の代表とドイツ的キリスト者の代表とは、世界教会の協議会において共に一つの対話の席にすわることはできないということを、世界教会は理解しなければならないし、またファネー協議会において、世界教会はそのことを理解したのである」（391f.）。

次に、反対に、世界教会が、告白教会に問い返す。告白教会は世界教会から問いかけを受け、要求される。告白教会は世界教会に向けたその同じ問いを今や自分に向けなければならない。それはまず、「罪の告白と悔い改め」（394）をなすことを意味する。その前提に立って告白教会は世界教会の交わりに入ろうとしているか、というのが告白教会への第一の問いかけであろう。

ここでまさに、真理のために誠実であろうとする教会は、まさにその真理のために先ず何よりも聞くことへと召されているのではなかろうか。ここでまさに、狭いドイツの中にあって、その目を限界の向こうにまで向けることの困難な教会は、よく注意しなければならないのではないだろうか。ここでまさに、生存をかけた闘いの中にある教会は、全キリスト教界の祈りと交わりとに対して、感謝しつつそれを聞き分ける耳を持たねばならないのではないだろうか（395）。

第二の問いかけは、告白教会が、自らの信仰告白の要求をもって自らを孤立化させ、世界教会に耳を貸さないようなときに、はたして告白教会自体の中に、それでもキリストの教会は存在するのかというものである。世界教会は教会なのかという告白教会の問いは、告白教会は教会なのかという問いとなって跳ね返ってくる。ボンヘッファーによれば、告白教会は自らエキュメニカル運動に参加し、神学的かつ実践的に運動に共にあずかることを通してこれに答える以外にない。

告白教会は、世界教会が兄弟として助け、兄弟として忠告し、兄弟として抗議する権利を、常に承認し、そのことによって、キリスト教界の一致とイエス・キリストへの愛は、すべての限界を突破するということを証しするであろう。告白教会は、その兄弟の声を決して恥じることはなく、その声に感謝して耳を傾け、また与えることを求めるであろう（398）。

ボンヘッファーは最後にすでにファネーで明確に語った全教会会議への希望を改めて語った。そしてその射程を、たんにキリストの教会の「真理と一致」（ibid.）を証しするだけでなく、その証しが敵にも届いて「戦争や、階級的憎悪や、社会的搾取」（399）に対しても裁きの言葉が語られ、現実に「戦争そのものが不可能になる」（ibid.）ことまでも含めて構想した。彼は、その成否はわれわれの服従にかかっている、詳しく言えば、神がこの服従をいかに用いてくださるかにかかっていると述べて全体を締めくくった。

（3）ボンヘッファーとバルト

ここまでわれわれはボンヘッファーのエキュメニカル運動との関わりを一九三二～三五年の三つの文書によって瞥見した。最後にそれをバルトと比較しながら、またバルトをボンヘッファーとつきあわせながらまとめておきたい。

1、フィッセルト・ホーフトは、一方でバルトの『教会と諸教会』を高く評価しつつも、他方でエキュメニカル運動について理論的に肯定し実践的に否定したとし、これに対しそのどちらでもないもう一つの道を示したのが同じ年に書かれたボンヘッファーの『告白教会と世界教会』であったと述べた。世界教会がまだ形成途上であった中で福音の歪曲に対して福音の真理を共に告白するということが――前年ファネーでなされたように――可能だということを、またそのようにしてエキュメニカル運動の中で一つの教会が現出するということが可能だということを示したとも述べた。フィッセルト・ホーフトによれば一九三五年のバルトはそれをはっきり見ておらず、それを認識したのは一九四八年のアムステルダム大会であったという。[17] たしかにバルトは『教会と諸教会』の段階で、ボンヘッファーの主張した全教会会議のようなことは構想していなかった。ただそれを認識したのは彼が判断するように一九四八年にはじめてであったとは、私は必ずしも言えないように思う。われわれがすでに見た、一九四二年一〇月の「アメリカの教会人への手紙」などにもはっきり現れていた。そしてそれはバルメンが彼の念頭にあってのことであったことはいうまでもない。

2、 じっさいボンヘッファーとバルトの間には重要な一致点が見られる。一九三三年に始まる教会闘争、とくに一九三四年五月のバルメンの出来事や同じ年の秋のダーレムにおける第二回告白会議をへて明瞭になったバルトの認識との一致点を明らかにしておきたい。じっさい『バルメン神学宣言』を想起させる文言はボンヘッファーの文書にもくり返し現れた。

われわれは、第一に、両者とも世界教会の教会性を問うていることを指摘したい。世界教会は或る種の目的組織でも、たんなる友好組織でもない、それは教会である、というところからチェルノホルスケのボンヘッファーは出発した。その教会は、彼において、地上におけるキリストの現在にほかならず、そこから教会としての世界教会の言葉の権能が説明された。バルトにおいても教会の一致の問題とは諸教会を教会へと一つにすることであった。ただバルトにおいては教会の一致はすでにキリストにおいて与えられており、それはその教会の一致に対するわれわれの服従においてのみ「見出され、承認されうる」[18]ものとして存在するものであった。諸教会がエキユメニカルな関係の中でそれぞれの教会の問題に、すなわち、教理や秩序、それに生活等の問題に取り組むときに、「それらの運動それ自身が教会形成的に働く」[19]。「これらの諸教会の中で自動的に教会が出来事となり、可視的にもなるであろう！」[20]。これがバルトにおけるいわば出来事としての教会の一致であった。

第二に、バルメン、そしてダーレム、すなわち、第一回と第二回の告白会議における『バルメン神学宣言』と『ダーレム・メッセージ』がボンヘッファーにおいてもバルトにおいても問題の中心に存在した。われわれはファネーの『決議』を信仰告白と受けとめることが許される。『告白教会と世界教会』では、世界教会と告白教会、それぞれ告白教会であるかが相互に問われた。バルトが『教会と諸教会』で信仰告白の一致を教会の一致として要求したのとほとんど同じ言葉を、われわれは、ボンヘッファーの『告白教会と世界教会』に見出すことができる。「教会の真の一致のために、信仰告白における一致が必要なのである[21]」と。信仰告白における一致はボンヘッファーにおいて真理における一致であった。それゆえ信仰告白は、教会の主への信仰の告白であるとともに、反キリストをはっきり退けることと結びついていた。バルトもまた、教会の一致を真理への一致において求めていたことを、われわれは以下の文言においても明らかに知ることができるであろ。「キリストの真理を問うことは、いつも希望にあふれたこと、またいつも愛に満ちたこと、またいつもそしてどんな事情のもとでも諸教会の一致に役立つ[22]」。

（17） *W. A. Vissel't Hooft*, Karl Barth und die Ökumenische Bewegung, in : EvTh, 40, 1980, S.5-7. ; Vgl. *E. Feil*, Karl Barth und Dietrich Bonhoeffer, in : M. Beintker, Chr. Link, M. Trowitzsch (hg.), Karl Barth im europäischen Zeitgeschehen〔1935-1950〕, Widerstand-Bewährung-Orientierung, 2010.

（18） *Barth*, Die Kirche und die Kirchen, in : Theologische Fragen und Antworten, 1957^1, 1986^2, S.225.（傍点、バルト）。

（19） Ibid., S.229.

（20） Ibid., S.230.（傍点、バルト）。

（21） *Bonhoeffer*, DBW14, S.389.

（22） *Barth*, Die Kirche und die Kirchen, ibid., S.232.

第三に、バルトの連続講義『教会と諸教会』はバルトの「バルメンの世界教会的重要性を巡る格闘」（K・ホフマン）の一つであったが、ボンヘッファーにおいても、同様のことが言えるであろう。興味深いのは、バルメンの二年前のチェルノホルスケ教会講演に、バルメンを先取りするような文言が見られることである。すでに引用したが、イエス・キリストの支配の外に生の自律的領域というものは存在しないという言葉は、ほとんどそのままバルメン第二項の拒絶命題と重なる。バルメン以後のファネー講演における以下の認識は、キリストの支配のもとでの兄弟たちの共同体というバルメン第三項の教会論のその広がりにおけるこだまとしてもわれわれには響く。「キリストの教会は、同時にすべての民族の中に、そしてしかもすべての民族的・政治的・社会的・人種的なものの限界を超えて生きるのである。そして教会の兄弟たちは、彼らが聞いているひとりの主キリストの戒めによって、共通の歴史や血や階級や言語が人間を結びつけうる紐帯であるよりももっと離れがたい力で、お互いに結びつけられているのである」[23]。さらに「……教会の語る言葉は、国家にとっては権威をもたない。しかし国家はその言葉の中に、国家の可能性の批判的限界を見出し、したがって教会を、国家の行為の批判者として顧慮せねばならないであろう」[24]というような認識において、一方で伝統的なルター主義に立ちながら、しかしそれを超えて、教会の政治的共同責任を語るバルメン第五項をわれわれは思い起こさないわけにはいかないであろう。

最後にもう一つ上げておきたい。「告白教会と世界教会」は信仰告白の一致を一つのキーワードとして全編がバルメン＝ダーレムの線に立った論考であることは、すでに（2）の（c）で述べた。その中でボンヘッファーは、ドイツ的キリスト者の支配する帝国教会との対立の中にある告白教会の告白は先ず第一に罪の告白でなければならない、告白教会は「キリスト教界の分裂の罪責を共に担う」[25]、「この罪責の一端を自分も担い、そこで出会うかも知れないあらゆるいつわりの神学の中で、先ず自分の罪と、自分の宣教の働きの無力さとを告白するのである」[26]と語る時、『教会と諸教会』でバルトが教会の多数性を罪として次のように語るのと違わないように思う。

「教会の多数性を人は説明しようとしてはならない。……人は事実として承認すべきである。中間に入り込んできた不可能事として理解すべきである。人はそれを、われわれ自身が自らに担わなければならない、そこからわれわれ自身を解放することのできない罪責として理解すべきである」[27]。

3、ボンヘッファーは一九三七年二月、オックスフォード会議の準備のためのロンドン委員会の後、青年書記を退いた。ジュネーヴの世界教会と告白教会の関係は、会議への招待問題を巡り事実上断絶した[28]。周知のように彼は一九三九年には政治的な抵抗の道へ進んで行く。一方バルトは、バーゼルにあって、フィッセルト・ホーフト、ピエール・モーリィらとの交流を通して世界教会との関係を深めていく。一九三七年の「生活と実践」並びに「信仰と職制」の世界会議には参加しなかったが[29]、個人的な関係を通して、主として文書によって、幅広いエ

(23) *Bonhoeffer*, DBW13, S.299.
(24) *Bonhoeffer*, DBW11, S.343.
(25) *Bonhoeffer*, DBW14, ibid., S.393.
(26) Ibid.
(27) *Barth*, Die Kirche und die Kirchen, ibid., S.220.
(28) *Bethge*, DB, S.619ff.
(29) バルトは一九三七年のオクスフォードとエディンバラでのエキュメニカルな協議会への参加を「意識的に取りやめた」（E・ブッシュ『生涯』小川訳、四〇一頁）だけでなくそれに関連して批判の言葉をくり返し口にした。それらの協議会もふくめエキュメニカルな教会会議全般に対し「……教会的な信仰告白が、少なくとも目差されておらず、そのようなことがまさに原則的に意図されていない教会的な対話および一致のこころみについて、人はどう考えるべきであろうか」（KDI/2, S.660）と。『バルメン神学宣言』を受けとめて告白教会との連帯を表明するというようなことがなされなかったことに失望を禁じ得なかったのである。フィッセルト・ホーフト宛てて（一九三七年七月二七日付け）次のように書いている、「このような国際的な舞台の上で……引き出すことのでき

キュメニカルな活動に入って行く。われわれが本章第二節で取り上げた通りである。歴史の決定的諸瞬間において、世界教会から、告白的で明確な勇気と慰めになる言葉がキリスト教界と世界へ向けて語られないことを遺憾とし、それをくり返し要求した。そうした言葉が聞かれない中で彼自身が「一つのスイスの声」でありつづけた。その意味で、なるほどボンヘッファーの構想した全教会会議をバルトも考えたとは直ちに確認することはできないが、しかし全世界に対するイエス・キリストの言葉を聞こえるようにするというボンヘッファーが全教会会議に託した課題に、その間バルトも固執しつづけたといってよいし、またいわなければならないのではないだろうか。[30]

るものといえば、そこで得られるあらゆる種類の友好・促進のための人間的接触を除くと、妥協が、そしていつも相も変わらぬ妥協が、関の山ではないでしょうか？」「私はこのような種類の事柄に固有な論理や美学に、生まれつき向いていないことは明らかで、願わくば、これからもずっとそれについては、もう何も聞かせてもらわないのが有り難いのです」（*Karl Barth - W. A. Visser't Hooft*, Briefwechsel 1930-1968. GAV (43), S.57-61.

（30） Vgl. *E. Busch*, Karl Barth im Zeitgeschehen. 》Eine Schweizer Stimme《 zwischen 1935 und 1950, in : M. Beintker, Chr. Link, M. Trowitzsch (Hg.), Karl Barth im europäischen Zeitgeschehen〔1935-1950〕, Widerstand-Bewährung-Orientierung, 2010.

第三章　シュトゥットガルトとアムステルダム

一九四八年八月二二日から九月四日までアムステルダムで「世界教会協議会」(ＷＣＣ)の第一回総会が開催され、バルトはその開会講演者の一人として登場し、期間中大会全体に積極的に関わった。これを頂点として一九五〇年代前半彼はエキュメニカル運動に深く関与することになる。

第一節　シュトゥットガルトからアムステルダムへ

「世界教会協議会」は一九三七年のウェストフィールド・カレジ(ロンドン)における重要な準備会議をへて、一九三八年五月のユトレヒト大会ですでに暫定的に成立しており、一九四〇年ないし四一年に正式な創立総会の開催が期待されていた。[1] しかし一九三九年九月の第二大戦勃発により開催は不可能になった。戦争終結によって障害は取り除かれたものの戦争の傷跡はあまりにも大きく深く大会開催は容易ではなかった。とり分けドイツ教会と戦勝国の教会の関係回復が重い課題として横たわっていた。それは罪責とその克服の問題であった。「世界教会協議会」の新発足はこの解決なしにはありえず、これを可能にしたのが一九四五年一〇月ドイツ福音主義教会(Evangelische Kirche in Deutschland = EKD)が発表した「シュトゥットガルト罪責宣言」であった。シュトゥットガルトなしにアムステルダムはなかった。そこでわれわれはアムステルダムにおけるバルトを検証する前に、はじめに「シュトゥットガルト罪責宣言」とそこに至る道のりを世界教会とドイツ福音主義教会両方の側から明らかにしておきたい。

（1）罪責告白に向けて

（a）世界教会

「世界教会協議会」総幹事フィッセルト・ホーフトは、一九四三年七月、その年次活動報告に「未来への準備」と題する新たな章を加え、その中にこう書き記した、「戦時の諸問題はわれわれを十分わずらわせているが……、時間と労力の相当な部分は未来への準備のために使われる。われわれはそうするように強いられている。というのもわれわれが今日下さなければならないもろもろの決定は結局のところ戦争が終わってから『世界教会協議会』がとるであろう行動に規定されているからである」[2]。諸決定の多くは戦後の教会の復興援助に関わるものであったが、それだけでなく、彼の念頭には、戦争を闘った国々の教会の「和解」、交わりの回復ということがあった。彼にとってまさにそれこそが戦後復興への教会独自の貢献であった。

（1）フィッセルト・ホーフトの自伝によれば「形成中の世界教会協議会の暫定委員会」という「ものものしい名称」をもつ委員会は、ウィリアム・テンプル〔ヨーク〕大主教を議長に、マルク・ベニェ〔フランス・プロテスタント協議会議長〕、ゲルマノス〔コンスタンティノポリス総主教庁〕、ジョン・モット〔国際宣教会議議長〕を副議長に、そしてフィッセルト・ホーフトを初代の総幹事に選んだ。W. A. *Visser't Hooft*, Die Welt war meine Gemeinde, 1972, S.105.

（2）A. *Boyens*, Kirchenkampf und Ökumene 1939-45, 1973, S.232.

こうした教会の「和解」をフィッセルト・ホーフトはすでに一九四三年五月の覚書「世界教会協議会の戦後の諸課題」(以下『覚書』)で「戦後のエキュメニカル運動の最大かつ最も緊急な課題の一つ」[3]として提示していた。この『覚書』は彼がその自伝でも述べているように前年末(四二年一二月一三日)のドイツ告白教会のハンス・アスムッセンからの手紙が一つのきっかけとなって作成されたものであったが、[4]それ以上にフィッセルト・ホーフトの中ではボンヘッファーとの対話の記憶が背景にあった。彼自身の証言によれば、ボンヘッファーは、ストックホルムでのベル主教との、ジュネーヴでのフィッセルト・ホーフトとの対話の中で、「ドイツのキリスト者にとって唯一の道は悔い改めの道である」と言明したという。[5]

『覚書』はアスムッセンの手紙の文言も直接引用するなど一つの喜ばしい応答の意味も持っていたが、[6]その認識はアスムッセンのそれに比べていっそう透徹していた。アスムッセンは戦争による敵対関係を越えた、あるいはそれに左右されないキリスト者同士のエキュメニカルな交わりとその責任の重さに言及する中でドイツの罪責にも触れ、またそれを「共通の重荷」[7]と理解していた。彼によればキリスト者は人類史における現在の危機的時点でイエス・キリストの奉仕者として自らを証ししなければならない。問題は教会の政治化ではない。重要なのは「神の祭司」としての働きである。教会はそれぞれの国民の代理として神の前にその罪を持ち運ぶべきものなのである。これに対し『覚書』も、教会のエキュメニカルな交わりがなお確かに存在すること、また現在の窮状に対する最終責任は「すべての者によって」担われなければならないという共通認識があることを認めアスムッセンに同意し、第一次大戦後のように教会が互いに罪をなすりつける醜態を演じなくて済む「希望」も口にした。しかし『覚書』によれば、それは和解が容易に達成されることを意味しない。戦争のここ数年の経験からして諸教会はあたかも何事もなかったかのごとく互いに出会うことはできないからだ。以下のような認識はアスムッセンにはないものであった、「彼らの国民に課せられた苦難、国民対国民の間でなされた犯罪と不正義、それぞれ

（3） *M. Greschat* (Hg.), Die Schuld der Kirche, Dokumente und Reflexionen zur Stuttgarter Schulderklärung vom 18./19. Oktober 1945, 1982, S.29f.『覚書』は一九四三年七月五～一一日にシグトゥナで開催予定であった暫定委員会（復興作業における教会の責任が協議される予定であった）のために用意されたもの。イギリスとスウェーデン間の飛行機が運航せず委員会は延期されやがて中止されたので加盟教会の主だった人々に秘密文書として送付された。Vgl. *A. Boyens*, S.241ff.

（4） この手紙はアスムッセン自身によればカール・ゲルデラー周辺の抵抗グループの存在を示唆しドイツのキリスト者が例外なくヒトラーに従ったのではないことを世界教会に証しするために書かれた。またハンス－ベルント・ギゼウィウスが、告白教会のこの間の沈黙が世界教会に与えた悪印象を可能なかぎり払拭するためにアスムッセンに書くことを促したものであった。アスムッセンは自ら拘留された時（一九四一年）にも世界教会の兄弟たちの名をあげて祈ったと記し、キリスト者の連帯と交わりに言及することから手紙を書き始めている。*M. Greschat* (Hg.), ibid., S.17-18, 25-26.

（5） Vgl. *W. A. Visser't Hooft*, ibid., S.228f.「一九四五年四月の彼〔ボンヘッファー〕の死後まもなくして私は彼が獄中で書いた詩を入手した。その中の一つ『夜の声』という詩の中で彼は悔い改めの詩編を思い起こさせる言葉遣いで、いかにドイツのキリスト者が神の前で自らの罪を告白しなければならないかについて語っていた。その生と死が信仰の証しであった一人の人間のこの言葉は私の心を深く動かした。私はドイツの教会が彼のように語ることを望んだ。それゆえに私は一九四五年七月二五日ベルリンのディベーリウス監督に手紙を書いたのである。……」。ボンヘッファー『獄中書簡集』（村上訳）四〇六～四一二頁、参照。

（6） この手紙はアドルフ・フロイデンベルク〔当時ロンドンとジュネーヴで世界教会協議会の難民のための委員会書記をつとめていたドイツ人〕にも差し出された。家族皆喜びにつつまれたこと、友人も喜び、その中にはバルトも入っていて、対話の可能性の期待に向けて喜んだことなどが記されている。またアスムッセンが「祭司的務め」を強調したのに対してエキュメニカルな対話のためには「預言者的務めと行動について語る」ことが重要であることも鋭く指摘した。*M. Greschat* (Hg.), ibid., S.27.

（7） *M. Greschat* (Hg.), ibid., S.25.

の国民が行った犯罪と不正義、それぞれの国民が感じとる憎悪、国民が自らに対して引き起こす憎悪、これらすべては教会と一切関係のない『政治的な』事柄として片付けられてしまうことはできない。これらすべてはわれわれがそれらをキリスト者として取り扱うに至るまで、換言すれば、神と人とによって赦されるようになるまで長くわれわれの間に存在することであろう」[8]。国家において起こっていることは教会と無関係ではない。たんなる政治のことではない。問題は教会がそれぞれの国家との結びつきを担い、キリストの体の肢としてこの結びつきを共通の主の前に担う意志と能力を持っているかどうかであった。したがって重要なことは何よりもそこに罪責を認めること、皆共に罪責を負っていることの承認である。「真の和解の前提はすべての教会の失敗の、そしてその国家の罪の厳密な承認である」[9]。罪責の承認はそのまま「具体的な悔悟」でなければならない。そのために教会は「祭司的機能」を果たすべきことをフィッセルト・ホーフトもアスムッセンを引用する形で説いた。「ファリサイ的な断罪」は真の理解と和解をもたらすことはないのである。かくて『覚書』は、次のように戦後の「世界教会協議会」の課題を語った、「共に神に赦しを祈り求め、互いに赦し合った諸教会は国家の和解のための共通の言葉を見出すことができるであろう。「世界教会協議会」はこうした共通の言葉が与えられることを望み祈るものでなければならない」[10]。

しかしこうしたフィッセルト・ホーフトの描いた罪責問題とその克服を通しての和解の道は簡単に開かれたのではない。『覚書』に対しジュネーブの暫定評議委員会のメンバーからは賛意と支持の声が上がったが、イギリスからは厳しい批判の声が寄せられた。批判はとり分け、現在の窮状に対する責任が交戦国のすべてに、したがってそれぞれの国の教会にあり、われわれはみな「共同の罪責」[11]に巻き込まれているといった認識に向けられていた。こうした反対の声が一九四五年四月二六日ロンドンで開催された「世界教会協議会」の暫定評議委員会を支配した[12]。この委員会でフィッセルト・ホーフトは「ドイツ教会へのメッセージ」の構想を打ち出すことで罪責問題へと話を進めようとしたが、[13] イギリスをはじめドイツの侵略や占領で被害をこうむった国々の教会の代表者の拒否反応は強く、メッセージ送付は断念を余儀なくされた。『覚書』に記されていた和解のため罪責問題を克服する「共通の言葉」を「世界教会協議会」が発する道は、さし当たり閉ざされたかに見えた。

流れが変わったのは一九四五年五月九日にニューヨークで開かれた「世界教会協議会」暫定評議委員会の北米部会の協議会であった。そこにはヨーロッパからマルク・ベニエ、フィッセルト・ホーフト、ベル主教も参加していたが、会議の途中ドイツ降伏のニュースが入り、議論はドイツ問題に移行した。一つの前進は世界教会とドイツ教会の現況報告の中でフィッセルト・ホーフトがベルグラーフ監督〔ノルウェー〕、ニーメラー、ボンヘッファーの名を上げ、[14] それを受けてニーメラー個人にメッセージを送ることを決めたことである。同趣旨のメッセー

（8）Ibid., S.29.
（9）Ibid., S.30.
（10）Ibid.
（11）Ibid.
（12）この会議で一九四〇年一月以来はじめて大陸の委員全員とイギリスの委員とが一緒に協議に臨んだ。
（13）起草者はフロイデンベルク（本章注6を見よ）。要点を以下のように箇条書きにして示したのはフィッセルト・ホーフトであった。「ドイツ国家全体の名において犯された犯罪。ユダヤ人、ロシア人戦争捕虜、罪無き人質の殺害と村落全体の皆殺し。迫害に対する教会指導者たちの抗議。これまでのイギリスのキリスト者たちの態度は傍観者のそれであり、国家社会主義から不可避に帰結するニヒリズムの危険を見ておらず、ドイツで自由のために闘っている人々を十分支援しなかったこと。今日ドイツには真の生けるキリストの教会が存在していること、悔い改めの共同体であろうとしていることの認識。教会・家庭・ヨーロッパにおける国際的な生活の再建における優先的な任務に言及すること」。*A. Boyens*, ibid., S.247.
（14）この時フィッセルト・ホーフトはボンヘッファーが殺された（四月九日）ことをまだ知らなかった。

ジはベルグラーフ監督、ヘンドリク・クレーマー〔オランダ〕にも送られ、それはやがて「世界教会協議会」加盟教会へのメッセージとなった。戦後最初のドイツ教会との接触を想定してこう書かれている、「すべての思慮に優先して主に仕えることを求めてきた戦争の両方の当事国の教会人の間で率直で親しい話し合いの手段が近い将来見つかることを希望する」[15]。その際暫定評議委員会は告白教会の人々、すでに名前の上がっていたニーメラー、ボンヘッファーのほかに、ヴルム監督、オット・ディベーリウス、アスムッセン、ハンス・ベーム、それにエキュメニカル運動の指導者たちを念頭に置いていた。「『世界教会協議会』の暫定評議委員会にとってドイツ告白教会がドイツ福音主義教会の正当な代弁者であった。告白教会の代表者とは自分たちと一緒に罪責問題の克服に取りかかることができると考えられたのである」（A・ボイエンス）[16]。それと共にメッセージは「国家の罪責の規模には大きな相違があり、これらの相違は直視されなければならない」と述べ、はじめに罪責を口にしなければならないのはだれか明確に示された。その後フィッセルト・ホーフトは、一九四五年七月二五日、世界教会とドイツ教会の関係回復のために戦後はじめてベルリンを訪ねたスチュアート・ハーマンに託してディベーリウスに一つのメッセージを送った[17]。そこにはドイツ教会との交わりの再開を心から望んでいること、教会も含めてドイツ国民が罪責を認め率直に言い表すことを求めていた[18]。ハーマンらはそうした率直な言い表しを持ち帰ることはできなかったが、トライザにも参加した彼らは、ドイツ教会の状況について、とくに一〇月にシュトゥットガルトで会議が予定されていることなどの情報をジュネーヴにもたらし、兄弟的な対話へ展望を開いた。

(b) ドイツ福音主義教会

ドイツ教会は罪責問題をどのように受けとめたのであろうか。これに一つの決定的答えを与えたのが、一九四五年一〇月一八〜一九日シュトゥットガルトで開催されたドイツ福音主義教会（ＥＫＤ）第二回評議委員会で公表された「シュトゥットガルト罪責宣言」にほかならない。われわれは、そこに至るまでの歩みを、世界教会が対話の相手として期待し、じっさい罪責告白を戦後ドイツ教会の出発点としようとした告白教会兄弟評議委員会の動向を中心に辿ることになろう。

罪責問題への教会の最初の公的な態度表明は一九四五年七月二九〜三一日ベルリン（シュパンダウ）で開催されたベルリン告白教会の総会であった。この会議は『教職者と教会への言葉』と『ベルリン告白教会のメッセージ』の二つの文書を作成した。『教職者と教会への言葉』は、国民と教会に、「回心と革新」のための「悔い改

（15）　*A. Boyens*, ibid., S.250.

（16）　Ibid.

（17）　*W. A. Visser't Hooft*, Memoirs, 1973, pp.189.〔Die Welt war meine Gemeinde. Autobiographie, 1972〕

（18）　「交わりを再開するためにあらゆることをなす用意がわれわれの側にあるということに信頼を寄せていただいて結構です。その場合なお重大な内的な困難が克服されなければならない、とくにドイツの占領下にあって深刻な苦しみを味わった諸教会において克服されなければならないということについては、あなたに申し上げる必要もおそらくはないでありましょう。それについては兄弟としての対話が必要なのです。しかしこの対話は、もしドイツの告白教会がきわめて率直に――ただたんにナチの悪行についてだけでなく、とくに教会をふくめてドイツ国民の不作為の罪についても語るならば、どんなにか容易なものになることでしょうか。他の国のキリスト者たちはまさにパリサイ人として立っていようとは思っていません。しかし彼らは、ボンヘッファーの詩〔夜の声〕にあるように全く鮮烈に、ドイツ国民もそして教会もどんなに率直に語ってもどんなに声高に語っても率直すぎる声高すぎることはないというほど鮮烈にそれが語られることを欲しています。ヴルム監督やアスムッセンの発言も、ベルリン宣言もきわめて〈弁明的〉です。これでは今度は自分たちもパリサイ主義に陥らず歴史全体における自分たちの別の種類の罪責を告白しようという気にはならないのです」。*W. A. Visser't Hooft*, Memoirs, p.190.

め」を呼びかけた。呼びかけは国民に向けられただけではない。まさに教会に、しかも告白教会自身に向けられた。「こうした状況の中で神の言葉はわれわれを悔い改めへと呼びかける。九〇％が洗礼を受けたキリスト者である我が国民はほとんど抵抗することもなく短期間のうちに国家的・文化的なキリスト教的刻印を奪われてしまった。それはわれわれドイツ人にとって深く恥ずべき事柄である。公的な教会は全体主義国家とその世界観の攻撃に対して広範囲にわたり自分が何も見えず何も聞こえないものであることを示してしまった。そのようにその態度は教会に対する裏切りとなった。……残念なことに告白教会も罪責を免れてはいない。なるほど多くの兄弟姉妹の言葉による、行為による、そして苦難による証しは、全体主義国家に対する抵抗の徴を打ち建てた。しかしまたわれわれは、一致の欠如によって、思考と行為における勇気の欠如によって、古いやり方を墨守することによって、われわれ自身の誤りと弱さによって、神がわれわれに委託した聖なる事柄を損なった。神はわれわれの時代にわれわれに対しわれわれと共に偉大なることをなしたもうという信仰がわれわれすべてに欠けていた。これらすべてのことに比べればわれわれが苦しみ、そして抵抗したことはわずかである。われわれはわれわれが余りにラディカルでありすぎたといって自分を責めることはありえない。逆である。われわれの間でも多くの人々が、テロに対抗して本来語られなければならなかったところでしばしば沈黙したということで自責の念にかられている」[19]。かくて最も過酷な教会闘争を強いられた古プロイセン合同告白教会は罪責問題に一つの明確な立場を示した。

この立場は八月二一～二四日フランクフルトにおいて開催された告白教会の帝国兄弟評議委員会によって継承された。帝国兄弟評議委員会はフランクフルトの会議で『ベルリン告白教会のメッセージ』を『教会への言葉』として受け入れたが、『教職者と教会への言葉』のほうはそのままでは用いなかった。しかし最終的に決議された『教職者への言葉』にはベルリン・シュパンダウの基本的な認識が反映されていた。フランクフルトの帝国兄弟評議委員会は目前に迫ったトライザの教会指導者会議で『教会への言葉』と『教職者への言葉』の両方の採択を目指したが、『教職者への言葉』は受け入れられなかった。『教職者への言葉』は「われわれの国民が自らに負った罪責の大きさ」に言及し、次のようにいう、「われわれはわれわれの罪責を告白し罪責がもたらしたものの重荷の下に身を屈める。われわれは深い淵から十字架のキリストを見上げる。彼（ER）だけがわれわれを救いたもう。彼だけがわれわれに味方したもう。彼はわれわれを赦したもう。われわれは深い淵から復活のキリストを見上げる。彼は死の只中でわれわれを生かしたもう。彼は義をもって法と秩序への扉をわれわれに開きたもう。彼はわれわれを自由な神の子らとして神の被造物のためにこれらの被造物もまた過ぎゆくものへの奉仕から自由にされるであろうその日まで働かしめたもう」[20]。ベルリン・シュパンダウの『教職者と教会への言葉』にまだ存在していた「国家社会主義の能動的な犯行」と「ドイツのキリスト教徒の受動的な共犯」との間の区別は『教職者への言葉』にはない。それらは共に「われわれの罪責」として告白される。『教職者への言葉』は『バルメン神学宣言』を「感謝」をもって思い起こし、さらにその線に立って今日なお語られなければならないことを「服従」のうちに語りつつ新しい教会の秩序の形成に向かうように呼びかけた。

戦争終結後早くからドイツ教会の再建のために動いていたヴュルテンベルク領邦教会監督ヴルムの呼びかけ（一九四五年六月）に応じ、八月二七～三一日ヘッセン州トライザで領邦教会監督らを集めて戦後ドイツ教会の再建のための会議、教会指導者会議が開かれた。告白教会の帝国兄弟評議委員会はフランクフルトの協議をへて一〇人の代表者をトライザに送り込んだ。その中にバルトも入っていた。会議は教会の名称をDeutsche Evangelische Kirche（DEK）からEvangelische Kirche in Deutschland（EKD）に変更し、ドイツ福音主義教会

（19）*M. Greschat* (Hg.), ibid., S.72.
（20）Ibid. S.74.

評議員会のメンバーに一二人を選出した（議長ヴルム、副議長ニーメラー）。議論は三つの立場（ヴルム監督率いる教会一致運動、ルター派評議会、告白教会兄弟評議会）が交錯し、緊張をはらみ、トライザの出来事と結果はまさに「妥協」（バルト）と呼ばざるをえないものであった。罪責問題は未決のまま残されたが、かえって問題の所在が際立つことになった。トライザの会議には「世界教会協議会」の代表者としてスチュワート・ハーマンとハンス・シエーンフェルトが参加した。しかし重要な課題の一つであるドイツ教会と世界教会との関係の問題に大きな進展はなかった。ドイツ福音主義教会（ＤＥＫ）は一九三八年の「世界教会協議会」ユトレヒト大会に参加したのを最後に関係は切れており、「世界教会協議会」は暫定評議委員会のメンバーであったマラーレンス監督の交替も強く求めていたのである。[21]

罪責問題では兄弟評議員会の委託を受けたニーメラーによって二つのテキストが用意された。『教会への言葉』と『教職者への言葉』である。長い協議の末『教会への言葉』は採択され、『教職者への言葉』は受け入れられなかった。前者は教会の罪について「教会と民族のもろもろの怠慢」に言及したにすぎず、むしろ新時代への希望も併せて表明した。「抑圧する桎梏は教会からもなくなった。教会は自らの宣教と自らの秩序のために新しいものを待望する。囚われは終わった。それはわれわれの喜びだ。われわれは福音主義キリスト者の前に進み出て、教職者と教会に教会の革新を呼びかける。われわれはわれわれの国民にこう呼びかける、再び自らを神に向けよ！　と」。じっさいこうした開放的・前進的気分がトライザを支配していたのである。罪責の告白を出発点として歩むよう呼びかけた『教職者への言葉』はフランクフルトでの決議をへてトライザに出されたものであったが、新結成されたＥＫＤ評議委員会の更なる検討に付託されここでは受け入れられなかった。ヴルム監督は自分が用意した『外国のキリスト教徒たちへ』[22]も論議にかけることをしなかった。

トライザの協議の二日目、ヴルム監督に続いてなされたニーメラーの演説は教会の罪責をはっきり語って参加者の心を打った。彼はフランクフルトの帝国兄弟評議委員会を代表して一二年の闘いと苦しみ、その犠牲が無駄なものであってならないとすれば、一九三三年以前の土台の上に教会を再建することはどんなことがあってもその帰結となってならないということ、あたかも何ごとも起こらなかったかのように、そのまま単純に仕事を続けていくことはできないと語り、罪責を明らかにすべきことを訴え、教会の罪責を明確に指摘している。「しかし今日のわれわれの状況は、第一に、われわれの民族の罪責でもナチスのそれでもありません。彼らが知らなかった道なら、その道をどのように彼らは行くべきだったというのでしょうか！　彼らは自分たちは正しい道の上にいると単純に信じたのです！——いな、本来の罪責は教会の上にあるのです。というのも辿られている道が破滅に通じていることを、教会だけが知っていたからです。そして教会はわれわれの民族に警告しませんでした。教会は起こった不正を明るみに出すことをしませんでした。いやはじめてそれをした時、それはあまりに遅かったのです。そしてこの点で告白教会は特別大きな罪責を負っています。というのも告白教会は目の前で何が起きていたか、何が行われていたか、一番はっきり見ていたからです。その上教会はそれに対して語りもしたのです。しかしその後疲れてしまい、生ける神よりも人間を恐れたのです。そうして破局がわれわれすべての者を襲いわれわれをその騒乱の中に引き込んだのです。しかしわれわれは、つまり教会は、われわれの胸を叩き、そしてこう告白しなければなりません、わたしの罪、わたしの罪、わたしの途方もなく大きな罪！　と」[23]。そして彼によれば、このように告白することこそまさに「教会の公共的責任」にほかならなかった。

(21)　*Barth*, Die evangelische Kirche in Deutschland nach dem Zusammenbruch des Dritten Reiches, 1946, S.34f.
(22)　*M. Greschat* (Hg.), ibid., S.68.
(23)　*M. Greschat* (Hg.), ibid., S.79-80. シェーンフェルトと共に「世界教会協議会」を代表してトライザの教会指導

（c）カール・バルト

トライザで回避された教会の罪責の問題はむしろトライザ以後最優先課題として浮上していた。ヴルム監督は、九月二五日、ニーメラーへの書簡の中で、『教職者への言葉』はシュトゥットガルトで開催されるＥＫＤの最初の評議委員会で必ず受け入れなければならないと書き、[24] 同じ頃（九月二八日）バルトもニーメラーに手紙を書いて端的な罪責告白の言葉を要求した。フランクフルトの帝国兄弟評議委員会、次いでトライザの教会指導者会議にも参加したバルトはその独自の関わりによって「シュトゥットガルト罪責宣言」に重要な貢献をなした。[25]

バルトはニーメラーに次のように書き送った、「一〇月一八日シュトゥットガルトで第一回（あるいは第二回）の新しい〔ＥＫＤの〕暫定の教会指導部の会議が開かれ、そこに世界教会の代表者たち（フィッセルト・ホーフト、ライデンのクレーマー、バーゼルのケヒリーン、パリのモーリィらの名前が私の耳にも入っています）も参加することになっているということを聞いて関心を持っています。この問題で一つの提案をあなたに申し述べてもよろしいでし

者会議に参加したスチュアート・ハーマンは九月にその報告を書いている。ニーメラーの演説の部分については次のように記した。「フランクフルトの帝国兄弟評議委員会の決議に基づいた力強い演説をもってニーメラーが続いた。彼は自分のグループが和解する用意のあることの徴として《告白教会》という人に憎まれるような名称を使うのを止め、ドイツ福音主義教会兄弟評議委員会（the Bruderrat of the Evangelical Church in Germany）と〔いう名称に〕なったと述べた。また自分たちは拘留期間や投獄の長さを比較して価値の基準とすることなどに関心は持っていないとも述べた。／〔改行〕全体の悔い改めがなければならないと彼は言った。勝利が失われたことを嘆くより敗北を感謝しなければならない。国民全体の罪責について語るより教会の罪責に決着をつけなければならない。悔い改めが要求するのは回心であって《復興》ではない。教職者自身が彼らの《指導者のための祈り》や人種理論、さらには彼らの不審な沈黙まで悔い改めた後で、諸教会が自ら悔い改めなければならないことを告げられるかも知れない。教会の回心は何人かの指導者の交替という形で目に見えるものとならなければならい。そうでないと自分も他人もナチを支持していたために失業していると見ている平均的な教会員が教会に

背を向けることはもっともだということになろう。／ニーメラーによれば新しい教会の執行体制が始まらなければならない。既得の制度的利害の維持に主要な関心をもっている領邦教会の時代は終わったと彼は信じている。さらに、位階秩序はあってはならない、監督制に反対するからではなくて教会（church）は各個教会（congregations）によって治められなければならないからである。教会はこの世にあってその役割を果たさなければならない。過去五〇年の説教は何の価値もなかった。たんに言葉のインフレにすぎなかった。このことが告白教会の信奉者たちがリタージーと単純な礼典に慰めを見出した理由なのである。／彼はいう、デモクラシーはキリスト教によって生きる、そしてデモクラシーだけが法と自由を守る、と。それゆえデモクラシーを促進することは教会の責任である。それは神の委任の事柄に無関心のままではありえない。《彼岸的な》教会がルターの教説に一致するというのは全くの誤りである。（P・S　ニーメラーのデモクラシーに関する短いコメントは政治的統治に関する彼の真実の考え方である。教会復興についての彼の全方針は各個教会の《教会員（Gemeinde）》にかかっている。ドイツの《強いリーダー》の必要について彼がどんなコメントをしたとしてもそれは責任的な《リーダーシップ》の意味で解釈されなければならない）」。ハーマンのこの最後の部分は、解放後ニーメラーがナポリでのインタビュー（一九四五年六月五日）で口にした言葉「……ドイツ国民にとってアングロサクソンに範をとったデモクラシーは問題外である」という発言と関連しているものであろう。*Clemens Vollnhals* (Bearb.), Die evangelische Kirche nach dem Zusammenbruch, Berichte ausländischer Beobachter aus dem Jahre 1945, S.125-129, vgl. S.36, Anm.3. 参照、ディートマール・シュミット『マルティン・ニーメラー』（雨宮訳）一九六～一九七頁。

(24)　*M. Greschat* (Hg.), ibid., S.61.

(25)　シュトゥットガルトの会議でのケヒリーンの発言。「個人的な言葉を付け加えることをお許しいただきたい。あなた方がどんなに多くのことをカール・バルトに負っているかお気づきにはならないかも知れません。彼の声は他のどの声にもまさって第三帝国に反対し向けられていたのですが、その彼が、ドイツの兄弟民族のための道を拒絶される言葉をもらうことになったのです。彼は忌避と憎悪の中で道を切り開き、そうすることによってわれわれにきわめて重要な奉仕をなしたのです。あなた方は、彼ほど深くドイツの教会を、のみならずドイツ国民を愛した人をわれわれの間に見出すことはありません」。*M. Greschat* (Hg.), ibid. S.101.

ょうか。／ドイツから戻って対話を重ねる中で……私に明らかになったのは次のことです。ドイツの教会の問題だけでなく人間に関わる問題にもじっさい誠実な関心を持っている外国のキリスト教国は、これまで（たとえばわれわれの『教会への言葉』や『教職者への言葉』、ヴルム監督の以前の諸々の声明、また個々の説教等において）ただついでに、少し覆いをかけられた形で、行間からしか聞こえてこなかったことを、ドイツ福音主義教会の側から聞くことを待っているということです。……人は私が示した三つの定式を容認することを待っています。それ以上のことはきっと必要ないでしょう。今度の場合いかなる神学も（とくにアスムッセン流の神学！）、いかなる《罪責告白》も要らないのです。しかしどうかサタンとか悪霊とか、一般的な原罪とか、他人の罪責とか、そうしたものを引き合いに出さないで欲しいのです。必要なのは、誤解の余地のない、何の飾りも何の限定もない、ただはっきりした次のような確認だけです。すなわち、われわれドイツ人は誤りを犯した、それゆえ今日の混乱《カオス》がある、そしてわれわれドイツのキリスト者も同じくドイツ人であった！　と。――外国のキリスト教国の参与と救援が喜ばしいもの、真剣なもの、力強いものとなるとすれば、そのために今日必要なのは解毒・浄化です。そしてそれは反対の側にも広がるほかないものです。しかしそれはドイツから始まらなければならないのです……」[26]。ドイツの側での罪責の端的な確認が外部から見て最も焦眉の問題であること、すべてはそれが取り上げられるか取り上げられないかにかかっていると、バルトはニーメラーに訴えた。

その場合バルトにとって重要なのは、なるほどドイツの敗戦は全体主義支配からの「解放」[27]にほかならなかったが、決してデモノロギーから理解されるべきものではないということであった[28]。そうした見方は結局一種の運命論として罪責を相対化し、歴史の具体的な認識を曇らせ、したがって罪責の告白も引き受けも不可能にしかねない。じっさいそうした理解の仕方はたとえばフランクフルトの帝国兄弟評議委員会でアスムッセンが試案として提示した『同僚の教職者へ』に典型的に現れていた。「この数年ドイツ人を世界が身震いするあの残虐行為へと駆り立てた力は悪魔的《デモーニッシュ》なものである。過去の犯行を正当化しようとして人が残虐に残虐をもって復讐しようとする誘惑は悪魔的である。戦争の規模と手段は黙示文学的《アポカリプティッシュ》なものであった。この手段がもう一度使われる可能性があることを前にして全世界は打ち震えている。……わが国民が自らに負った罪責は何らかの道徳の規準をもって測られるべきではない。……われわれの罪責はぞっとするものである、したがってわれわれはみな、この罪責を人間が評価し判断しようとしても、それを十分なものだとは思わない」[29]。かくて罪責はまさにあいまいなものとなる。このアスムッセンの試案は教権主義とサクラメンタリズムに加えて悪魔的なものを強調していてフランクフルトでの同意は得られなかった。

これに対してバルトはすでに一九四五年三月、講演『ドイツ人とわれわれ』に関連してエルンスト・フリートレンダー（ユダヤ系のドイツ人ジャーナリスト）に与えた返信の中で次のように書いていた。「私にとって重要なの

（26）*M. Greschat* (Hg.), ibid., S.86.
（27）*Barth*, Bericht über eine Deutschlandreise, 19.8. bis 4.9.1945, erstattet an die Organisation X der amerikanischen Armee in Deutschland, in: Neue Stimme, 1982, Nr.5, S.29.
（28）E・ブッシュの伝えるところによれば、バルトはトライザの帰途ブルトマンを訪ね、廃墟と化したボンを訪れたが、そこでの神学者の会議で悪魔のことがほとんど熱狂的に語られているのを聞き、「君たちは、そのようにして悪魔的世界像へと転落しようとしているのではないか」と友人たちに問いかけざるをえなかったという。E・ブッシュ『生涯』小川訳、四六五頁。
（29）*T. Herwig*, Karl Barth und die Ökumenische Bewegung. Das Gespräch zwischen Karl Barth und Willem Adolf Visser't Hooft auf der Grundlage ihres Briefwechsels, 1998, S.113f. 同様の見方はアスムッセンがカンタベリー大主教に宛てた手紙（一九四五年六月一六日付）にすでに見られる、「すべてのドイツ人の罪責について語りうるのはただ悪魔的熱狂について知っている者だけだ」。*M. Greschat* (Hg.), ibid., S.60, 67. 宮田光雄『カール・バルト――神の愉快なパルチザン』二〇一五年、一三五頁以下参照。

は罪責、ないし集団的罪責のもろもろの概念ではありません。私にとってもっとも重要なのは、ドイツ人が、ともかくすべてのドイツ人が一九三三年以来生じた出来事に対して責任をとるということです。その際、第一に問題となるのは、行われた《犯行》ではなく、その《犯行》（オラドゥールその他）に導いて行った、また導かざるをえなかった、道程こそが第一に重要なのです。こうした《犯行》そのものには、事実上、相対的に少数のドイツ人しか関与していなかったことでしょう。〔しかし〕そこへ通じていた道程は、彼らすべてが、作為や不作為、直接的あるいは間接的な協力、明示的あるいは暗黙裡の賛成、一義的に能動的なあるいはたんに《形式的な》（！）な《加担》、政治的無関心あるいはあらゆる可能な政治的錯誤や誤算によって、ともに歩んで行ったのです」[30]。

こうしてバルトにとって、あるいはデーモン論議によって、あるいはヴルム監督のトライザの準備文書（『外国のキリスト教徒へ』）にあるように「今日の世界の神からの離反とキリストへの敵対の一つの帰結」[31]、つまり世俗化の結果としてだけ見ることによって、まして原罪論によって、自らを免罪するのではなく、すべてのドイツ人が全体主義の政治過程をともに歩んで行ったことを端的に認めることが新生ドイツの、またその中の教会の再出発の前提であった[32]。

罪責を認めることを「焦眉のこと」として訴えた九月二八日付のバルトの手紙に対してニーメラーは、一〇月五日、全面的に同意し、バルトの示唆した線で教会指導部の明確な立場が表明されるようつとめる旨を記した返信を認めた。

(2)「シュトゥットガルト罪責宣言」

新しいＥＫＤ評議員会の二回目の会議が一〇月一八～一九日シュトゥットガルトで開催された。ここで発表されたのが「シュトゥットガルト罪責宣言」である。会議の経過を短く辿った後、罪責宣言本文を検討する。

(a) 敗戦から五ヶ月、数度の空襲で焼け野原となった州都シュトゥットガルトに集まった評議員は一一人（議長ヴルム監督、副議長ニーメラー、オットー・ディベーリウス、ハンス・リルエ、ハインリヒ・ヘルト、ニーゼル、マイザー、アスムッセン、フーゴ・ハーン、ルードルフ・スメント、グスタフ・ハイネマン）、重要なことはこの会議に「世界教会協議会」の代表団八人（WCC総幹事フィッセルト・ホーフト、サムエル・マクレア・ケイバート〔北米キリスト教協議会総幹事〕、G・C・マイケルフェルダー〔合衆国ルター教会評議会議長〕、アルフォンス・ケヒリーン〔スイス福音主義教会連盟議長〕、ピエール・モーリィ牧師〔フランス改革派教会代表〕、マルセル・スチュルム〔一九四五年八月から在独フランス占領軍付改革派牧師〕、オランダ改革派教会から派遣されたヘンドリク・クレーマー教授、英国教会のベル主教）が加わったことである。クレーマー、ベル主教を除くバーデン・バーデンから入った六人は一七日午後に到着した。彼らは占領下のドイツに入るため数ヶ月前から西側連合軍と交渉をつづけており、一五日にも集まって詳しい打ち合わせ

(30) *K. Barth*, Offene Briefe 1945-1968, GA V (15), S.18.（『二つの往復書簡』）。
(31) *M. Greschat* (Hg.), ibid., S.69.
(32) フランクフルト、トライザと重要な会議に参加しバーゼルに戻ったバルトは、シュトゥットガルトの四日前の講演「第三帝国崩壊後のドイツ福音主義教会」（一九四五年一〇月一四日）で、その認識を簡潔にこう語っている、「われわれはこう確信しています、ドイツ福音主義教会において次のことが、すなわち〈ドイツ国民は一九三三年に政治的にアドルフ・ヒトラーの手に落ちたときも間違った道に進んだ、それ以降ヨーロッパとドイツ自身を襲った困窮はこの間違いの結果である、ドイツの福音主義教会は誤った発言と誤った沈黙によってこの間違いに共同責任を負うものとなった〉ということが認識され言い表されないかぎり、ドイツ福音主義教会と外国の教会との間には、ドイツ国民と他の国民との間にも開かれた真実の信頼関係、助け合いの信頼関係が存在することはないであろう、と」。*M. Greschat* (Hg.), ibid., S.87f.

をしていた。クレーマーも一七日、ベル主教は一八日夕方に着いた。彼らの「目標」は、ケヒリーンの報告によれば、「可能なら、ドイツの教会に、諸教会ならびに世界教会の関係をはっきりさせ、信頼に満ちた関係が直ちに受け入れられるようになる一つの宣言を要求すること」であった。ただし「そうした宣言を強要するのではなくあくまでドイツ教会自身の認識に基づいてなすこと」(33)を彼らは望んでいた。

代表団は、その日、一七日午後、早速、挨拶のためヴルム監督を訪ねたが、ベル主教の訪問しか予想していなかったヴルムは全く驚き、かつ一同喜びに満たされたという。会議は一七日夜から実質的に始まったが、その晩、ヴルム監督らにつづいてニーメラーは、エレミヤ書一四章一七～二二節に基づいて次のように語った。「ドイツの教会は悔い改めをなし、これ以上まだふらふら歩むようなことは止めるべきです。ドイツの教会は、教会と共にドイツ国民も、われわれは神の前に罪を犯した、神なき生活に囚われていたと告白すべきです。自分の犯した罪で苦しんでいるのはドイツ人だけではありません。オランダも、フランスも、フィンランドも、ポーランドもドイツゆえに苦しまなければならないのです。連合国側の新聞に何が載っていようと、恐るべき現実はそれを上回っています。教会は沈黙することがあまりに多すぎました。教会はドイツ国民よ聞けと国民にいうべきなのです。ドイツ国民はドイツ国民の真の悔い改めに与えられる神の然りである罪の赦しに基づく神の恵みによって新しくなるべきです」(34)。二日目の一八日は午前九時から始まり、かつてドイツ的キリスト者だった人たちの取り扱い、非ナチ化に対する教会の態度などを議論したあと、午後四時から「世界教会協議会」の代表者たちを交えた協議が始められた。以後、罪責問題に集中した議論は、夕食をはさんで午後一〇時三〇分まで続いた。その間中心的な論題は二つであった。一つは、敗戦の際東欧から追放されたドイツ系難民に加えられた蛮行に対する他国の罪責に触れなくてよいのかという問題であり、会議はそうすることを認めず、ドイツの罪責のみが語られることになった。教会の新しい出発に強調点を置くことでも一致した。もう一つは最終的な文言の問題であった。これは次項で最終案を掲げた上で、内容と関連して明らかにすることにしたい。ＥＫＤ評議委員会の決議した宣言文が翌日の一九日、ここに集まった「世界教会協議会」の代表団の前で、ヴルム監督によって読み上げられた。

(b) シュトゥットガルト罪責宣言

ドイツ福音主義教会評議員会は、一九四五年一〇月一八〜一九日の会議において世界教会協議会代表の方々を歓迎する。われわれがこの御訪問をいっそう感謝したいのは、われわれが国民同胞とその苦難を全面的に共有しているのみでなく、その罪責に連帯しているからでもある。大きな痛みをもって、われわれは告白する。われわれによって、限りない苦難が多くの諸国民や諸国の上にもたらされたことを。われわれは、われわれの教会員たちにたいして、しばしば証ししてきたことを、いま全教会の名において発言する。われわれは、たしかに、長年にわたりナチ的暴力支配の中にその恐るべき表現をとってきた精神に対して、イエス・キリストの御名によって闘ってきた。しかし、われわれは、われわれ自身を告発する。われわれは、もっと勇敢に告白しようとはしなかったこと、もっと誠実に祈ろうとはしなかったこと、もっと喜ばしく信じようとはしなかったこと、もっと熱烈に愛しようとはしなかったことを。

今や、われわれの教会において、新しい出発がなされるべきである。聖書にもとづき、教会の唯一の主に固く目を注ぎつつ、われわれの教会は、信仰とは疎遠な影響を排除し、みずからを整えるべく着手する。わ

(33) A. *Boyens*, ibid., S.241-250, 262f, 273-289. ; A. *Lindt* (Hg.), George Bell-Alphons Koechlin, Briefwechsel 1933-1954, 1969, S.425-441.
(34) *M. Greschat* (Hg.), ibid., S.92.

れわれは恵みと憐れみの神がわれわれの教会をその道具として用いたまい、われわれの教会に全権をあたえたまい、御言葉を宣教し、われわれ自身とわが国民全体が御こころに従うものとなることを希望する。

われわれがこの新しい出発に際して世界の他の諸教会との交わりに結びつくことを許されているのはわれわれの深い喜びである。

われわれは、諸教会の共同の奉仕によって、今日ふたたび強力になろうとしている暴力と報復の精神が、全世界において防止され、平和と愛の精神が支配するにいたるよう神に希望する。その精神においてのみ人類の苦悩は癒されることができる。

こうして全世界が新しい開始を必要としているときにあたり、われわれは乞い願う――来たりたまえ、創造主なる聖霊よ！　と。(35)

シュトゥットガルト　一九四五年一〇月一八／一九日

署名者

ヴルム、リルエ、ハイネマン、マルティン・ニーメラー、アスムッセン、ハーン、スメント、ニーゼル、マイザー、ヘルト、ディベーリウス

この最終案は「ディベーリウスの草案」(36)――ディベーリウス個人というより協議の全体をまとめあげ文章化したもの――を土台に、ドイツ人によって多くの諸国民に限りない苦難がもたらされたという文言を「アスムッセンの草案」(37)から取り入れる形で出来上がった。これを強力に主張したのはニーメラーであり、その意味で彼が実

---

(35)　*M. Greschat* (Hg.), ibid., S.102.　訳文は宮田光雄氏のものによる。

(36)　ディベーリウスの草案

「ドイツ福音主義教会評議員会は、一九四五年一〇月一八日のシュトゥットガルトにおける会議において世界教会協議会代表の方々を歓迎する。

われわれがこの御訪問をいっそう感謝したいのは、われわれが国民同胞とその苦難を全面的に共有しているのみでなく、その罪責に連帯しているからでもある。われわれは、われわれの教会員たちにたいして、十分しばしば証ししてきたことを、この時も発言する。われわれは、たしかに、長年にわたりナチ的暴力支配の中にその恐るべき表現をとってきた精神に対して、キリストの御名によって闘ってきた。しかし、われわれは、われわれ自身を告発する。われわれは、もっと勇敢に告白しようとはしなかったこと、もっとよく祈ろうとはしなかったこと、もっと喜ばしく信じようとはしなかったこと、もっと熱烈に愛しようとはしなかったことを。

今や、われわれの教会において、新しい出発がなされた。聖書にもとづき、教会の唯一の主に固く目を注ぎつつ、われわれの教会は、疎遠な影響を排除し、みずからを整えるべく着手する。われわれは恵みと憐れみの神がわれわれの教会をその道具として用いたまい、われわれの教会に全権をあたえたまい、御言葉を宣教し、われわれ自身とわが国民全体が御こころに従うものとなることを希望する。

われわれがこの新しい出発に際して世界の他の諸教会との交わりに結びつくことを許されているのはわれわれの深い喜びである。われわれは、諸教会の共同の奉仕によって、復讐と暴力の精神が、全世界において防止され、平和と愛の精神が支配するにいたるよう神に希望する。その精神においてのみ人類の苦悩は癒されることができる。

こうして全世界が新しい開始を必要としているときにあたり、われわれは乞い願う――来たりたまえ、創造主なる聖霊よ！　と」。*M. Greschat* (Hg.), ibid., S.101.

(37)　アスムッセンの草案

「ドイツ福音主義教会評議員会は、一九四五年一〇月一八日のシュトゥットガルトにおける会議において世界教会協議会代表の方々を歓迎する。

外国の教会の兄弟達とこうして再び会うことを許される大きな喜びと、大きな痛みと深い恥とは一対である。われわれは知っている、我々の国民同胞によって全ヨーロッパにまたヨーロッパの外の諸国に対しても限りない苦難がもたらされたことを。そしてわれわれはわれわれの国民の罪責を共にになっている。悲しむべきことに、質的にもっとも重要な貢献をなしたと言ってよいであろう。

最終本文は大きく三つに分けられる。最初の部分で罪責に言及される。真中の部分は新しい出発について語っている。最後の部分でその新しい出発にさいしての諸教会との共働とその目標とするところが述べられる。

罪責に言及している部分では、告白の主体としての教会は「その苦難」については国民同胞と「全面的に共有」しているが、「その罪責」に関しては「全面的に共有」ではなくて「連帯している」と言われる。われわれに第一に罪があるとは言ってはいない。それは最初の部分の終わり近くで「われわれはたしかに、長年にわたりナチ的暴力支配の中にその恐るべき表現をとってきた精神に対して、イエス・キリストの御名によって闘ってきた」という自己認識と無関係ではない。むろん告白教会はそういうことのできるほとんど唯一の組織ではあったが。こうした自己認識はそれに続く今日まで批判の絶えない比較級の表現とも関係している。「もっと勇敢に告白しようとはしなかったこと、もっと誠実に祈ろうとはしなかったこと、もっと喜ばしく信じようとはしなかったこと、もっと熱烈に愛しようとはしなかったことを」。告白も祈りも信仰も愛も量的に把握され、[38] 戦争中の信仰と生活に一定の評価が与えられ、弁明された。

最後の部分では、「今日《こんにち》ふたたび強力になろうとしている」という事態を特定する文言がディベーリウス案に加えられ、「暴力と報復の精神」がドイツに向けられつつあることに対する憂慮の念が表明される。明らかにここでは教会が、七月～八月の米英ソによるボツダム会談以後、始まりつついわゆる非ナチ化政策に不満をもつドイツ国民の代弁者として登場している。シュトゥットガルトの協議で一八日の午前、「世界教会協議会」の代表団と一緒の会議が開かれる前、戦勝国による非ナチ化に対する教会の対応が話し合われたことをわれわれもすでに述べた。

さてもう一つ、最後の段落、この「人類の苦悩」がまさにそこから「癒される」べき「暴力と報復の精神」、そして最初の段落にあった、教会がイエスの名において闘った「ナチ的暴力支配の中にその恐るべき表現をとってきた精神」という文言で考えられているのはディベーリウスのいう「諸国民を神から離反させた世俗主義」であった(39)。つまりディベーリウスやアスムッセン、あるいはルター派教会の指導者は近代の世俗主義こそ教会の本

(38)

われわれドイツのキリスト者たちはもっと勇敢であることはなかった、もっと良く祈ろうとはしなかった、もっと喜ばしく信じようとはしなかった、もっと熱烈に愛しようとはしなかった。われわれはこれらを神の前で、世界教会のわれわれの兄弟たちの前で告白する。

われわれは真理のゆえにこれらの告白をなすのである。というのも、われわれが過去一二年のあいだ、聖霊に対する信仰を、すべてのキリスト者との交わりを、欲しかつ求めていたように、今日もわれわれはそれを心から欲しかつ求めるから。われわれはそれによってわれわれが平和に奉仕することを知っている。われわれは希望する、それによってわれわれが復讐と紀律なき報復の精神を払いのけるのを助けることになることを。

われわれの祈りは、地上のすべての国々が、愛の喪失・権力の崇拝・法の侮蔑の精神、すべての弱者に対する悪業の精神であったナチズムの精神から守られつづけることである。われわれはこうした精神の力を、他のだれもそうしたことがないほどに経験した。われわれは知っている、そうした精神は、観念論によっても、その恐ろしさの暴露によっても、その他人間の力によっても払いのけられることはできず、ただ神の言葉と祈りと苦難によってのみ払いのけられることを。

われわれは世界教会の兄弟達が、御言葉と祈りとの交わりの中で、われわれと共に自分を革新し、そうしてわれわれが全世界のキリスト者たちと共になおも予想される苦難の時の中に立ち続けることができるようにと祈る」。*M. Greschat* (Hg.), ibid., S.100f.〔傍点、筆者〕

ボンヘッファー「罪責告白」を参照せよ。「教会人の中には、以上に述べられたすべてのことを、甚だしい侮辱であるとしてしりぞけようとし、自らをよりふさわしいこの世の裁判官であると僭称して、罪の分量をあれこれの仕方で測り、また、ふり分けようとする人があるかも知れない」(『現代キリスト教倫理』)。

(39)　参照、宮田光雄『十字架とハーケンクロイツ』二〇〇〇年、三九六～四〇一頁以下。H・E・テート『ヒトラ

来の敵と見ていた――われわれもすでに同じ見方がヴルム監督のトライザの準備文書にもあることを指摘した。それはバルトが強く指摘したようにデモロギーとも通底し、まさに具体的な罪責理解を曖昧にする認識以外のものではない。具体的にはナチ的イデオロギーの中心にあった人種論的反ユダヤ主義は見落とされ、罪責宣言の中にユダヤ人に対する罪責の告白はなかった。

こうして見ると「シュトゥットガルト罪責宣言」をまさに罪責宣言たらしめたのはディベーリウスの草案にはない、新たに挿入された部分、「大きな痛みをもって、われわれは告白する。われわれによって、限りない苦難が多くの諸国民や諸国の上にもたらされたことを」だけだと言わざるをえない。すでに述べたようにこれはニーメラーの強い要請によってアスムッセン案からその表現の一部をとって差し挟まれたものであった。[40] この端的な文言こそ「シュトゥットガルト罪責宣言」の中核であった。ヴルム監督やディベーリウスに代表される第三帝国以前の教会の復興を考える人々と、その時代の教会を土台にしてはならないとする兄弟評議委員会、とり分けニーメラーやバルトなどに代表される人々との軋轢の中で出来上がった宣言文として「戦術的な妥協の産物」（G・ザウター）と言わざるをえないものであったとしても、戦後の教会の罪責告白として決定的な意味を持ったことはいうまでもない。

さて最終日の一九日、金曜日の朝、ＥＫＤのメンバーと「世界教会協議会」の代表団は前夜遅くまで協議し宣言を決議した同じ会場に再び集まった。アスムッセンが宣言を読み上げて、次のようにしめくくったという。「われわれは神に対して申し述べるがゆえにあなたがたに申し上げます。この宣言が政治的に誤って用いられることなく、むしろわれわれが共に欲していることに役立つことになるように、どうぞあなたがたのなすべきことを行なってください！」[41]と。応答の口火を切ったのはピエール・モーリィであった、道徳的に何の不遜な思いももたずこの宣言を受け入れたいと。残されている挨拶を読むと感銘を受けている様子がうかがわれる。[42] ベル主教もまた共にキリストに従いつつ教会が一つとなり正義と平和の秩序の構築に向かうべきことを述べた。その際彼は一人のキリスト者の名を挙げることを忘れなかった。「その死が世界教会にも、わが国の彼の多くの友人にも、私自身にも個人的な喪失となった人たちの一人、それはディートリヒ・ボンヘッファーであった、彼は勇敢であり、自らの課題に身を献げ、天賦の才に恵まれており、かつ熱意にあふれていた」(43)。フィッセルト・ホーフトも、彼自身によれば、宣言が政治的な目的のために誤用されないように気をつけることが他の教会の、また世界教会協議会の義務でなければならないと付け加えた(44)。

宣言本文の検討によって明らかになったように「シュトゥットガルト罪責宣言」は罪責宣言として決して何か完全なものというのではなかった。しかし戦後もっとも早い時期におけるこの宣言が和解と協働への画期をドイツ教会と世界教会にもたらし、さらにはヨーロッパの政治世界の革新の出発点となったことは間違いない。周知のようにドイツ国内では宣言の発表直後から教会内外に激しい争論が起こり、バルトも教会の中で高まるシュトゥットガルト批判の中で見えてきた、この罪責宣言がもともと持っていた問題性を鋭く指摘せざるをえなかった(45)。

―政権の共犯者、犠牲者、反対者』（宮田、山崎、佐藤訳）二〇〇四年、六二一頁以下。

(40) Vgl. *O. Dibelius*, Ein Christ ist immer im Dienst, 1961.
(41) *M. Greschat* (Hg.), ibid., S.100f.
(42) Ibid., S.99f.
(43) Ibid., S.104.
(44) Vgl. *W. A. Visser't Hooft*, Memoirs, pp.189.
(45) 「シュトゥットガルト罪責宣言」がジャーナリストの手にわたり、教会がドイツの政治的集団罪責を告白したかのように報道されるやいなや、教会内外に賛否両論の激しい争論が起こった。教会内に限っても、アスムッセン、ニーメラーのそれぞれの見解発表、さらに一九四五年一一月から翌年にかけてのティーリケとエルンスト・

とはいえフィッセルト・ホーフトが評しているように、宣言に署名したドイツの教会人の確信は少しもゆらぐ様子はなかった。[46] 他方、世界教会に目を転じれば、ドイツによる占領を経験し多大の被害を受けた国の教会においてこの罪責宣言は肯定的に受け入れられた。そしてそのことが三年後のアムステルダムにおける世界教会協議会の創立へとつながって行ったのである。

ヴォルフとの、四六年夏のアスムッセンとバルトとの間の論争などが知られる。

ティーリケとE・ヴォルフの論争のきっかけはバルトであった（*M. Greschat*, ibid. S.156 -183.）。四五年一一月のバルトの講演「ドイツ人に対して訴える」に対しティーリケは「テュービンゲンにおけるカール・バルト講演に関する補説」を発表した。バルトが語ったのは従来から主張していたことで、具体的で端的な反省の言葉を教会も世界も期待しており、それがいま最も必要なことだということであった。これに対してティーリケは罪責告白の必要性は承認しつつも、様々の条件をつける。たとえば罪責をいうならそれは片方だけの問題ではないとか、罪責告白は政治的に利用されるだけだ、とか。バルトに対してはまさにパリサイ主義的な振舞いだと批判する。ティーリケは「集団罪責」という言葉も取り上げ批判しているが、バルトは彼のもとになった講演でも他でもそうしたことを主張したことはない〔本章注32参照〕。結局ティーリケのいう罪責告白とは、むしろそれを真剣に受けとめているがゆえに公に口にしないということ、つまりそれをただ神の前にのみ告白し人々の前に「鐘をならして」言い触らしたりしないということであった。これに対し、当時ゲッティンゲン大学教授であったE・ヴォルフは四五年一二月ティーリケに公開書簡を送り、そこで言われているのは結局のところルター主義的二元論であり、それはドイツ人の政治的罪責を免罪するものとしてしか機能しないと批判する。彼によれば、バルトの言うのは、パリサイ主義的にドイツ国民を裁こうというのではない、むしろ彼にとって重要なのは「明確で一義的な罪責告白」であって、ティーリケのように罪責は神の前でのみなされるのだから公共の前ではしない、もしするとしてもその条件は他の側でも罪責を告白することだと主張するのは罪責告白否定を神学的に正当化し、この世における具体的課題からキリスト者を免れさせる扉を開くものにしかならないと述べている。それは教会闘争の時点からの対立、つまり「ルター主義的二元論」対「政治的神奉仕」の立場の対立でもあった。

一九四六年六月のバルトとアスムッセンの手紙による論争でバルトは「シュトゥットガルト罪責宣言」に対する批判を、むしろ怒りを込めて明らかにしている、すなわち、テキストのよく考え抜かれた留保は見えていたが、それが罪責宣言発表後の教会のほぼ全面的な宣言批判の動きの中で、とうとう本音が現れてきたのだと。「すべてはただキリスト教内のことと考えられていたのです。それゆえ、少なくとも福音主義教会の指導における政治的回心〔悔い改め〕の必要性の冷静な認識を真剣に考慮するというようなことはまったく問題にならなかったのです。根本的に、人はすでにシュトゥットガルトにおいて他人に対して言いたいと思っていたことに一所懸命になったのです。宣言はその死活に関わる内容において福音主義のドイツ人の大多数の者と、シュトゥットガルトの署名者との心に、今日事実存在し、かつ口にのぼる反訴の前置きとしてしか理解されなかったのです」(*M. Greschat* (Hg.), ibid., S.214.)。この手紙でバルトは、世界教会の友人たち、ピエール・モーリィやベル主教が喜んでくれたので彼らが宣言から受けた良い印象を損なわないために自分のとった態度は正しくなかった、そうしたことを「後悔」しているとさえ書いている。要するに、罪責宣言の後、教会の中でそれに相応しい全面的な転換への歩みがなされていないことを厳しく批判したのである。結局こうしたバルトの思いは、翌一九四七年の告白教会の兄弟評議委員会による最後の罪責告白、すなわち、イーヴァントの主導になる「ダルムシュタット宣言」(正式名「わが国民の政治的進路に向けてのドイツ福音主義教会の兄弟評議委員会の宣言」)に託されることになった(以上、拙稿「『戦後七十年』と教会――バルト＝ボンヘッファーの線に立って」『福音と世界』二〇一五年一月、一四～一六頁からの引用)。武田武長「世のために存在する教会」(『世のために存在する教会』一九九五年)、宮田光雄、前掲書、四四五頁以下、河島幸夫『戦争と教会』二〇一五年、一〇六頁以下、参照せよ。

(46) 「しかしシュトゥットガルト宣言に署名したドイツ教会の人々の態度は変わらなかった。アスムッセン、リルエ、ニーメラー、他の人たちは、説教においても講演や演説においても、シュトゥットガルトの告白が神の前でキリスト教の友愛の精神において語られたものとして理解されなければならないということに固執した。ニーメラーは、他の国々のキリスト者たちが決して自分を正しいとするような反応をしなかったことに注意を喚起した。反対に、宣言は、それらの国々が自らの行動を吟味し、自分たちの罪責を問うべく促したのである」。*W. A. Visser't Hooft*, Memoirs, p.193.

(3) アムステルダムへ

(a) シュトゥットガルト罪責宣言の受容

「シュトゥットガルト罪責宣言」を最初に受け入れたのはフランスのプロテスタント教会であった。ピエール・モーリィとフィッセルト・ホーフトはシュトゥットガルトの会議のあと直ちにフランスのニームに向かい、フランス・プロテスタント教会の第六回大会に参加した(一〇月二三日〜二九日)。フランスの教会は「シュトゥットガルト罪責宣言」をドイツ教会との関係回復を可能ならしめる宣言として喜びをもって受け入れ、さらに「霊的かつ道徳的な復興のための共通の働き」という課題に自ら取り組む姿勢も表明した。フランス・プロテスタント教会につづく他の声明文や書簡にもフランス・プロテスタント教会が示したのと基本的に同じ姿勢をわれわれは確認することができる(ドイツ教会に宛てた「アメリカ・クエーカー救援機関の使信」(一九四五年末)、「米国キリスト教会兄弟評議委員会執行委員会」(一九四六年一月一五日)、ヴルム監督宛「カンタベリー大主教の書簡」(一九四六年二月一三日))。[47] 戦勝国の優越意識に基づくファリサイ的な断罪は見られない。ドイツの教会と国民が懸念した、そしてフィッセルト・ホーフトもそうならないようにシュトゥットガルトの会議の終わりに約束した宣言の政治的誤用も基本的に起こらなかったと言ってよいであろう。

オランダ改革派教会も「シュトゥットガルト罪責宣言」を積極的に受け入れたが、他の教会と少し異なる反応も示した。同教会は一九四六年三月九日の大会で発表したドイツ福音主義教会に宛てた応答において、世界に対するドイツの罪責に教会も共同の責任を負っているとの明確で率直な宣言によって連帯と協働の道が再び開かれた恵みを神に感謝した。しかしそのさいオランダ教会は自国が筆舌に尽くしがたい苦しみを受けたことだけでなく、「われらの救い主がお生まれになったイスラエルの民にさらにいっそう大きな苦しみ」が及んだことにも言及した。またこの声明文でオランダの教会は自らの罪責も告白した（「われわれは神の赦しから生きることを、またこの神の赦しに基づいて新しく始めることを許されよう。神はわれわれの教会にナチズムとの闘いを遂行する力を贈り与えたもうた。この闘いにおいてわれわれは誠実さにおいても、苦しみを引き受ける用意においても、勇気においても十分でなかったと神と世界との前に正直に告白する。しかしわれわれは神に、告白することの本当の意味を神がわれわれにふたたび明らかにしてくださった恵みのゆえに感謝する。ドイツ告白教会が決断の困難な時代にあって神の道具としてよりいっそうその深い意味に目を開くために奉仕したということにわれわれは感謝の義務を負う」[48]）。こうして「シュトゥットガルト罪責宣言」は他の教会の罪責の告白も引き出した。ところでこの声明文の中の「ドイツの教会の民が全体としてこの宣言を支持するかどうかについてわれわれには全く明らかではないが……」というくだりは「シュトゥットガルト罪責宣言」に対するドイツ教会全体の態度を問うものであった。同様の問いをフィッセルト・ホーフトもアスムッセンに投げかけていた[49]。すでにわれわれも「シュトゥットガルト罪責宣言」発表直後からの争論に言及したが、ヴルム監督、ニーメラーなど、「シュトゥットガルト罪責宣言」の成立に関与し戦後ドイツ教会の再出発をリードした人に揺るぎはなかったものの、戦争における相手国の罪責の有無また教会の政治的発言の是非などを巡ってドイツ教会の隅々までシュトゥットガルトが支持されたとは言えなかった。一九四七年になると罪責の論議そのものが下火になる。東西の冷戦の影が差していた。「シュトゥットガルト罪責宣言」が他国の教会に受け入れられることによって世界教会協議会の創立大会が可能となったのは間違いないが、同時に一九四八年夏のこの大会

---

(47) *M. Greschat* (Hg.), ibid., S.302ff.
(48) Ibid., S.306.
(49) *A. Boyens*, ibid., S.283.

には東西冷戦の影がすでに延びていた。(50)

(b) アムステルダムの準備

世界教会協議会の第一回大会は五大陸、世界四四ヶ国から、一四七の教会（教派）の代議員（Delegates）三五一人、代理人（Alternates）二三八人、顧問（Consultants）、友愛代議員（Fraternal Delegates）、オブザーバー（Observers）、一般参加者（Accredited Visitors）、青年代議員（Youth Delegates）など、総勢一五〇〇人が参加して、一九四八年八月二二日から九月四日まで、二週間にわたり、アムステルダムで開催された。(51) カトリック教会にもオブザーバー参加の招待状が送られたが、加わるには至らなかった。古カトリック教会からの参加があった。アレキサンドリア、アンティオキア、コンスタンティノポリス、エルサレムの正教会、ギリシヤ正教会、米国正教会などは参加したが、モスクワの影響下にある正教会の参加はなかった。

大会実現へと大きく歩み出したのは一九四六年二月にジュネーヴで開かれた戦後最初の暫定委員会であった。同委員会はここで大会を「神の秩序と人間の現在の無秩序」を主題に一九四八年夏開催することを決定し、その具体的な準備を研究部門の委員会にゆだねた。(52) 研究委員会は同年八月ケンブリッジで準備過程の詳細を決め、二

(50) Ibid. S.311.

(51) *W. A. Visser't Hooft* (edit.), The First Assembly of the World Council of Churches. The Official Report. 1949.

(52) この暫定委員会は、エキュメニカル研究所創設計画の承認、IMCを通しての若い教会との関係強化、難民や強制的に追放された人々に関する対策・施策など、あらゆる点で戦後の再出発を画した会議であった。新しい組織づくりもなされ、カンタベリー大主教、ウプサラ大主教、ゲルマノス大主教、マルク・ベニェ、ジョン・R・モットの五人が共同議長（President）に選出された。Cf. *WCC* (Ed.), The Ten Formative Years 1938-1948,

Report on the activities of the World Council of Churches during its period of formation, 1948. The World Council of Churches : Its Process of Formation, minutes and reports of the meeting of the Provisional Committee of the WCC, Geneva, 1946. 総幹事フィッセルト・ホーフトは次のように回顧している。「一九四六年二月世界教会協議会の暫定委員会はジュネーヴで戦後最初の会議を開催することができた。一九三九年以来全員が集まっての委員会は開かれていなかった。われわれすべての委員は再会を待ち望んでいた。しかし何年にもわたって離ればなれになっていて非常に違った経験をした後ではわれわれは相互理解という点でどんな問題に直面することになるのだろうかと思いを巡らしてもいた。しかし会議はわれわれがこれまでもった中でも一番和気あいあいとしたものであった。われわれがみなそれぞれ全く異なった環境の中にありながら同一の諸現実に固執しようとしたということ、とり分けキリストにおいてわれわれが一つであるという現実に固執しようとしたことを見出したことは喜びであり、われわれは何の困難もなしに即座にお互いに理解し合ったのである。ベルグラーフ監督は皆のスポークスマンとして聖ペトロ大聖堂における説教で次のように語った、

『ここで私が告白しなければならないのは、今日キリスト教世界の異なったあらゆる部門から来る友人たちと出会うことはどういうことになるのであろうかと私が心配しながら思い巡らしていたということです。驚きは、ともかく私にとっては、驚きが存在しなかったということです。それは全く当然のことでした。当然だったというのは、この五年の間、私たちが外部世界とコミュニケーションをとれたときにそうであった以上にもっと親密に共に生きたからにほかなりません。もっとわれわれは一緒に祈りましたし、もっとわれわれは一緒に神の言葉に耳を傾けました。われわれの心は共にありました。今日ここで、ベニェ、カンタベリー〔大司教〕、チチェスター〔大司教〕、インド人、中国人たちとお会いすることに何の不思議もありません。それはわれわれがすでに知っていたことの現れであって、神の諸教会の普遍的な交わりは今も弱くなく、むしろ神によって確立されており、またこの交わりを通して戦争の経験は今も生きており有効に働いているのです。世界のキリスト者の交わりが手探りの試みであった時代は過ぎ去りました。戦争の中でキリストはわれわれに、私のキリスト者たちよ、君たちは一つだとお語りになりました。神は感謝すべきかな、平和条約締結の後に生ける交わりが当然のものだと受け取られうるというのは世の中では決して普通のことではないのです』。

年半にわたり精力的に準備に当たった。「巧みに組織化された準備」[53]として後にバルトも評価した大会の準備過程について、ここではわれわれはバルトに関連するかぎりでいくつかのことを記すに止めなければならない。

一つは、ケンブリッジでの研究委員会において大会の主題が「人間の無秩序と神の救済計画」と改められ、この主題追求のため四つの部門または分科会（Sections）が設けられたこと、そしてバルトはその第一分科会に属することになったことである。[54]第一分科会には他に、グスタフ・アウレン（議長）、クレアランス・T・クレイグ（副議長）、オリヴァー・S・トムキンズ（書記）、ゲオルギ・フロロウフスキー、リチャード・ニーバー、レギン・プレンターなど総勢二〇人がメンバーとして名を連ねた。第一分科会のテーマは「神の救済計画における普遍的教会」。他の部門のテーマは、第二分科会「神の救済計画への教会の証し」、第三分科会「教会と社会の無秩序」、第四分科会「教会と国際的な無秩序」である。これら各分科会はそれぞれに、第一分科会は「信仰と職制」、第二分科会は国際宣教会議（IMC）、第三分科会は「信仰と生活」、第四分科会は新たに創設された国際委員会（CCIA）[55]の問題領域に対応して設けられた。各分科会は一九四六年から四八年にかけて数度の会議を開

会議に一つの影を落としていたのは決定的な貢献をなしえたであろう幾人かの人がわれわれと一緒にいないということであった。われわれはウィリアム・テンプル、ウィリアム・ペイトン、ウィリアム・アダム・ブラウン、ディートリヒ・ボンヘッファーたちが会議にもたらしたであろうことを思い巡らした。しかし何人かの初期の開拓者たちがいた。ジョン・R・モット、もう八〇歳を越えていたが、若い教会を世界協議会に加わってもらうためにエネルギッシュに働いていた。ゲルマノス大主教とアリビザトス教授、二人は正教会が〔世界教会〕運動で完全な場所を占めるようになるために粘り強く努力していた。チチェスターのジョージ・ベル、彼は会議を一九一九年の第一次大戦後の最初の会議と比較することができた。彼はまた、ドイツのキリスト者たちとエキュメニカル運動との間の交わりの維持に自ら深く関わっていたがゆえに今回罪責問題がわれわれを引き裂かなかったことで特別の喜びに満たされていた。戦時中世界協議会を維持するために助力した他の人びともいた。権威とユー

モアを併せもった類いまれな人格で会議を主宰したマルク・ベニェ。分離の歳月〔暫定〕委員会を代表し世界協議会の独立を主張したアルフォンス・ケヒリーン。ナチズムに対する教会の抵抗の旗手となった人たちもいた。少しやせたように見えた、強制収容所に拘留されていたマルティン・ニーメラー、ドイツの《沈黙》の教会の一つの声となったヴルム監督、預言的証しによる教会革新運動の首唱者オランダのヘンドリク・クレーマー、ノルウェー教会の霊的な独立のための闘いのリーダー、ベルグラーフ監督。決して会うことのなかった、しかし互いに深く関心を寄せ合っていたベルグラーフとニーメラーとが私の部屋で握手を交わしたのは偉大な瞬間であった。……

会議に提出した私のレポートで私は過去にはただ短く触れたにすぎない。私はこう述べた、『戦争中〔世界教会〕協議会との緊密な関わりという特権をもっていた人たちにとってこれらの歳月はエキュメニカルな仕事が霊的に容易で単純な時代としていつも目立ったものであるであろう、なぜなら、技術的には大変な困難があったにもかかわらず、前進命令はきわめてはっきりしており信仰を守ろうとする人たちの基本的一致が深く感じられたからである』。戦争中に世界教会協議会の加盟教会のリストに五〇〇教会が増えたことを私は強調した。今やわれわれの仕事は、まだ答えをもらっていない教会の完全な参加を確実なものとすることであった。私はロシア正教会の代表と『世界教会協議会』との間で会合をもつ準備をし、それゆえにギリシャ語を使う教会に代表を送るべきではないかという問題を提起した。事前のさまざまな論議に基づいて私は最初の大会を一九四八年に開くように提案したのである」（*W. A. Visser't Hooft*, Memoirs, pp.195.）。

（53）*Barth*, Eindrücke von Amsterdam 1948, in : Amsterdamer Fragen und Antworten, TEH, NF 15, 1949, S.20.

（54）オリヴァー・S・トムキンズは一九四六年一〇月二四日付の書簡でバルトに第一分科会のメンバーに加わり準備研究に助力する用意があるか暫定委員会の名で問い合わせた。その際彼は大会の研究テーマに関する協議記録を同封したほか、第一分科会の予定メンバー表や研究計画、執筆担当者などの概要を添付した（Vgl. Barth-Visser't Hooft Briefwechsel 1930-1968〔GA V (43)〕S.220, Anm.6.）。これによってバルトは自分が第一分科会でアウレンやフロロフスキー、「もう一人のアメリカ人」〔クラーレンス・T・クレイグのこと〕と四人で教会のペーシック・ドクトリンに関して研究論文を執筆するよう期待されていることを知った（Ibid., S.219.）。

（55）「国際問題のための教会委員会」（Commission of the Churches on International Missionary）の創設はすでに

催し最終的に四巻の準備文書をまとめ上げたほかに、本大会直前にも（一九四八年八月一八～二三日）ユトレヒトのヴォウドショーテンで準備を重ねた。この第一分科会の研究のためにバルトが寄せた論稿が、次項で取り上げられる『教会―活ける主の活ける教会』である。

準備段階のことでもう一つ付け加えておかなければならないのは、暫定委員会が研究部門に対し、とくに第三と第四部門の活動を基礎づけるためこの年「今日における教会の社会的・政治的メッセージのための聖書の権威」を研究するように指示したことである。研究部門の委員会はこの主題に関わる二回の準備研究会を開催し(56)、それらの報告を含む『聖書から現代世界へ』を出版した。その二回目、一九四七年一月五～九日、第一回と同じ主題でボセーで開催された準備研究会にバルトは参加し、そこで語ったのが、これも次項で取り上げられる『聖書の権威と意義』である。八人の講演者の中にバルトとも親しくなっていたスウェーデンのルター派の神学者A・ニグレンもいて豊かなエキュメニカルな対話が展開された(57)。

三つ目は、大会の開会講演の依頼をバルトが引き受けたことである。準備会議への参加がすでにエキュメニカル運動に対する彼の従来の批判的立場からすれば驚き以外の何ものでもなかったが、開会講演にバルトが登場することはいっそうの驚きをもって迎えられることになった。バルトに依頼することを提案したのは――フィッセルト・ホーフトが折に触れ言及するように(58)――研究部門の責任者ヴァン・デューセンであったが、じっさいこれを強力に推進したのはフィッセルト・ホーフトにほかならなかった。バルトが講演の招請を受け取ったのは一九四八年一月。後述するような準備段階での協議会への疑義や論文掲載の行き違いなども重なり(59)、彼ははじめ引き受ける意志を示さなかった。しかし同月末バルトは、ジュネーヴの受諾要請を携えて大会準備会からの帰途バーゼルに立ち寄ったフロマートカを迎えたほか、第一分科会議長アウレンの訪問によってジュネーヴからの要請を改めて聞くことになった。さらにオランダのS・H・F・ベルケルバッハなどの説得などもあり開会講演を受諾した。[60]

一九四六年二月の暫定委員会で決められていた。これを立ち上げることは焦眉の課題の一つであったが、ようやく同年八月初頭、ケンブリッジで、「アメリカ連邦教会協議会正義と永続平和に関する委員会」議長ジョン・フォスター・ダレスの議長のもとで同委員会と世界教会協議会と国際宣教会議から参加して開かれた会議をへて、世界教会協議会と国際宣教会議の共同委員会として創設された。会議の書記をつとめたフィッセルト・ホーフトによれば、「会議の参加者の二〇人ほどが信徒であったことは重要なことであった」という。「というのも会議は何か敬虔な言葉や完全な忠言などではなくキリスト教信仰から生まれかつ同時に国際関係の現実の全体的な知識に基づく具体的な提案・勧告を目指そうとしたから」（*W. A. Visser't Hooft*, Memoirs, 1973, p.199）。

(56) 第一回は、一九四六年八月一〇日～一二日、ロンドンで開催された。C・H・ドッドをはじめとして六人の講演と協議が行われた。

(57) *W. A. Visser't Hooft*, Karl Barth und die Ökumenische Bewegung, in : EvTh, 40, 1980, S.15. 参照、E・ブッシュ『生涯』小川訳、四八四頁。

(58) フィッセルト・ホーフトのバルト宛て一九四八年二月五日書簡。Briefwechsel, S.225. ; *Visser't Hooft*, Memoirs, p.205. ; *ders.*, Karl Barth und der ökumenischen Bewegung, S.15.

(59) 注75を見よ。

(60) バルトのフィッセルト・ホーフト宛て一九四八年二月七日付書簡。Briefwechsel, S.226f. フィッセルト・ホーフトは大会へのバルトの積極的関与について次のように述べている、「おそらくこうした決断の主な理由は、何人かの彼の友人や学生たちがエキュメニカル運動の教会指導者あるいは協力者として今や先頭に立っており、彼らを孤立させたくないということにあったのであろう」（*W. A. Visser't Hooft*, Karl Barth und die Ökumenische Bewegung, S.14）。

（4）一九四七年の二つの貢献

（a）『聖書の権威と意義』

大会に向けた第二回目の準備会議（一九四七年一月五‐九日、ボセー）でなされたこの講演を理解するためには、何よりも前項で述べた二点に留意しておくことが必要であろう。一つは、講演は「今日における教会の社会的・政治的メッセージのための聖書の権威」を研究するようにという暫定委員会の要求を十分意識してなされているということであり、もう一つは、諸教会のエキュメニカルな一致が講演の大きな目標ないし一つの枠となっているということである。前者に関連してこの講演で、中間時を歩む教会の「世界」ないし「この世」に対する宣教の課題に、一貫して目が向けられていることを重要な特徴として指摘してよいであろうし、後者の問題は本講演の最終項目で提題の形で取り上げられる。さらに内容全体に関して言えば、講演の神学的洞察の基本は、バルトがすでに公にしていた『教会教義学』のプロレゴメナの聖書論（KDI/2）と神論の選びの教説（KDII/2）のイスラエル神学によって構成されているということができるであろう。

バルトは講演を「『聖書の権威と意義』が内実豊かなものとなるのは、その命題が、分析命題として、あらゆる疑わしさを免れているような或る事態を言い換えている場合、それゆえ、この事態に関する知識を前提としている場合である」[61]という命題をかかげて始める。[62]この事態とは「聖書は、イエス・キリストの教会においては、或る特定の権威と意義とを持っている」という「それ自身において基礎づけられている」聖書と教会との間の事実的関係のことにほかならない（1）。こうした理解に立ち彼は、第一に、イエス・キリストと聖書との関係（2～4）を、次いで聖書と教会の宣教との関係（5～12）を明らかにしていく。この最後の部分で聖書の権威と諸教派のエキュメニカルな一致との関係（12）に説き及ぶ。

バルトによれば、聖書とは、イエス・キリストとの関係で言えば、「選ばれ召された彼の預言者たちと使徒たちとの証言」として「イエス・キリストの現臨と支配」の「顕わな形態」である（命題1）。これらの証言は「みな、同一の中心、対象、内容」を持っている。そしてそれはまさにイエス・キリストにほかならない。[63] むろんそのことは証言の「それぞれの仕方」や「それぞれの場所」の多様性を排除しない。しかしバルトによれば旧約と新約とは、それぞれ、ヤハウェとそのイスラエルについての証言として、また一人のイエス・キリストと彼に属する者たちについての証言として、「恵み深い神が罪深い人間と出会いたもうこの出会いにおいて、出来事が、業が、すなわち、創られた万物の中心を成しており、万物の始源と終極、神の創造のうちにある万物の起源と新しい創造のうちにあるその目標の秘義でもあるところの業が生起した」という点で一致している。聖書がイエス・キリストを証ししているというのはそうした出会いこそが「その被造物に関する神の決定と意志であり、時間の中でのあらゆる存在《ザイン》の意味である」ということを語っているのである。この証言の対象の「唯一無比」性に神の言葉としての聖書の規範性は基づき、教会は聖書正典を確定したのである（以上2〜4）[64]。次に聖書と教会、ないし広い意味で教会の宣教との関係についてバルトは語り始める。基本認識は次のように示される、「これらの

（61）*Barth*, Die Autorität und Bedeutung der Bibel, in : Die Schrift und die Kirche (ThSt 22), S.3.（『聖書の権威と意義』）。

（62）Vgl. *Barth*, KDI/2, S.595.

（63）「預言者的‐使徒的言葉は、イエス・キリストについての言葉、証言、宣教、説教である」（KDI/1, S.110）。Vgl. KDI/2, S. 534. KDII/2, S.218.

（64）Vgl. KDI/2, S.524-532.

人間の証言は、それが、復活しそして再び来たりつつあるイエス・キリストの名において、事実、教会を召喚し慰め諭し、それによって、世に向けての教会の宣教に、事実、自由と方向と充溢とを――一つの最初にして最後の言葉という性格を――与えることによって神の言葉として証明される」（5）。簡単に言えばそれは罪深い人間に対する恵みの神に関する証言としての聖書は教会を生み出し建てるということにほかならない[65]。人々は神の言葉に傾聴し服従し自ら「御言葉の使者」とされる。これら「すべてが起こることによって、たしかにキリスト教会は成立し、存在し、存続する。そして、これらすべてが事実生起するということ、教会が成り、教会として生きることが許されるということ、そのことが聖霊の証しであり聖書の権威の自己証明である」。その際教会は神の言葉としての聖書証言の人間性に対応した「人間による釈義」を求められ、その奉仕を果たさなければならない[66]。そうでなければ教会は教会であることができない。かくてバルトが聖書と教会の宣教との関連で第一に取り上げたのは聖書釈義の問題であった（6～7）。二番目の問題として聖書と「教会の生活」ならびに「世への教会の宣教」との関係が取り上げられている。聖書証言が権威をもって存在していることこそ、罪深い人間と恵み深い神との出会いの「救いに満ちた保証」である。したがって聖書証言を教会の教職権の下位に従属させるローマ教会の道も、一般的な敬虔意識を優越させる新プロテスタンティズムの道も共に神と人間との出会いを保証するものとはならないのである（8）。三番目（そして最後）に、「教会は」そのすべての奉仕《ミニストリー》において、すなわち「その全生活、その秩序とその礼拝、その信仰告白とその教え、その説教とその教育、かくしてまた諸国民と諸国家の中での生におけるその諸々の態度決定といったことへの責任を、最後決定的には聖書証言に負うていること、あらゆる保持と刷新との源泉と規範としての聖書証言に、いついかなる時にも場所を空けることを承認する」（9）。こうしたことが聖書証言の権威の「実践的意義」ということになる。この聖書証言の権威という問題は「教会と教会の世への委託」（10）にも「神学とその教会における奉仕」（11）にも、そして「諸教派と諸教派の神学者たちのエキュメニカルな一致」（12）にも決定的な仕方で関係するのである。

さてこの最後のところをもう少しはっきりさせておきたい。聖書証言の権威と諸教派のエキュメニカルな一致とはどのように関連するのであろうか。バルトの基本的な確信によれば、教会（教派）の一致の問題も聖書証言の権威の問題と切り離されて考えられてはならない。それゆえ「キリスト教諸教派のエキュメニカルな一致は……こうして規定された聖書の権威が諸教派にとって効力を発揮しているのか、それとも発揮していないのか、というまさにその程度に応じて、真実であるか、それとも幻想であるか、そのいずれかである」（命題12）ということになる。こうした聖書の権威のエキュメニカルな承認に基づいてはじめてわれわれは、バルトによれば、「聖書の社会的・政治的使信について実り豊かな仕方で共通に問う、ということもまた起こるにちがいないし、起こりうるし、起こるであろう」（12）。

このボセーにおける二回目の準備研究会に関してなお一つ、会議が最後にまとめた「総括テーゼ」[67]を巡って付

---

(65) Vgl. KDI/2, S.768-779.

(66) Vgl. KDI/2, S.796-830.

(67) 総括テーゼ：「1、神は、永遠の御言葉であるキリストにおいて世界をつくり、甦り高く挙げられた方としての彼においてこれを統治したもう。2、神は肉となったキリストにおいて神から堕落した世界をご自分と和解させたもうた。彼によって新しい時《アイオーン》は始まった――彼を信じるすべての人のための罪と死と悪魔からの救いと共に始まった。しかし古い時《アイオーン》は最後の審判においてはじめて揚棄される。そしてそのときまで信仰者はあらゆる悪の諸力との継続的闘いの中で生きる。3、この時《アイオーン》の中にあって救いはただキリストのからだとしての教会にだけ与えられている。しかし神はたんに教会においてだけ働きたもうのではない、そうではなくて全世界をキリストにおいて保持し、この世の諸力をも、これら諸力がそれを知らないところでもご自身への奉仕につかせたもう。4、教会は神の言葉に基づいて、すなわち教会がそれを旧新約聖書からのみ聞くままに、キリストは全世界の支配者であると宣べ伝える。そして教会は、すべての人間に、また教会が絶えず執り成しの祈りをささげなけ

け加えておきたい。講演を受けてバルトを含む八人の協議は活発になされたが、神学的な立場の違いが一致への進展を妨げることにもなった。[68] とくにバルトとニグレンの対話は一方で建設的な実りをもたらしたが、「キリストの王的支配」の理解をめぐってなお議論が必要と判断した会議は、すでに一致している点についてはっきりさせ、その上での議論の深まりを期待しテーゼをまとめ上げた。[69] ところでバルトは所用のためテーゼを巡る協議には参加せず帰宅、彼の不在のもとでそれは成立した。[70] 数日後アイヒロットから送り届けられたボセーのテーゼを見たバルトは、ただちにフィッセルト・ホーフトに、かなり強い調子で了解できない旨を書き送った。「それは私には余りに曖昧なものです。もし私がそこにいたら、われわれが何で一致し、何で一致しなかったか、同じ明瞭さで述べるように提案したでしょうに」[71]。とり分け、ヘルヴィクも指摘するように、たとえば総括テーゼの三番目など、たとえば『バルメン神学宣言』第二項に見られるキリストの主権ないしその王的支配理解に関する改革派の立場から見ればまさしく「曖昧」な妥協と見えたのであろう。[72] フィッセルト・ホーフトは返信の中で、これらのテーゼはわれわれがようやくここまで来た、ここからさらに進まなければならないということであって、決して共同の信仰告白のようなものと見なされるべきではないと書きつつ、ともかくバルトがそこに参加してくれたことが自分にとっての「大きな喜び」であり、これからも協力し労苦を共にしてほしいとその願いを書き記した。[73]

（b）『教会《キルヒエ》――活ける主の活ける教会《ゲマインデ》』

バルトが第一分科会の委員を引き受けたことはすでに述べた。この分科会の準備協議会のために提出されたのが『教会《キルヒエ》――活ける主の活ける教会《ゲマインデ》』である。[74] バルトは「教会のベーシック・ドクトリン」の研究という第一分

ればならない国家にも、神の義務づける掟を指し示し、一切の不正を神の言葉によって罰する権利と義務とを有している。5、教会はまた、その肢々に、その職業生活を含む彼らの全生活に対するキリスト支配の意義をはっ

きりと自覚するようにさせる特別の義務を負っている。6、教会は、教会の主の愛の命令に従い、また主の霊の力において、世界に対するまた世界に関する宣教を、他のすべての課題と同様に果たさなければならない。その場合教会は、律法と預言者によって証しされ、イエスの言葉において彼の使徒の誡めにおいてその最後の到達距離にまで明らかにされるようにイスラエルにおける神の御心の実際的実現についての聖書証言に服従しつつ耳を傾けなければならない。7、それゆえ教会は、こうした教えの課題を果たす中で、新約からイスラエルの旧約の秩序へという道を進む。それはその中心がキリストである全聖書から、人間の生活形成をその聖書的特徴においてつかみとり、したがって共同生活の構造と規定を解明するためである」。

(68) Vgl. *Die Studienabteilung der Oekumenischen Rates der Kirchen* (hg.), Der Weg von der Bibel zur Welt, 1948, S.119-169.

(69) Ibid., S.165-169. Vgl. *W. A. Visser't Hooft*, Karl Barth und die Ökumenische Bewegung, S.15.

(70) バルトは彼のバーゼルの前任者J・ヴェントラントの葬儀のためテーゼの協議の前に退出した。

(71) Briefwechsel, S.212.

(72) Vgl. *T. Herwig*, ibid., S.144-146.

(73) *Barth-Visser't Hooft*, Briefwechsel, GA V (43), S.213f.

(74) これには二つのテキストがある。事情は以下の通り。バルトは一九四七年一月に開催された大会の最初の準備会議（ボセー）から帰ると、トムキンズから第一分科会の原稿を折り返し送るようにとの要請と共に、第二回の四分科会合同の準備会議（一九四七年六月、ボセー）の正式招請状を受け取った。四月一日にバルトは原稿を送った。これが第一のテキストである（ThEx NF9, 1947 ; ThSt (B) 22, 1947）。しかしこの論稿が報告書では短縮された形で独立した文書として後ろのほうに配置され、「教義学的諸前提が問題である」べき本来の第一分科会報告の箇所にはM・ラムゼーの論稿が印刷されていることをバルトは九月になってはじめて知った——夏学期ボンの客員教授の仕事で六月の第二回の準備会議にも同月のエッセルティーヌの、バルトの論文が取り上げられた第一分科会の非公開会議にも交通その他の理由もあって参加できなかった。一〇月、バルトは、同一表題の自ら短縮した論稿を、何があったのか事情を明らかにするようにというトムキンズに対する願いを付してジュネーヴにおくった（これが第二のテキスト）。トムキンズは特別な神学的理由があったわけではないと釈明しつつ準備科会のテーマに対するものとして本論文を準備した[75]。これは彼の後期の成熟した教会論（「和解論」で展開された教会論）に通じており、彼はここでその核心を展開しつつそれを徹底することによってアングロサクソンの教会理解との出会いを果たし、彼の教会理解のエキュメニカルな特質を提示した。その場合重要な役割をになうこととなったのは教会を意味するゲマインデ（Gemeinde）という言葉であった。以下われわれは内容を明らかにした上で、彼がいかなる道を通って教会論におけるエキュメニカルな基礎的一致に至ろうとしているかを辿ってみたい[76]。

この論文でバルトは教会《キルヒェ》を「活ける主イエス・キリストの活ける教会《ゲマインデ》」[77]として規定し、ただこの規定に基づいてだけ、教会理解の諸要素、すなわち「教会の本質や一致、教会の秩序や課題、教会の内的生活やこの世での教会の委託」[78]などを理解しようとした。全部で三分節からなる。

1、教会の存在
2、教会に対する脅威
3、教会の革新

はじめに「教会の存在」について――バルトによれば、「教会はイエス・キリストに由来し彼と共にではあるが、彼とまったく違った在り方で、この地上に、この中間時に、世俗史のただ中に」[79]存在する。重要なことはバルトがその「存在」を「出来事」として理解することである（「教会という概念は動的な現実を言い表す概念である」[80]）。それはどのような出来事であろうか。それは「神と人間の間の特別な出来事（*Geschichte*）」であって、「この出来事の中で、神が特定の人間たちを、神の友として、イエス・キリストにおいてすでに起こったご自身とのこの世の和解の証人として、ご自身によってすでに獲得された罪・苦しみ・死に対する勝利の告知者として、全被造物に対する創造者の激しい愛の布告である来るべきその啓示の先触れとして、生かしめたもうということが起こる。〔教会は〕神がそのような使命のもとに、またそのような性格をもって生かしめたもう人間たちの集団《ゲマインデ》である」[81]。教会はそのような集団が集められるということが起こるときに存在するのである。「教会は、そのような集合（*Versammlung*）という出来事である」[82]。こうした理解に立つバルトにとって、教会を表わすGemeindeとい

文書では最初の組織神学的考察の部分に入れることが適当だという判断を示した。*ÖRK*, *Studienabteilung* (Hg.), Die Unordnung der Welt und Gottes Heilsplan, Bd.1, Die Kirche in Gottes Heilsplan, Zürich 1948, S.71-79. 英語版ではp.67-76。

(75) バルトは戦後のドイツの教会を振り返ってこう書いている、「それにもかかわらず驚いたことには、私は教会のなかに、破滅に急ぎつつあった一九三三年当時と同じ構造、党派、支配的傾向を見出した。……私が見出したのは、領邦〔州〕教会の組織維持にたいする相も変わらぬ関心――あらゆる新奇なものへの興味によってよりよい結果をもたらすということのない――であり、なかんずく公然たる信条主義や教権主義、およびいろいろ賑やかな姿で現れている典礼主義への興味によってよび起こされた関心であった」（『バルト自伝』佐藤敏夫訳、八二～八三頁）。こうした状況を背景に彼は本論文によって教会の最も基礎にあるべき共通理解、すなわち教会のキリスト論的理解に立ち帰って真実の教会の姿を明らかにしようとした。

(76) 本講演は一九四七年六月にプファルツの神学研究会でもなされ（Vgl. *Barth*, Predigten 1935 -1952, S.353, Anm.2）、さらに七月にはダルムシュタットで開催された兄弟評議員会の会議でも語られた。周知のようにこの会議をきっかけにのちに「ダルムシュタット宣言」が生み出された（Vgl. *Karl Hoffmann*, Die große ökumenische Wegweisung, 2004, S.177）。

(77) *Barth*, Die Kirche – die lebendige Gemeinde des lebendigen Herrn Jesus Christus, ThSt (B) 22, S.21ff.

(78) Ibid.

(79) Ibid., S.27.

(80) Ibid., S.22.

(81) Ibid.

う言葉は重要であった。彼はルターがKircheという言葉をまったく放棄してGemeindeで置き換えることを考えていたということを引き合いに出し、ecclesiaというギリシャ語由来のラテン語が含み持っていた意味を生かすものとしてGemeinde (congregatio) の語の使用を推奨した。バルトにとって、教会について何を語るときでも、つねに、教会はゲマインデであるということ、また集合という出来事であるということから考えられなければならなかった。ところで教会をGemeindeと呼ぶとき、バルトにおいて重要なのは、第一に人間の集団、交わりのことではなかった。次のように言われる、「『教会《キルヒェ》』という言葉は、イエス・キリストの……主権を指し示さなければならず、まさにそれゆえに……自由な――イエス・キリストに対しても自由であり、そのすべての成員互いの関係においても自由な――集団《ゲマインデ》を、指し示さなければならない」[83]。教会をGemeindeとして理解する場合も、いやその時こそ、バルトにとって第一に問題であったのはキリストの主権であった。

次に「教会に対する脅威」――教会は主イエス・キリストに由来し、彼と共に、しかし彼とまったく違った在り方で、「この地上に、この中間時に、世俗史のただ中に」生きるものであった。したがって教会は「神的本性と特性を持つ」[84]と共にまた「人間的本性と特性を持つ」[85]存在であり、そのかぎり教会は「被造物的現実の一要素であり、したがって脅威の下にある現実の一要素」[86]である。この脅威は、じっさいにはいつも「試練」[87]となって教会を脅かす。そうした脅威と試練の諸形態としてバルトがここで上げる、たとえばキリスト以外の「他のところも見ている」[88]教会は、後に他者従属化した教会、あるいは「世俗化」した教会として、また「自分で作った宗教的幻想という特別の世界」にいる教会、「宗教化」した教会として折に触れ論難されることになろう[89]。いずれにせよそこではもはや「主と主の教会の間の生命の回路」[90]は断たれていて、あの特別の「出来事」、すなわち、神と人間の出会いと集合の出来事は起こらない。教会は教会であることをやめる。「死せる教会《ゲマインデ》」、いやむしろ教会のようなもの、教会のように見えるもの、すなわち「仮象の教会」ともいうべきものが現れ出る[91]。

この関連においてバルトは教会の一致の問題に言及する。つまり、そうした多くの死せる教会・仮象の教会が存在していることを暗示し、その徴となるのが、教会の一致が疑わしいという事実である、と。というのも教会の一致についてバルトはこう考えているからである、「ただ一人の活ける主イエス・キリストに基づいて、ただ一つの活けるキリスト教会《ゲマインデ》がありうるだけである。すなわち、それぞれの差違を持ちながらも、このただ一つの教会の様々に違った形態としての、個々のキリスト教会《ゲマインデ》とすべてのそれら教会《ゲマインデ》のグループがあるだけである。そして、そのような様々の形態の一つ一つは、他の形態の一つ一つの中に、自分自身を認識し、自分自身の中に、逆に他の一つ一つの形態を認識するのである」[92]。教会は「活ける主イエス・キリストの活ける教会《ゲマインデ》」であることにおいて一つである。「教会の一致のただ一つの保証」[93]とは「神の言葉と人間の応答という出来事における教会

(82) Ibid.
(83) Ibid., S.23. 傍点は筆者。
(84) Ibid., S.27.
(85) Ibid.
(86) Ibid., S.27.
(87) Ibid., S.28.
(88) Ibid., S.30.
(89) 拙著『カール・バルトの教会論』二〇一五年、二八五頁以下、参照せよ。
(90) *Barth*, Die Kirche, ibid., S.32.
(91) ハンガリー講演（一九四八年三〜四月）の一つ『実在の教会』（Die wirkliche Kirche）を参照せよ。Vgl. KDIV/2, 67節。並びに拙著、前掲書、二八〇頁、参照せよ。
(92) *Barth*, Die Kirche, S.33.
(93) Ibid.

の存在[94]」、あるいは「活ける主との結合という中断されない回路における教会の存在[95]」である——われわれはここにバルトの考える教会の一致の基本の考え方を確認してよいであろう。したがって教会の一致を問うことは、脅威と試練の下にある教会の保持と革新を問うことでなければならない。

　最後に「教会の革新」について——バルトによれば「教会の保持、それゆえ革新、それゆえ改革《レフォルマチオン》はただ教会の活ける主イエス・キリストからしか由来しえない[96]」。教会は「キリスト者の善意や敬虔や理想」に希望を置くことはできず、「彼、主が教会の希望である[97]」。この希望に対応する教会の「秩序」とは、したがって、活ける主による教会《ゲマインデ》の革新に対し考え得るかぎり最小の抵抗をするようなものでなければならないし、活ける主による改革に人間の側で最大限の開放性と用意と自由を示すようなものでなければならない[98]。要するに、その秩序によって「一にして聖なる公同の使徒的教会」が「可視的教会」として現実存在するものでなければならない。教会は不可視の「プラトン的共同体」（civitas Platonica）として在るのではないし、「自分の恣意で一つの教会《ゲマインデ》へと集まる個人、あるいはその多数として」現実存在するのでもない。また教会は「様々のいわゆる職位によって——その職位という言葉で牧師職を理解しようと長老職を理解しようと——教会《ゲマインデ》に対して、それとは離れてイエス・キリストを代表するものとして現実存在するのでもなく、イエス・キリストに対して、彼とは離れて教会《ゲマインデ》を代表するものとして現実存在するのでもない[99]」。イエス・キリストと教会《ゲマインデ》とのそうしたいわば「間接的」な関わりは、バルトによればマタイ二〇・二五〜二六の原則に反する。むしろ教会は「ふたりまたは三人が、わたしの名によって集まっている所に」（マタイ一八・二〇）現実存在する。要は、「教会《ゲマインデ》という観念や概念に基づかずに作り出された教会秩序は、その名に価しない[100]」ということである。

　教会《ゲマインデ》という言葉でバルトは、具体的な個々の教会《ゲマインデ》、すなわち「定期的に礼拝を守るという可能性によって構成された地域的教会《ローカルチャーチ》（Ortsgemeinde）」のことを基本的に考えていた。「キリスト教会は、礼拝に基づき礼拝を目指して形成され、実現され、礼拝の中に生きる。またキリスト教会の成員は、この礼拝において互いに仕え合い、共に主に仕え、さらにその証しによって世にも仕える」[101]。そしてそのような「様々の奉仕が引き受けられることによって教会の礼拝（*Gemeinde*gottesdienst）が起こり、全教会（die *ganze* Gemeinde）が成立し、存続する」[102]。先ず第一にこうした具体的な個々の地域的教会がバルトによれば「一にして聖なる公同の使徒的教会」であった。しかしバルトにとって、この地域的教会が「一にして聖なる公同の使徒的教会」の唯一の形態ではなかった。地域的教会が十全な意味で教会であれば、地域的教会相互の関係においても、すなわち、「それらがお互いを間接的に同一のものとして認識し合い承認し合い、またその存在に関して、したがってまたその存在の革新・改革に関して、互いに援助し合い、助言し合い、さらにその限りにおいて——指導し合う」[103]ことにおいても教会は現実に存在する。むろん諸教会間の「指導」とは相互の「奉仕」のことにほかならず、諸教会の上に立ったり下にあったりするものが考えられているのではない。じっさいそれもまた「再び一つの教会（*Gemeinde*）」[104]であるのであ

---

(94) Ibid.
(95) Ibid.
(96) Ibid., S.35.
(97) Ibid.
(98) Ibid., S.36.
(99) Ibid.
(100) Ibid., S.37.
(101) Ibid., S.38.
(102) Ibid.
(103) Ibid., S.39.

って、バルトはそうした組織を「教会会議としての教会」[105]（Synodalgemeinde）ないし「母教会」（Muttergemeinde）[106]と呼んだ。そしてそれらも、まさに教会として、「神の言葉の霊的権威」[107]の下に立つものであった。そしてそれが、とり分け教会の「『公同的』、『エキュメニカルな』性格」[108]をになうとされていることからも明らかなように、再建過程にあったドイツ福音主義教会、さらに「世界教会協議会」の形成のことが視野に入っていたと見て差し支えない。さらにバルトによれば、その他の教会の諸々の組織・団体もそうした「地域的教会」、「教会会議としての教会」と結びつきつつ、「それぞれの特別の形態で同様に一にして聖なる公同の使徒的教会であれという、その要請と責任から、決して逃れてはならないのである」[109]。

さて本論文の締めくくりの部分はバルトがかなり思い切って会衆主義的教会形態に高い評価を与えた箇所としてつとに知られている[110]。こうした評価はバルトが、教会を徹底してゲマインデという概念から発想したことに由来している[111]。そこからしてバルトはそれ自身「まったく新しい道」[112]というのでは決してない会衆主義的教会理解を、ゲマインデ（すなわちコングリゲーション）から教会を理解するものとして評価した。バルトは会衆主義的教会形態の利点をいくつか挙げて「エキュメニカルな価値と効力」がもっとも明確に示されるともした。ただこの論文の第二のテキストである短縮版では、会衆主義的教会形態ないし秩序が教会一致の問題に満足した答えを与えるとは認められていない。「この論文はこの特殊な形態の無批判な採用の申し立てではない」と述べて、教皇制、監督制や長老制あるいは会議制同様に批判を免れているわけではないと述べている[113]。とはいえバルトは、会衆主義、すなわち神の自由な言葉の自由なコングリゲーションという観念には健全さがあり、そこには教会の秩序をエキュメニカルに考える上で不可欠な諸要素が存在することを認めており、論文の終わりでバルトは、第一のテキストではフリードリヒ・ローフスの言葉を借りて、短縮版の第二のテキストでは西洋の過ぎ去りつつある「キリスト教世界」（corpus christianum）という言葉を用いて、領邦教会崩壊後の教会形態として、会衆主義的教会形態が将来を持つことにならないか誰が知ろう、それは「預言者的な言葉」（第一のテキスト）であったのかも知れないと記し、また第二のテキストでは「今このもう一つの方向へ目を向ける」ことが勧められていると書いて全体を締めくくった。バルトの徹底したキリスト論的な教会理解がこうした会衆主義とのエキュメニカルな出会いを果たしたというべきであろう。(114)

---

(104) Ibid., S.40.
(105) Ibid.
(106) Ibid.
(107) Ibid.
(108) Ibid. 傍点による強調は筆者。
(109) Ibid., S.41.
(110) 「何人かの改革派の人たちはその長老主義的な額にしわを寄せた」。W. A. *Visser't Hooft*, Karl Barth und die Ökumenische Bewegung, ibid., S.15.
(111) 第一のテキストを再送付した日（一九四七年四月一日）にE・サルトリウスに書き送った手紙を参照せよ。「厳密に『会衆の集いの出来事』として考える教会理解から私は、教会の《上なる権威》の概念全体を――司教制の形態においても、会議制の形態においても――解体し、（多少とも、《ピルグリム・ファーザーズ》のやり方にならって）すべてを会衆（Gemeinde）を基礎として再構築しました」。E・ブッシュ『生涯』四八六頁、参照せよ。
(112) *Barth*, Die Kirche, ibid., S.43.
(113) *World Council of Churches*, The Universal Churches in God's Design, in : Man's Disorder and God's Design. A one-volume edition, pp.75-76.
(114) バルトは一九四八年一月一四日にフィッセルト・ホーフトにアムステルダム大会運営に関わって次のように書いている、「〔教会の〕ベーシック・ドクトリンについて他のところで審議され議決されるのに、その間会衆主義

第二節　アムステルダム大会

一九四八年八月二二日、日曜日の午後、壮麗な新教会（Nieuwe kerk）での開会礼拝によって幕を開けた大会は、早くも翌二三日の午前、コンセルトヘボウで始まった本会議（Plenary Sessions）でもっとも重要な瞬間を迎えた。M・ベニェによって十四人委員会と暫定委員会の名で提案された世界教会協議会成立案が承認されたからである。盛大な拍手があり、議長は参加者に、立って黙祷をささげるように求め、さらに神の祝福を祈った。会議はその日の午後から始まり、九月四日まで続いた。

さてこの二週間にわたる大会の経過については、準備過程についてと同様にわれわれはバルトに関連するかぎりで簡単に触れるにすぎないが、全体に関わることをはじめにいくつか記しておくべきであろう。

われわれはすでに大会の総主題が「人間の無秩序と神の救済計画」であり、この主題にそって設けられた四つの部門または分科会（Sections）によって周到に準備が重ねられてきたことについて述べた。本大会もじっさいこれらの分科会の議論を中心に展開されることになったが、各種委員会――たとえば人事のための推薦委員会やメッセージ委員会など――のほか、大会に四つの委員会（Committees）が設置され午後の時間を使って協議の時がもたれた（四つの委員会のテーマは「教憲・規則・規約」（Ⅰ）、「方策」（Ⅱ）、「プログラムと運営」（Ⅲ）、「教会の諸関心」（Ⅳ）であった。このⅣは、さらに四つに分けられた。「教会における女性の生活と働き」、「ユダヤ人に対するキリスト者の関係」、「教会における信徒の意義」、それに「キリスト者の再建と教会の相互援助」である）。青年代議員、代理人、一般参加者も礼拝をともなう上記諸集会に参加しただけでなく、青年代議員のために独自のミーティングが開かれたし、一般参加者のための講演も多く企画された。大会後半、八月三〇日からは、大会をいわば総括する本会議が開催され、各種報告が承認された。最終日の九月四日に「大会メッセージ」（The Message of the Assembly）が採択されて閉会した。最後に代議員たちは西教会（Wester kerk）で礼拝をささげ、二週間に及んだ大会は閉幕した。

バルトは大会に積極的に参加した。何より大会二日目の午後の本会議（八月二三日）、彼は二人のメイン・スピーカーの一人として（他はC・H・ドッド）最初に開会講演を行ったし、準備段階からメンバーとして加わっていた第一分科会（「神の救済計画における普遍的教会」）の協議に参加し、教会一致のための報告の作成に至るまで深く関与した。そのほか午後にはフィッセルト・ホーフト夫人ヘンリエッテの参加した「教会における女性の生活と働き」委員会に加わった。[115] 大会期間中に開かれた（九月一日）改革派の特別集会にも参加し短い話しをしている。大会が終わって一〇月バーゼルのマルティン教会でのスピーチで自らを「《エクメニカー》なる新改宗者」[116]と紹介したように、バルトが大会に深い感銘を受けたことは間違いない。[117]

的な預言のための部門を立ち上げることなど、努力するに値するとは私には思われません……」。*Barth-Visser't Hooft*, Briefwechsel. S.221f.

(115) Vgl. *J. Moltmann*, Henriette Visser't Hooft und Karl Barth, in : L. Schottroff und J. Thiele (hg.), Festschrift für Dorothee Sölle, 1989.

(116) 「私が世界教会の会議に――こうした企てを遠くから批判的に眺めることをせず――協力し、終わってからも喜んでそれを振り返って見るなどということは、以前なら夢にも考えられないことだったでしょう。……つまり私はここで《エクメニカー》という新改宗者として話しているのです」。*Barth*, Eindrücke von Amsterdam, ibid. S.20.

(117) 「一九四八年のアムステルダムはカール・バルトとエキュメニカル運動との間の諸関係の歴史における転換点

以下われわれはバルトの開会講演を検討し、それを巡る二つの批判を取り上げる。さらに大会後にヴィプキンゲンで行われた講演『スイス改革派教会におけるエキュメニカルな課題』（一九四九年五月）を取り上げ、自らの属するスイス改革派教会でのバルトのエキュメニカルな活動を追っておきたい。

（1）開会講演――「世界の混乱と神の救いの計画」

バルトはこの講演における自らの「課題」を、主題を巡って何か特別な神学的構想を展開することではなく、バルト自身も称賛した巧妙な組織による準備作業を振り返り、準備資料に目を通して心に浮かんだ「全体に対するいくらかの意見」を述べて協議の導入とするところにあるとした[118]。

講演全体は三つに区分されるであろう。三つの問題領域が扱われる。第一に「世界の無秩序と神の救済計画」という表題の順序を巡っての問題提起、第二に、神の救済計画と教会の使命の関係、そして第三に、四つの分科会それぞれについてバルトの考えるこれから始まる協議のポイントである。

はじめにバルトは大胆にも主題の順序を逆にして考察しまた論じてはならないかと問題を提起する。というのも彼によれば、われわれは聖書から、「まず神の国と神の義とを求めなさい。そうすれば、これらのものは、すべて添えて与えられる」という言葉を読むからである。「神の『救済計画』は、上にある。しかし、世界の無秩序も、またこの無秩序の原因についてのわれわれの考えも、この無秩序を克服するためのわれわれの提案や計画も、それらすべてのものは、下にある。それらすべてのものが（われわれの教会的存在をも含めてのことであるが）どのような意義を持っているかということは、もしそれが認められ理解されるとすれば、ただ上からだけであり、ただ神の救済計画に基づいてだけである[119]」。この上から下へ、これこそが「われわれに命ぜられたリアリズム

――キリスト教的リアリズム」[120]にほかならない[121]。

次にバルトは最初の批判的問題提起をさらに推し進め、神の救済計画と教会の使命との関係について語る。というのも主題には「解釈学的誤解」が含まれているだけでなく「教会論的誤解」も含まれるからである[122]。彼によれば、キリストの体なる教会という聖書的概念から教会が受肉の継続であるというような聖書的でない誤った言い方が――ローマ・カトリック教会において――なされてきた。しかしもしそのようなことであれば「父なる神の右におけるイエス・キリストの支配は、またしたがって神の摂理の働きは、いわばキリスト教界の管理に移行したということになるであろう[123]」。してみればバルトが最初に提起した疑念が教会論の領域でも当てはまるということになる。「神の救済計画」ということによって「キリスト教的マーシャル・プラン」のようなものが考えられるということになりかねないからである。しかしバルトによれば、「キリストのからだは、ただまったく彼らに対して完全に現臨したもうが同時に完全に彼らの上にいますあの方に基づいてだけ生き、あの方によってだ

であった」。W. A. *Visser't Hooft*, Karl Barth und die Ökumenische Bewegung, ibid., S.19.

(118) *Barth*, Die Unordnung der Welt und Gottes Heilsplan, in : Amsterdamer Fragen und Antworten, TEH, NF 15, 1949.

(119) *Barth*, Unordnung, ibid., S.3.

(120) Ibid., S.4.

(121) K・ホフマンは、このバルトの主要な主張を、バルトが遂行してきた神学の「パラダイム転換」の延長線上に理解し、とりわけ開会講演の背景として一九三二年の講演「神学の公理としての第一戒」を挙げている。*Klaus Hoffmann*, Die große ökumenishe Wegweisung, S.109.

(122) *T. Herwig*, Karl Barth und die Ökumenische Bewegung, S.157f.

(123) *Barth*, Unordnung, S.3-4.

け生き、あの方に向かってだけ生きる」[124]。それゆえ教会は希望と信頼のすべてを「ただ彼ご自身に」置かなければならない。かくてバルトはいう、「私が次のようにいう場合に、すなわち、われわれは、この会議のこの最初の日に、教会と世界のための憂慮がわれわれ自身の憂慮でなければならないかのように考える考え方を背負っているとすれば、われわれは、何事も達成しないであろうし、教会と世界における無秩序を、いよいよ増大するより他はないであろうという場合に、われわれがこの大会に集合するに当たって懐いている真剣さと善意と期待を、決して弱めようとするのではなくて、むしろそれをその正しい基礎の上に置こうとするのである」[125]と。

かくてわれわれはここに共に一つの群れ（Gemeinde）として集まって、「あなたの道を主にゆだねよ。主に信頼せよ、主はそれをなしとげたもう」（詩篇三七・五）という御言葉に従うとき与えられる「自由の証明」、「霊的自由の態度」とはいかなるものとなるのであろうか――「霊的自由の態度」とはバルト自身の説明によれば「神にだけ寄り頼んで、人間に寄り頼まず、まして自分自身に寄り頼んだり、何らかのキリスト教的企てに寄り頼んだりしないという態度である」[126]。これらのことを最後にバルトは大会の四つの部門（分科会）ごとに語ることになる。

第一部門（「神の救済計画における普遍的教会」）が問うているのは、要するに教会の一致の問題であった。バルトはここで『教会と諸教会』（一九三五年）ですでに提示したキリスト中心の教会一致の立場を改めて示唆したと言ってよいであろう。その上で二つのことをいわば「有益な」「試練の火」として取り上げている。一つは聖晩餐が共に守られなかったことであり、もう一つはローマとロシア正教会からの参加がなかったことである。聖晩餐は大会では教派ごとに守られ[127]、全体では祝われなかった。彼はそのことを、次のように、すなわち「われわれは、ここで、重苦しい意識をもってではあるがしかし良心をもって、ただひとりの主の不完全な教会であることを許された[128]」として受けとめた。そして「われわれは、そのようなばらばらの聖晩餐にもかかわらず、ただひとりの主イエス・キリストのための自由を獲得し主張することを試みなければならない」[129]のである。ローマとロシア正教会が招待を断ったことについてはバルトは一般の受けとめ方とは別な反応を示した。ただたんなる「嘆息あるいは憤慨」ではなく、そのような拒絶において「神の力強い御手」を認めなければならないのである。その上で三つのことを述べる。第一に神はわれわれに、われわれの光がキリスト教的と見なされているそれらの世界にすら差し込むことができないほど弱くみすぼらしいものかを示してくださったということ。第二に神は、「キリストに向かう運動」をしようと思わない彼らと共に不完全な仕方でさえ一つの群れであることはできないのであるから、彼らとの不毛な対話をむしろ免れさせてくださったのだということ。そして第三に、われわれはわれわれの計画を明瞭な仕方で妨害するのを神は許されたのであるから、それによってかえってアムステルダムの企ての正当性をわれわれは確信し、それゆえにわれわれは「神を讃美し神に感謝する」ことをすべきではないかということである。

第二部門（「神の救済計画への教会の証し」）は福音宣教における教会の委託、端的にミッションの問題である。ここでもバルトは基本的に次のように問う、すなわち、神ご自身だけがなしとげることのできることをわれわれキリスト者と教会人が行わなければならないかのように考えているのではないかと。彼によれば準備資料が「何

(124) Ibid., S.5.
(125) Ibid., S.6.
(126) Ibid., S.8.
(127) Vgl. W. A. *Visseer't Hooft* (ed.), The First Assembly of the World Council of Churches. The Official Report, 1949, S.17-18.
(128) *Barth*, Unordnung, ibid., S.6.
(129) Ibid.

か深い悲しみの蔭のようなもの」に覆われているように思われたという。教会の宣教の出発点は教会の主によってすでにもたらされた「勝利」にある。教会は「神の証人」としてその証しをなすことが許されているのである。「私の考えによれば、この問題領域において、われわれにとっての唯一つの問題は、〈どのようにして、われわれは、あらゆる計量的思考から自由になり、あらゆる統計から自由になり、目に見える結果についてのあらゆる期待から自由になり、キリスト教世界に向かうあらゆる努力から自由になるか。どのようにして、われわれの証しを、われわれすべての者がそれによってだけ生きることができる神の憐れみの主観性についての証しへと形成し、聖霊がその保証を決してこばみたまわないであろう証しへと形成するか〉という問題以外にはないのである」。

最後に第三部門（「教会と社会の無秩序」）と第四部門（「教会と国際的な無秩序」）、社会的・国際的無秩序の問題とそれに対するキリスト教的態度決定の問題である。教会の預言者的委託、すなわち、教会の政治的見張りの役とその社会的サマリア人の奉仕という委託を「現代においてわれわれに与えられた認識に従って」どのように遂行すべきであろうか。バルトは二点指摘する。第一に、教会がこの世に対して告知するのは「神の国」であって「われわれが良しとする何かの観念や原理の国」、何らかの「プログラム」ではないということである。バルトは今回モスクワのロシア正教会がわれわれを十把一絡げに「反民主主義的」と断定したのかも知れないと疑問を呈しつつ、その次元で相対《あいたい》することをせずに、次のように述べる、「それには、一片の真理も含まれていないのであろうか。私は、そのような点から、同時代の西欧の他の人々の大多数にくらべて、われわれが、より悪い態度で接するとは言わないまでも、より良い態度で接し得ないことを、恐れるのである」と。ここには冷戦の時代の、とりわけ西側諸国における教会の在り方についてのバルトの基本的立場が示されているであろう。第二に、教会は神の国を「告知」しうるにすぎないのであって、政治的見張りの役を果たし社会的サマリア人の奉仕をなすとき、「神が建てたもうゆるがぬ都を待ち望む」のであり、キリスト教の協力によって建設されるべき将来の国家を待ち望むのではない。悪しき世を善き世に変えるのは神の御業であってわれわれの業ではない。われわれが世界の政治的・社会的無秩序のただ中において、神の証人であり、イエスの弟子また僕であるということが、われわれに求められている一切である」[130]。さて開会講演の最後をバルトはイザヤ書の引用で締めくくったが、誤解に満ちたざわめきの中で、その意図は十分に伝わったという手応えを得ることには必ずしもならなかったらしい[131]。ともあれこのバルトの開会講演が大会全体の協議に関わる重要なオリエンテーションになったことは確かである。

（2）二つの批判に答えて

（a）ダニエルー

われわれは前項（1）でバルトの開会講演（『世界の混乱と神の救いの計画』）を検討したさいに、ローマとモスクワの教会の不参加に関連して彼がどのような見解を示したかについても言及した。バルトは「強い言葉で」[132]、そ

---

(130) 第四分科会でのフロマートカとダレスの論議については、畠山保男『歴史の主に従う』一九九五年、二六七頁下を参照せよ。

(131) E・ブッシュの『日録』には次のようなことが記されている。「バルトに当時の状況が甦ってきた。彼がそこで主題講演をしたこと、彼はそれをしようとは全く思っていなかったが、フィッセルト・ホーフトによってそうするようじっさい強いられたこと、またその講演で『ともに計れ、しかし、成らない……』〔イザヤ八・一〇〕という聖書引用によって困惑と怒りを引き起こしたこと――しかし聴衆は驚いたりあきれたりしてそれにつづく言葉、すなわち「神は我らと共におられる（インマヌエル）のだから」を聞き逃すことになったこと……」。*E. Busch*, Meine Zeit mit Karl Barth, Tagebuch 1965-1968, 2011, S.540.

(132) *Barth*, Antwort an P. Daniélou, in : Amsterdamer Fragen und Antworten, TEH, NF 15, 1949, S.18.

れは「嘆息あるいは憤慨」すべきことではなく、「それらの対話者〔ローマとモスクワ〕は、それぞれ違った理由からではあるが、あらゆる教会主義から離れてイエス・キリストに向かう運動をしようと思わない」のであって、むしろわれわれはそこに「神の力強い御手」を認め、感謝をもって受け入れるべきであると語った。同じ趣旨のことをバルトは大会期間中（九月一日）に開かれた改革派教会の特別集会の講演（『われら改革派教会と世界教会協議会』）でも語ったが、イエズス会の神学者でエキュメニストのダニエルー神父は、筆記録に基づくそのフランス語テキストを読んでであろう、一〇月に、フランスの週刊雑誌 Réforme（No.187）に『カール・バルトへの問い』を発表した。バルトはこれに応えて同誌（No.188）を通して公開書簡『ダニエルー神父への答え』を送った。[133]ダニエルーの「問い」[134]は、バルトの言葉は「カトリックの心を深く傷つけた」という憤激・抗議以外のものではないと思われるが、バルトは冷静に対応し、これを機に自らの立場をローマ・カトリックの姿勢と鋭く対比させて改めて示した。

バルトが鋭く指摘したのは、アムステルダム参加・不参加の問題の根底にあるローマ教会のエキュメニズム観と言ってもよい。最終的には教皇によって不参加が決められたわけであるから、バルトによれば、「あなたの教会は他の《諸教会》と共に一つのテーブルに着いて、イエス・キリストにおける一致の問題を、同じ所に立ち、同じ謙遜さと開かれた心をもって彼らと協議することができない」のである。したがって残されているのは「われわれをローマの椅子の下に隷属させ、おそらくわれわれの使用のために少し変えられ近代化されマイルドなものにされた Professio Tridentina〔トリエント公会議の信仰宣言〕[135]に署名させる」[136]可能性だけということになろう。バルトは、アムステルダムに教会として共に集い仕事をする「基本ルール」(Grundregel) を次のように描いてい

(133) 講演『われら改革派教会と世界教会協議会』は筆記録に基づくもので二つのテキストがある。一つはフランス

語でFoi et Vie（Jg.46, 1948）に掲載され、もう一つはドイツ語でUnterwegs（Jg2. 1948）に掲載された（Vgl. *Barth*, Offene Briefe 1945-1968, GA V (15), S.167, Am.3）。フランス語のテキストに基づきダニエルーがバルトを非難した言葉はドイツ語では違った表現になっている。「私はカール・バルトが公言した言葉のことを考えています。『私はあなた〔英国教会のA・M・ラムゼイ〕が教皇を断固として拒否（フランス語ではdétester、嫌うの意味）していないことを残念に思います。その上でバチカンから送られた枢機卿がわれわれの議長席に着いていないことを残念に思わないことを望みます。……私は、われわれの中の何人かがおそらくローマが不在であることのゆえに涙を流したいのならそれはそれでかまいませんが、どんな無駄な涙も拒否することを提案します』（ダニエルーの『カール・バルトへの問い』から）。「……私が近頃英国教会のある友人（友人と私は言います！）に言ったことは有効です。すなわち、われわれは、バチカンの議員としての枢機卿がだれもわれわれの議長席にM・ベニェ氏と共に着いていないことを残念なことと思ってはならないということです。それゆえわれわれは、ローマ教会がここにわれわれの間に現れなかったということで感傷的な涙を流すべきではないのです」（ドイツ語テキスト）。フランス語テキストのdétesterは感情的な強い嫌悪感を示すもので、これがカトリックのみならずプロテスタントのエキュメニストにも気まずい印象を与えたとしても驚きではないとフィッセルト・ホーフトも認めている。ただ彼の教示するところによれば、Foi et Vie誌の掲載許可を編集者はバルトから得たものの、バルト自身は原稿を校閲していない。またこのいささか刺激的な言葉をバルトは『ダニエルーへの答え』の中で特に取り消すようなことも言っていない。真相は分からないと言う（Vgl. *Visser't Hooft*, Karl Barth und der ökumenischen Bewegung, in : Die Zeichen der Zeit, Nr.35, S.131.）。しかしバルトの応答から判断すれば、表現の上で行き過ぎというものが仮にあったとしても、一連のカトリック側の動きなどからして、自らの態度は当然のこととして考えていたように思われる。というのもこの時点でのカトリックに対する態度は、次節で扱われる一九四九年三月のヴィプキンゲン講演でも一貫していたからである。

(134) *P. Daniélou*, Frage an Karl Barth, in : Amsterdamer Fragen und Antworten, S.16.

(135) H・デンツィンガー編、A・シェーンメッツァー増補改訂『カトリック教会文書資料集』A・ジンマーマン監修、浜寛五郎訳、三一九頁、参照。

(136) *Barth*, Antwort, S.18.

る。「アムステルダムに代表を送っている諸教会の中には非常はっきりした自己意識をもった教会が相当数存在しました。そして私は自分がそういう教会に属していることを喜んでいます。しかしアムステルダムではこうした多くの教会のどの教会も、他の教会に対して、一人自分だけが救済的な無謬の教会である、換言すれば、われわれを共通に動かした問いにその現実存在においてすでに答えを与えたという要求をもって他の教会に対するということはありませんでした。われわれはお互いに事実上《デノミネーション》として立っていました[137]」。これが基本ルールであり、バルトは、そうしたことがローマにとっても不可能でないことを前提して、もしローマの代表者が参加していたならこのルールは破られるほかはなかったであろうと書いている。

バルトがローマ及びモスクワの教会の不在を「嘆息あるいは憤慨」すべきことではないと語ったとき、彼らとの関係は不可能だとか、不必要だと考えてのことでなかったのはいうまでもない。そもそもバルトは、ローマ教会と非ローマ教会の対立克服の祈りこそ教会をめぐる一切の熟慮と努力の核心でなければならないと考えていたのだから[138]。バルトの書簡は次のように結ばれた、「この争いにもし希望があるとすれば、その希望はただ、あなたにとっても私にとっても、真理の勝利への希望の中にしかありえないのです[139]」。真理に勝利を得さしめること、エキュメニカルな対話において、バルトの思い中にそれ以外のものはなかった。

(b) ニーバー

ラインホールド・ニーバーは一〇月二七日付『クリスチャン・センチュリー』誌にバルトの開会講演を批判する論稿（「私たちは人間であって神ではない[140]」）を発表した。これに対してバルトは翌月「ほとんど困惑のうちに[141]」応答を記した（「《大陸神学》に関するニーバーの詳説に対する予備的考察[142]」）。これが翌年「クリスチャン・センチュリー」誌（二月一六日）に転載されたのを受けて[143]、ニーバーは同誌二月二三日号に「バルトへの回答[144]」を寄せた。

この何回かのやりとり、問いを発したのはニーバーであり、それにはバルトの「予備的考察」をもってさし当たり答えられたとわれわれは考えるべきであろう。本格的な論争として取り扱うことは、バルトにもその意図がなかった以上われわれにとっても必ずしも適当ではない[145]。

ニーバーの批判は、簡単に言えば、バルトの考えは静寂主義に陥っており、受け入れがたいということであろう。バルトは、ニーバーによれば、彼のいう「大陸型神学」、とくに「現在化された終末論」の立場の「最も雄弁なスポークスマン[146]」である。ニーバーが問題にしたのはバルトが語っている、おそらくキリスト教徒であれば

---

(137) Ibid. S.19. 次節で取り扱われる講演『スイス改革派教会におけるエキュメニカルな課題』では「ローマ教会の派遣意識の排他性」が阻害要因としてあげられ、今のところ克服されていないと語っている。Vgl. . *K. Barth*, Die ökumenische Aufgabe in den reformierten Kirchen der Schweiz, Evangelischer Verlag A. G. Zollikon-Zürich, 1949, S.17.
(138) Ibid., S.17.
(139) Ibid., S.20.
(140) *R. Niebuhr*, We Are Men and Not God, in : The Christian Century, October 27, 1948, p.1138 -1140.
(141) *T. Herwig*, Karl Barth und die Ökumenische Bewegung, S.190.
(142) *Barth*, A preliminary reply to Dr. Reinhold Niebuhr, in : The Christian News-Letter.-London, No.326, 8.12.1948. 本稿ではドイツ語テキストを用いる（Präliminare Gedanken zu Reinhold Niebuhrs Darlegung über die "kontinentale" Theologie, in : Amsterdamer Fragen und Antworten, TEH NF15, 1949.）。
(143) *Barth*, Continental vs. Anglo-Saxon Theology, A Preliminary Reply to Reinhold Niebuhr, in : The Christian Century, February 16, 1949. p.201-204.
(144) *R. Niebuhr*, An Answer to Karl Barth, in : The Christian Century, February 23, 1949, p.234 -236.
(145) 高橋義文『ラインホールド・ニーバーの歴史哲学』一九九三年、三〇六～三一〇頁、参照。

誰も否定はしない「信仰箇条」ではなかった。問題はそこから引き出される帰結である。「それらの結論はキリスト教的な生活から、責任というものにかかわるセンスを奪う傾向がなかっただろうか」。つまりその神学はニーバーによれば、教会に対するわれわれ人間の良い意味での気遣いを否定し、教会の預言者的機能を無にし、キリスト者の日々の決断の導き、ないしインスピレーションとならないと。こう言われる、「大陸型の神学は修正されねばならない。〔彼らの主張が〕人間の生が営まれなければならない裾野を、それが覆い隠して見えなくしてしまっているが故に、である。……大陸型の神学は今日、十字架なき王冠を、戦いなき勝利を、識別を要さない正義の構想を、苦難を変えていくのではなく無かったことにしてしまう信仰を――要するに、人間であれば誰もが直面する試練や苦難や義務や苦渋に満ちた選択からの、あまりにも素朴であまりにも早急な逃避を――人びとに提供する危険性をもっている」[147]。危機の神学は、ニーバーの判断では、この十余年の間、専制支配との戦いにおいて偉大な貢献のあったことは称賛されなければならないが、その盛りはじつは過ぎ去ったのである。

さてバルトの応答は何よりもバルトの当惑を示すものであった。その一つは、ニーバーが「《アングロ・サクソン世界》のスポークスマン」[148]として私に反対する側の人間として立ち現れたことであった。その著作を読み、バーゼルで語り合い[149]、アムステルダム総会でその講演を聞いてバルトは彼をアングロ・サクソン神学者の中における異議の持ち主と見なしていたからである。もう一つは、ニーバーのある種の決定的な誤解に理由があった。というのも開会講演でバルトに課せられていたのは、主題をめぐる神学講演ではなくかなりな分量の準備文書を取り上げこれにコメントを加えて総会の共同の論議と省察を促すことであったのだから。開会講演のこの目標設定はニーバーによって必ずしも尊重されなかった。開会講演は神学講演と見なされた。そこに齟齬があり、バルトの応答は本格的な論議の一歩手前でとどまった。

しかしその上で言えば、この予備的な応答においても、バルトは開会講演の神学的な立場を改めて明確に主張した。「私はその〔アムステルダムの〕講演において次のことを言おうとつとめたのである、すなわち、われわれは教会とその課題について、またその社会的な、国際的な課題について実りある考察をなすべきであれば、どんな場合でも、『神の救済計画』から、詳しく言えば本当に神の救済計画から、したがってイエス・キリストにおいてすでに到来した神の国から、したがってまたすでに彼によって打ち立てられた秩序から始めなければならない、そしてその後、そこから出発して、『世界の無秩序』の本質は本来どこにあるのか、それに対してせいぜい何がなされうるのかを見ることになるのだということを」[151]。このことを、ニーバーの批判的文言にあるように、バルトは「決定論的な敗北主義を教え、教会と世界とをのんびり成り行きに任せておくつもりだ」とか、バルトが「われわれは神のみを信頼し、決して人間を、最後には自分自身も信頼すべきでないというとき、彼はあらゆる責任と決断から逃れ、アララテ山上でノアの方舟を安全な住居にしようとしているある種の超ルター主義者に違いない[152]」などというならば、バルトにとってまことに的はずれなことに違いなかった[153]。

---

(146) *R. Niebuhr*, We Are Men and Not God, p.1138. 訳文は田上・深井訳による（『福音と世界』二〇一一年一〇月号、四四〜五二頁）。有賀・阿部訳『バルトとニーバーの論争』弘文堂、一九五一年、三五〜四七頁を参照せよ。
(147) Ibid., p.1140.
(148) *Barth*, Präliminare Gedanken, S.31.
(149) E・ブッシュ『生涯』小川訳、四八四頁。
(150) 総会でのニーバーの公開講演。Vgl. *R. Niebuhr*, Das christliche Zeugnis für die Ordnung der Gesellschaft und des nationalen Lebens, in : F. Lüpsen (hg.), Amsterdamer Dokumente, Berichte und Reden auf der Weltkirchenkonferenz in Amsterdam, 1948, S.244-254.
(151) *Barth*, Präliminare Gedanken, S.32.
(152) Ibid., S.33.

ここから最後にバルトは、いうところの大陸型とアングロサクソン型の相違について彼の重要な認識を付け加える。その相違は、つきつめればじつは異なった聖書観にあるのであると。バルトによれば、アングロ・サクソン人の聖書への考え方の中に「一つの次元が全く欠けている」[154]。なるほど二つの次元はある、すなわち、例えば、善と悪、自由と必然、愛と利己心、精神と物質、人格とメカニズム、進歩と停滞、そうした意味での神と世界、神と人間、このような対立、このような二つの次元である。むろんそれらが聖書理解の重要な範疇であることはいうまでもない。しかしバルトは聖書は第三の次元を知っているとしてこう述べる、「まさに聖書はあの二つの次元だけでなく、決定的なものとして第三の次元、すなわち、神の言葉、聖霊、神の自由な選び、神の恵みと裁き、創造、和解、御国、聖化、教会《ゲマインデ》――これらすべては、原理としてではなく、したがってあの最初の次元の意味で解釈されず、出来事の表示として、具体的・一回的・無比な・神的行為の表示として、すべては実用主義に解消されない荘厳な神の秘儀の表示として解釈されなければならない。ここからして、またここからしてのみ、あの二つの次元の平面上にある諸問題もその光の中で、まさにその平面が全体だと見られている時とは違った光の中で見えてくることになる」[155]。こう考えることによってはじめて、バルトによれば、ファンダメンタリズムとリベラリズム、とくにバルトとニーバーとの間で問題であったアウグスティヌス主義とペラギウス主義、あるいは「静寂主義と行動主義」の対立、またそこから生まれる諸問題はそれぞれに所を得ることになる。「妥協」ではない、そうではなくて左右から立てられた諸問題が「それら〔諸問題〕の中心から」正されて、意味なき問題が意味ある問題とされるのである。K・ホフマンはここにバルトの「文脈神学」（*kontextuelle* Theologie）を見ている。すなわち、第三の次元を考慮に入れるということは相関的な（*korrelativ*）神学と異なり、福音から現実をその文脈と共に批判的に明らかにするということを意味する。それによってはじめて「この世の神なき束縛から脱して、彼の被造物に対する自由な感謝にみちた奉仕へと赴く」（「バルメン神学宣言」第二項）ための諸前提がつくり出されるのであると。[156]

(3) 余韻――『スイス改革派教会におけるエキュメニカルな課題』

バルトとエキュメニカル運動の関わりを考える上で、アムステルダム総会後のダニエルーとニーバーの批判的問いかけとそれに対するバルトの応答もさることながら、それよりもっと重要で積極的な意味をもつのは、一九四九年三月にチューリヒ・ヴィプキンゲンの協議会[157]でなされた講演であろう。『スイス改革派教会におけるエキュメニカルな課題』と題された、顧みられることの一般に少ないこの講演は、アムステルダム後に、バルトが「新しく改宗したエクメニカー」[158]として、スイス改革派教会という場でエキュメニカルな課題に具体的に取り組

---

(153)「バルトにとって自分がそれほど全面的に誤解されたことは一つの驚きであった。彼は過去何年にもわたって十分はっきり政治的神奉仕について語り、全世界に向けて発せられたその書簡により社会的・国際的な世界において具体的決断へと呼びかけたのではなかったろうか？」。*W. A. Visser't Hooft*, Karl Barth und die Ökumenische Bewegung. S.130.

(154) *Barth*, Präliminare Gedanken, S.34.

(155) Ibid., S.35.

(156) *K. Hoffmann*, ibid., S.118.

(157) この協議会は一九四九年三月一四日チューリヒのヴィプキンゲンで「教会-神学作業委員会」（Kirchlich-theologische Arbeitsgemeinschaft = KTM）――ドイツ告白教会支援のためにつくられていたグループをもとに一九四八年五月に結成された――によって開催された。アムステルダムではじまった「エキュメニカルな対話」をスイスでも継続することが目指された。バルトが講演し、ブルンナーとエーリヒ・シュトゥダー博士（ギムナジウム教師）が所見を述べた。

んだ、取り組もうとした一つの証しである。これを以下われわれは検討することになるが、はじめに押さえておくべきことは、バルトが教会の目に見える一致を教派を超えたところに求めていないことである。教会の一致を彼はスイス改革派教会においてこの教会が真のキリスト教会・福音主義教会になるという道を通って追求しようとした。そのかぎり教派性は一致の妨げにならない[159]。

バルトによれば、アムステルダム総会で明らかにされた「エキュメニカルな課題」は世界教会協議会の一員であるスイス改革派教会の課題でもあり、そのためにスイス改革派教会も何事かを「なす」ことが求められている（1節）。アムステルダムから与えられた課題あるいは問題とは教会の「一致」の問題であり——その点でバルトによれば一九二五年のストックホルムと一九四八年のアムステルダムの間で問題の「先鋭化[160]」があった——、それはフロロフスキーの言葉を借りれば「エキュメニカルな問題とは教会分裂とその治癒の問題[161]」なのである（2節）。バルトはそれをさし当たりスイス改革派教会とスイス国内に存在する他のキリスト教会——メソディスト教会、バプテスト教会、救世軍など、それに古カトリック教会——との関係において考察する。ローマ・カトリック教会は、むろんこの教会にとってもエキュメニカルな課題は無関係ではなく、じっさいそれは両方によって緊急なことと見られてはいるけれども、ここではまだ「一般的かつ綱領的な考察の対象[162]」にはならない（3節）。講演の後半は全部、協議会の本来の主題、「スイス改革派教会におけるエキュメニカルな課題」に当てられる（4～7節）。この部分を以下少し詳しく取り上げたい。

何をアムステルダムはスイス改革派教会に問うことになったのだろうか、それを考察することからバルトは始める（4節）。彼によれば、諸教会の協議会としての世界教会協議会総会は同協議会に加盟する教会に「それら〔諸教会〕は教会であるのか。それらはいかなる意味で教会であるのか[163]」を問うことになったが、スイス改革派教会もその例外ではなく、同じ問いの前に立たされている。ただスイス改革派教会には以前からそうした問題が存在していて、今回その切迫性がいよいよ明らかになった。「いずれにせよエキュメニカルな問題がわれわれ改革派教会そのものにおいても、またそのものとして、われわれはそもそも真実の教会であるのかという問いの形でも立てられている。そしてエキュメニカルな課題はいずれにせよわれわれにとって真実の教会に――もしわれわれがひょっとしてまだそうでないのなら――今まさにそれになるというそうした課題の形でも存在している」[164]。教会が教会である、あるいは教会になるというとき、それぞれの教会は「それぞれの教会のやり方」で教会であり、真実のキリスト教会になるのである、加盟諸教会にはそのための「最大の自由」が与えられている。さてバルトによれば、世界教会協議会は諸教会の協議会であって、それ自身が一つの巨大な教会というのでない以上、エキュメニカルなドグマとかエキュメニカルな信仰告白というものも存在しないが、「エキュメニカルな基盤(Grundlage)」というものは存在する。「意味、方向性、対象という点で一義的なエキュメニカルな基盤は存在する。そして世界教会協議会が現実に存在するということは、それに連なるすべての教会にとって、したがってまたわれわれの教会にとっても、この基盤がそれら諸教会の基盤でもあるのかという問いを、またこの基盤をより良く、おそらくはまったく新しく自分のものにするという課題を意味する」[165]。バルトはこの基盤を特定の教理や

---

(158) *Barth*, Eindrücke von Amsterdam 1948, in : Amsterdamer Fragen und Antworten, TEH NF15, 1949, S.20.
(159) Vgl. G. *Plasger*, Kirche als ökumenisches Ereignis, in : Beintker, Link, Trowitzsch (Hg.), Karl Barth im europäischen Zeitgeschehen〔1935-1950〕, 2010, S.478.
(160) Ibid., S.10.
(161) *Barth*, Die ökumenische Aufgabe in den reformierten Kirchen der Schweiz, 1949, S.8.
(162) Ibid., S.17.
(163) Ibid., S.19f.
(164) Ibid., S.20.

信仰告白に求めなかった。彼はそれを教会の主イエス・キリストに求めつつ、この方を教会の基盤として語るアムステルダム総会の「大会メッセージ」の一部と、バルトも属した第一分科会（テーマ：神の救済計画における教会）から教会の「本質」の問題と教会の「課題」を明らかにした項目を引くことで提示した[166]。

バルトの提示したアムステルダムの諸決議は、いま述べたようにドグマでも特定の神学というものでもない。バルトは諸教会が真実のキリスト教会であり、また真実のキリスト教会となるための「基盤」にほかならない。バルトは諸教会によるこれらの基盤の神学的な解釈の「多様性」を認める。彼によれば、とくに第一分科会の報告はこの多様性をはっきり見えるものとして、多様性を論議の対象としたのだという。しかしその上でバルトは次のように述べる、「他方人はまたこの基盤が特定の輪郭をもっているということ、この基盤に基づき特定の思想の歩みが推奨され勧められ、これに反して何らかの他のものがはじめから排除されているということについて否定することも沈黙していることもできない[167]」。この「基盤」によれば、論議の対象となるものの中に、あるいはそれを超えたところに論議の対象とならないもの（ein Undiskutierbares）が存在する。そしてまさにこの論議の対象とならないものからして諸教会にまたスイス改革派教会にもエキュメニカルな問いが立てられているのである。バルトはこうしたことを世界教会によってつくり出される「攪乱」（*Störung*）と呼んだが、「攪乱」を謝絶しないその先に、諸教会がそれぞれの仕方で教会であり、教会となる道が開かれるとした。

エキュメニカルな問いと課題から見て、スイス改革派教会の現在の状況はどのようなものであろうか（5節）。何よりバルトはスイス改革派教会の様々の対立・不一致を指摘する。リベラルと保守（あるいは積極主義）の対立が二〇世紀スイス改革派教会おける歴史的な二つの潮流として一般に知られる[168]。バルトもむろんそうした「二つの歴史的な党派[169]」の対立を認めつつ、しかしここではこの具体的な対立を一例として一般的に教会の対立に言及し、その上で次のように総括する、「私は率直にいう。これら二つの党派間の対立は決して品位ある、真剣な、

(165) Ibid.

(166)「神はわれわれの世界のために一つの言葉を語られた。その言葉は、世界は生ける神の御手の中にあり、世界のための神のご意志はただ良いものでしかないということを語っている。イエス・キリスト、すなわち、われわれの間で生き、死に、死人の中から甦られた受肉した御言葉であるこの方において、神は悪の力を決定的に打ち破り、すべての人に聖霊における自由と喜びへの道を開いた。全人類に対する、また全ての人間の行為に対する最後の審判は憐れみに富むキリストの審判であり、歴史の終わりは御国の勝利である。そのときわれわれは、神がいかに世を愛されたかを理解することであろう――これが世界に対する神の不変の言葉である」(「総会メッセージ」より。Ibid., S.21. Vgl. Die Botschaft der Vollsammlung, in : Hans-Ludwig Althaus (hg.), Ökumenische Dokumente, 1962, S.70-72. ; The Message of the Assembly, in : W. A. Visser't Hooft (ed.), The First Assembly of the World Councils of Churches, 1949, p.9-11.)。

「われわれはみなこう信じる、教会は世界の救いのために人間に与えられた神の賜物である、イエス・キリストにおける神の救いの業が教会の基礎である、教会は歴史の進展の中で聖霊の現前と力によってその生命が保たれると」(第一分科会報告「神の救済計画における教会」〔III, 10〕。Ibid., S.22. Vgl. Die Kirche in Gottes Heilsplan, in : Hans-Ludwig Althaus (hg.), ibid., S.73-79)。

「われわれは教会が聖なる神に仕え福音をすべての被造物に宣べ伝えるように招かれていると信じる。教会にはイエス・キリストの体を建て上げるために神によって霊の多様な賜物を与えられている。教会は、十字架につけられ甦えられた主の力によって、またこの主にならって、信仰と愛とにおいて全人類に奉仕しつつ生きるために、選び分かたれ聖とされた。教会は赦された罪人たちよりなる。彼らは信仰においてすでに永遠の御国に与っていると同時に、キリストがそのまったき栄光と力において再び来られるとき〔成し遂げられる〕完成をなお待っている」(III, 12)。

(167) *K. Barth*, Die ökumenische Aufgabe, ibid., S.22.

(168) Vgl. *P. Aerne*, Religiöse Sozialisten, Jungreformierte und Feldprediger. Konfrontationen im Schweizer Protestantismus 1920-1950, 2006.

内キリスト教的な対立ではない。この対立がそういうものでないのは、両方の態度が、結果として、われわれの教会をキリスト教会たらしめるものを問題視することに帰着するからである。そしてこの両党の対立がわれわれの教会の生活を支配しているがゆえに、われわれはまさにキリストにおいて一致していない」[170]と。いずれにせよバルトは、スイス改革派教会の現状を、まさに耐えがたい最悪の形態における「教会分裂[171]」であると見た。

次に、こうした分裂の「克服」、このスイス改革派教会の「治癒」が問題になるであろう（6節）。そのためこの教会に何より必要なのは、バルトによれば、様々な分裂・対立の中にありながらも世界の前でなお「キリスト教会」と呼びかけられている事実の「新たな省察[172]」である。その省察は不一致の中にあるわれわれすべての者によって共に遂行されなければならない。こうした中でバルトにとって、「問題の中心は神の古い唯一の言葉である。しかしこの言葉は……世界教会によってわれわれに対し今日新しく語られている。そしてわれわれはみなそれを必要としている。われわれはみな、それを今日も新しく喜んで聞くことを許されている。……これ〔神の言葉〕がじっさいわれわれから取り去られていないということによってわれわれは、すでに不一致の教会から一致の教会に、それゆえ真実のキリスト教会になるその途上にあるのではないだろうか[173]」。この「途上」にあって何よりも問題になるのは、エキュメニカルな課題が立てられることによる、バルトのいう「攪乱」（*Störung*）[174]である。分裂の中にある「われわれの馬鹿げた抗争の、そしてわれわれのいっそう馬鹿げた平和の攪乱[175]」である。さて「治癒」に至るための第二の段階は対話、すなわち互いに語り聞くということになろう。むろん相互に語り聞くことに先立って「神の唯一の言葉」に聞くことがなければならず、相互の対話はその上でのことではあるが、しかし問題はその場合決して「われわれの諸対立の調停や和解」ではない、そうではなくて問題は「われわれの教会の革新」、「内輪の、品位も真剣さもない非キリスト教的な諸対立の克服、除去」である[176]。そのための前提としてわれわれには他者に何よりも教会の唯一の主の証人として耳を傾け、そのずっと後になって特定の考えの首唱者として対抗するという「規律[177]」がなければならない。なるほどわれわれはスイス改革派教会がいま言ったことが不可能なほどの「腐敗した状況[178]」の中にあることについて思い違いをしてはならない。しかしそれ以上にわれわれはまた、以下のことについても思い違いをしてはならないのである。「われわれはわれわれをたとえどんなに考え方が違っていても唯一の主の証人として認識する可能性をきっとまだ使い尽くしてはいないことを、またこんなにも不一致な教会にあってもおそらくじっさいすでに人が見ているよりもっと多く真正の一致が存在するということを。この一致は、それが現実存在しているそのところで、人が互いに語り、互いに聞くことを欲することで顕わになることを待っているのである[179]」。むろん教会はその主を、「心を合わせ声をそろえて」（ローマ一五・六）賛美するところまで行かなければ一致した真実のキリスト教会とは言えないであろうし、「すべての山は越えられたというにはほど遠い[180]」。しかしバルトは、現在スイス改革派教会がその中にある耐えがたい不一致

(169) *Barth*, Die ökumenische Aufgabe, ibid., S.22, 28.
(170) Ibid., S.28.
(171) Ibid., S.29.
(172) Ibid., S.32.
(173) Ibid.
(174) Ibid., S.34.
(175) Ibid., S.38.
(176) Ibid., S.34f.
(177) Ibid., S.35.
(178) Ibid.
(179) Ibid., S.35f.
(180) Ibid., S.38.

は、そうすることで「少なくとも緩和されるだろう」と見ていたし、また教会政治のむき出しの醜聞も「ゆっくりと不可能になるほかない」[181]と考えていた。こうしてバルトによれば、現に存在している様々の対立・分裂も「実際には許された実りある多様性」[182]と理解することが可能なのである。「もしわれわれがエキュメニカルな課題をただ今概略において示された、今日アクチュアルなものとなった意味においてだけでもじっさい受け入れようとするなら、現状への展望がわれわれに開かれるであろう、そしてこの現状を一瞥しつつわれわれは、われわれの様々な差違をじっさい正当でかつ意味あるものと理解することが許されよう――そのときそれらの差異はおそらくわれわれを今日分断しているものとは違うものであることであろう」[183]。

講演の最終節で（7節）バルトはスイス改革派教会が彼がここで語ってきたような意味でエキュメニカルな課題に取り組むとすれば、どういうようになるのか、自分は「組織的な賜物をもたない人間」[184]だと断りながら考えていることをいくつか述べた。最終的に彼が積極的に提案したのは、スイス改革派教会の状況とその課題を真剣に研究する「前衛部隊」（Vorhut）[185]の結成であった。神学者ばかりでない神学者でない人の加わった特別な「自由な研究団体あるいは作業委員会」を彼は提案した[186]。バルトはアムステルダム総会第一分科会報告の締めくくりの言葉を引いて講演を終えた、「われわれは……われわれが現にある状態に対する悔い改めの用意をもって、またこれからのわれわれの状態に対する希望をもって仕事にとりかかる」と。アムステルダムが課した課題に従いスイス改革派教会において忠実に応答しようとしたバルトをここにわれわれは見ることができるであろう。

ところで講演に対するブルンナーの「所見」はほぼ全面的にバルトに同意・賛成するものであった。彼は対話に帰着したバルトの講演を高く評価し、次のように述べた、「この協議会のもっとも重要な帰結は……われわれによっておろそかにされていたものが今やついに取り戻されることである。しかしその際私は次のことを強調したい、すなわち、対話が本当に実り豊かなものであるべきだとしたら、カール・バルトが最後にあのように印象深く語ったこともすべて、つまり支配意志の断念であり、他人のいうことに本当に聞いて、彼がわれわれに反対するまさにその点で結局のところ彼は正しくないのか、それとも部分的には正しいと言ってもよいのか、それを進んで考慮しようとする思いというものもすべてこの対話の一部である」(187)と。かく評価されたバルトの考えるエキュメニカルな対話には、非本質的な誤った対立を取り除くこと、逆に本質的な真剣な対立を明らかにすること、そしてそれらの証しの多様性において真のキリスト教会となることを求めて行くことなどが含まれる。その際「規律」への言及があったことも忘れてはならない。はじめに記したようにバルトにおいて教派性は一致を妨げないが、同時に教派性は目標ではなかった。「思い煩ってはならない、すなわち、もしわれわれの教会がもう一度キリスト教会に、換言すればキリストにおいて一致した福音的教会になるならば、われわれがこの道の上でわれわれの父祖たちをも再び全く違った仕方で喜ぶようになることについて、またわれわれの特別な改革派の起源と責任も再発見することについて、その場合しかしまさに自由において、そしてまたわれわれの時代・この時代の危急・課題・約束にふさわしい形態において再発見するであろうことについてそれ自身が思い煩うことであろう。これに対して古いツヴィングリ主義やカルヴァン主義のなお敬虔主義的な、あるいは熱狂主義的な革新は……われわれがこの道を通ってキリスト教会、福音主義教会になることを保証しはしないであろう。……われわ

(181) Ibid.
(182) Ibid.
(183) Ibid. S.38f.
(184) Ibid. S.39.
(185) Ibid. S.44.
(186) E・ブッシュ『生涯』(小川訳)五一一頁、参照。
(187) *Barth*, Die ökumenische Aufgabe, ibid. S.53.

れがエキュメニカルな課題をわれわれ自身の真中で取り上げるとき、われわれは前進へと呼びかけられているのであって、決して後ろに留まりつづけるように呼びかけられているのではない」[188]。かくてエキュメニカルな課題を真剣に取り上げることこそわれわれの前進を、すなわち、教派性の中にあって、しかしそこで真の福音主義教会、真のキリスト教会へ向かう前進を可能にするのである。われわれはここに『教会と諸教会』（一九三五年）において基礎づけられたバルトのエキュメニズム観のいっそう具体的かつ実践的な展開を見ることができるように思われる。

(188) Ibid., S.30.

第四章　ミッシオ・デイとバルトの宣教の教会

第一節　ミッシオ・デイの思想

(1) ミッシオ・デイとバルト

「ミッシオ・デイ」(神の派遣、または神の宣教ないし伝道)という一般にラテン語表記のまま使われている言葉は、もともとカール・ハルテンシュタインが、国際宣教会議(IMC)ヴィリンゲン大会(一九五二年)のあと大会を振り返って書いた文章の中で用い[1]、その後五〇年代の終わり、たとえばゲオルク・フィケドムなどにより神学的な展開を見(一九五八年)[2]、六〇年代に入り、IMCが世界教会協議会(WCC)に統合された(一九六一年)頃から頻繁に用いられるようになり、今日ではエキュメニカルな宣教の神学ばかりでなく神学一般においても重要な概念として広く使われているものである。事典『歴史と現在における宗教』は第四版(一九九八〜二〇〇七)で見出し語として採用した。それによればこの概念には、強調点の違いが少なからずあるものの、ミッション理解の三一(三位一体)論的神学的な新しい基礎づけが含まれる。教会中心的なミッション構想とははっきり異なり、三一の神をミッションの本来の「主体」として理解するよう求める。すなわち神は派遣する方(父)であると同時に派遣された方(御子)であって、教会は世界をつつむこの神の救いの働きの中に含み入れられ、位置づけられる。換言すれば、教会は、それ自身、ミッションの主体、起源あるいは目標《ゴール》ではない。ミッシオ・デイにあずかることが教会の本質的な「構造原理」(H・J・マルグル)をなす——ということになる(執筆者はA・グリュンシュロス)。

戦後のエキュメニカル運動の歩みの中から生まれた、要するに教会を中心とした宣教の伝道的狭隘化を打破しようとする新しいミッション理解、ないしミッション論の方向づけは、エルサレム（一九二八年）、タンバラム（一九三八年）、戦後のホイットビー（一九四七年）につづくヴィリンゲン宣教会議（一九五二年）ではっきりした形で現れ出たものであった。ヴィリンゲンはエジンバラから始まったミッションと教会の関係を巡る世界教会の歩みの「頂点」（W・ギュンター）であり、それ以後の歩みの「節目《マイルストーン》」（N・グッドール）となった。カール・バルトの影響は直接的ではないけれども、すでにタンバラムにおけるクレーマーによって、さらにヴィリンゲンにおいてハルテンシュタイン、とくにホーケンダイク、またフォン・タッデン＝トリーグラフなどを通して顕著であった。バルトの、すでにわれわれが第一章で取り上げた一九三二年の『現代における神学とミッション』[3]におけるミッションの現況に対する批判的問いかけが少なくない影響を及ぼしたことは間違いないが、じっさいその中

（1） スイスの宣教学者カール・ハルテンシュタイン（一八九四〜一九五二）はバルト神学に親しみ宣教論におけるその実りを模索した人。一九二六〜三九年バーゼル・ミッションの主事、バルトと親しくつき合う。戦後、ドイツ福音主義教会（ＥＫＤ）、世界教会協議会の創設に尽力した。ヴィリンゲン宣教会議の後まもなくして亡くなった。ヴィリンゲン後の彼の論考 Theologische Besinnung in : W. Freitag (Hg.), Mission zwischen Gestern und Morgen, 1952 に二回 Missio Dei が出る。「ミッションとはたんに個人の回心ではない。それはたんに主の言葉に対する服従ではない。それはたんに教会の集まりに義務づけることではない。それはすべての救われた被造物に対するキリストの支配を打ち立てるという目標をもってなされる御子の派遣、Missio Dei に参与することである」(S.62)。Vgl. *John G. Flett*, The Witness of God : The Trinity, *Missio Dei*, Karl Barth, and the Nature of Christian Community, Eerdmanns Publishing, 2010. pp.150.

（2） Vgl. *G. F. Vicedom*, Missio Dei, Einführung in eine Theologie der Mission, 1958. ここでフィケドムはミッシオ・デイを伝統的な教会中心的な伝道理論と調和をはかりつつ神学的な考察を試みた。

（3） *W. Günther*, Von Edinburgh nach Mexico City, 1970, S.79-84.

でバルトは多くの宣教団体による従来のミッションがきわめて人間的な動機からなされていたことを批判し、「ミッシオ」(派遣)がそもそも三一の神の教説の術語であることを想起するように注意を促していた。「《ミッシオ》という概念は古代教会では三一論の概念、すなわち神の自己派遣、つまりこの世への御子と聖霊の派遣を表わす名称であった……われわれがそれを別様に考えることは、果たして自明なことなのだろうか」[4]。ミッションを神ご自身と関わりをもつ事柄であることを指摘したのは近年ではバルトが最初であった思われる(テオ・ズンダーマイヤー)[5]。ミッシオ・デイの源の一つがバルトのこの講演にあるとするデイヴィッド・ボッシュの見解も必ずしも間違いとは言えない[6]。それは以下の論述でわれわれも問題意識の中に置いておきたい。ただしかし、われわれが確認できるかぎりにおいて、バルトはその膨大な著作でミッシオ・デイなる言葉をじっさい一度も使わなかった。このこともわれわれは考慮しなければならない。いずれにしても、バルトの教会理解、ミッション理解を、彼も一つの刺激となって生まれ発展して行ったミッシオ・デイの枠の中に、後から組み込んだり位置づけたりすることは少なくともできないし、またすべきでもない。われわれはミッシオ・デイをミッションを三一の神に基礎づけるという最も広い意味でとらえておくほかない。それゆえ本章のわれわれの課題はヴィリンゲン宣教会議に関連してミッシオ・デイの始まりを確認し、それとの関わりでバルトの教会論ならびに宣教論を再考察してみるということになる。

(2) ヴィリンゲン宣教会議

一九五二年七月五日から一七日まで、ドイツのヘッセン州ヴィリンゲンで、エルサレムから数えて四回目のＩＭＣの協議会が「教会の宣教的責務」を主題に開催された。第二次大戦後最初のホイットビー大会(一九四七年)

につづく二度目の宣教会議であった。大会そのものについては参加者の多くが、N・グッドールや副議長のH・クレーマーなども含めて、ミッション神学に関して合意に達したとは言えず会議は成功しなかったと感じた。(7) 一方で、当時W・フライタークはこれを評価したし、四〇年以上もたってミッションの三一論的基礎づけを高く評価し「コペルニクス的転回」（J・M・ボニーノ）という言葉を口にする人もいる。(8) われわれははじめにヴィリンゲンまでの会議の歩みを簡単に振り返ることからはじめたい。

(a) 教会とミッション

ヴィリンゲン大会後、IMCは、W・アンデルセン（当時シュレースヴィヒ－ホルシュタイン福音主義－ルター派教会牧師研修所《プレディガーゼミナール》の研究幹事をしていた）に報告文書の作成を依頼した。(9) 報告で彼はミッション事業の神学的考察がヴィリンゲンで新たな展開を見せたという判断に立って、エディンバラ以来の会議の歩みを二つの観点から振り返っている。一つは「教会」と「ミッション」の関係、もう一つはミッション事業の「神学的な理解」である。二つとも有効な視点であり、ヴィリンゲンまでの歩みをアンデルセンの報告に従って辿っておくことは妥当なこと

(4) *Barth*, Die Theologie und die Mission in der Gegenwart, S.187. Vgl., KDI/1, S.495f.504.
(5) Vgl., *Th. Sundermeier*, Theologie der Mission, : K. Müller u. Th. Sundermeier (hrsg.), Lexikon missionstheologischer Grundbegriffe, 1987, S.477.
(6) デイヴィッド・ボッシュ『宣教のパラダイム転換』下、一九九九年、三九〇頁。
(7) Missions under the Cross, Edited by N. Goodall, 1953, p.14. Vgl., *J. G. Flett*, ibid., p.158.
(8) *J. G. Flett*, ibid., p.158.
(9) *W. Andersen*, Towards a Theology of Mission, A Study of the Encounter between the Missionary Enterprise and the Church and its Theology, I. M. C. Research Pamphlet No.2, 1955.

だと思う。

一つは、教会とミッションの関係である。一般にプロテスタントのミッション、とくに一七、一八世紀の敬虔主義の土壌の中から生まれた海外ミッションは、教会から独立した団体の活動として行われた。アンデルセンはまさにそうした事情に二〇世紀になって変化が生じ、われわれは今や、まだそれが十分には到達されていないとはいえ、「教会」と「ミッション」とが深く結びつく「相互依存」[10]の時代の到来の中にいるという。この視点からすればエディンバラ宣教協議会（一九一〇年）は十分なものではなかった。そこではまだ、「ミッションと教会との決定的な出会いの瞬間は訪れなかった」[11]。エルサレム（一九二八年）はどうだったのだろうか。若い教会の多数の参加があって、エルサレムではそれらの教会との関連で、教会とミッションの出会いは前進した。次のようにアンデルセンは総括している、「われわれの目的にとって重要なことは、以下のことに注意することだけである、すなわち、ここで、つまりミッション事業の領域において実在としての教会がその声をまったく誤解の余地のない形で聞かせたということである。エルサレムはこのことが起こった最初の場所ではないと、あるいは言われるかも知れないが、しかしそのことの重要性が一般に認識されるようになったのはここなのである」[12]。次にタンバラム（マドラス、一九三八年）はどうだったのだろうか。アンデルセンは「深甚なる変化」が生じたことを指摘し、さし当たり次のように評価する、「ここでミッションと教会とが互いにしっかり関係し合っていることが認識された」[13]と。教会はミッションを意味し、ミッションは教会を意味する（ハルテンシュタイン）。アンデルセンはエルサレムとタンバラムの間でこのように教会が神学的思考の規定要因として登場したことについて、十分な説明は人間の可能性を超えているとしつつも、その間接要因の一つとしてバルトの名とともにドイツ教会闘争のことを挙げている。こうしてアンデルセンはそこから帰結することをエルサレム宣教会議の論議と対照させつつ、次のようにいう、「ミッションの活動は一つの宗教の、あるいはキリスト教的であっても、そうした宗教の考えや確信を海外で拡大していくところにその本質があるのではない。その照準は非 - キリスト教的宗教を完成にもたらすことにはない。その目標とするところは、人々をキリストの教会のメンバーにすることであり、神の国のために彼らを獲得することである」[14]。諸宗教の価値がエルサレム会議で論じられたことをバルトが厳しく批判したことをわれわれは思い起こす。

アンデルセンが問うたもう一つの観点は、エディンバラからタンバラムまで、ミッション事業それ自身の神学的理解がいかに展開されたかという問題であった。われわれは神学的な反省の始まりをエルサレムに求める彼の見方に同意した上で、アンデルセンの説くところを、ここではタンバラムを中心に辿っておく。

タンバラム宣教会議は一九三八年一二月に開催された。教会とミッションが協議の中心であった。特筆すべきことは若い教会からの参加者が半数をわずかながら越えていたことであった。ミッション事業の批判的な神学的自己検証に貢献したのがＩＭＣの依頼で大会の準備文書として作成されたヘンドリク・クレーマーの『非 - キリスト教世界におけるクリスチャン・メッセージ』であった。アンデルセンが示しているように、クレーマーの出発点は「教会の本質的な本性は何か、世界に対する教会の責務は何か」という問いである。「教会は神的な委託の上に設立された人間的制度にすぎない。しかし教会は、ただキリスト教世界と非 - キリスト教世界とにおける自らのミッションをつねに新しく自覚するようになるときにのみ自らの状況と自らの召命に忠実なのである。教

(10)　*W. Andersen*, p.15.
(11)　*W. Andersen*, p.18.
(12)　*W. Andersen*, p.20.
(13)　Ibid.
(14)　*W. Andersen*, p.22.

会はまさにその本性からして使徒的《アポストリク》なのである」[15]。しかしそのことはクレーマーの論議がつねに教会を中心になされていることを意味しない。彼が把握し記述しようとしているのは「時代と時代の間の」世界であり「移行の中の」世界であり「危機の中の」世界である。彼は時代というものを「教会の基本的な方向づけの再定位にとって唯一の厳しい挑戦となるもの」[16]と理解する。彼は簡単な答えを持ち出すことをしない。むしろ「わずかな新しい刺激やキリスト教的観念やプログラムでは世界の必要を満たすことはできないと考える。反対に彼の目標は読者の注意を『聖書的現実』へと向けさせることである」[17]。報告全体の中心をなすこの言葉でクレーマーはイエス・キリストにおける神の啓示を考えていた。神と人間の新たな関係が啓示された。そこに人間の救いと裁きがあると。それゆえに「教会は形而上学、哲学あるいは神学の領域にあってある種の真理や観念を分け与えることによってこの世を豊かにするために派遣されているのではない。そうではなくてイエス・キリストにおける神の行為を証しするために派遣されているのである」[18]。バルトの影響をここに見るのはおそらく難しくない。

　こうしたクレーマーの発題にすでに含まれており、じっさいタンバラムで行われたミッション事業についての基本的な神学的反省の「しるし」として、アンデルセンは三つのことを上げている。第一に、教会とミッションの相互発見である。それはミッション事業発展の「標識《ランドマーク》」であるだけではない。「それはまたミッション事業自身による自らの本質についての進歩的な神学的再発見のしるしでもあって、未来に対する約束がそこに充ちている。ミッションについて神学的主張をなしたいと願う人はみな教会についても語らなければならない」[19]。しかしアンデルセンによれば、この相互発見は、タンバラムで神学的に最後までつめられることはなく一部は論じられず残された。第二にアンデルセンはタンバラムについて神学的判断を下す場合特別に重要なのは一つには「教会の一性の証し」であり二つ目には「信仰告白を定式化しようとする試み」だとしつつ、タンバラムでなされた神学的作業の性格の特徴として聖書への信頼を上げている。「聖書の中心的重要性が認識され主張された。……かくて〔タンバラム宣教〕会議の論議は、多くの文脈において、将来もっとも有望な仕方で、多くの益をクレーマーによる聖書的現実への招きから与えられた」[20]。第三のしるしは、会議の様子であった。「想像できないほど困難な世界情勢下での会議の見方の落ち着いたしっかりした現実主義《リアリズム》は際立ったものであった。世界を、そして世界の中でのミッションの活動を、幻想なしに、見通すために真剣な試みがなされた」[21]。かくてアンデルセンは、タンバラムを、そこで「教会」と「ミッション」の深い関わりが見いだされたとして、過大評価を慎みつつも高く評価した。またタンバラムの会議は、第二次大戦直前の危機的状況の中で教会のミッション活動を継続させていく上でも大きな助けとなった[22]。

(b) ヴィリンゲン大会

「教会の宣教的責務」(the missionary obligation of the church) というヴィリンゲンの主題設定は、アンデルセンによれば、エディンバラからホイットビーまでの会議の積み重ねとしてまさに「必然」[23]であったという。また

---

(15) *W. Andersen*, pp.27.
(16) Ibid.
(17) *W. Andersen*, p.28.
(18) Ibid.
(19) *W. Andersen*, p.29.
(20) *W. Andersen*, p.32.
(21) Ibid.
(22) *W. Andersen*, pp.32.
(23) *W. Andersen*, p.36.

「世界教会協議会」（WCC）アムステルダム大会の影響もあった。しかしそれだけではなく、この主題の必然性は、世界の政治状況を反映するものでもあった。すでに冷戦は始まっており、前年一九五一年に欧米の宣教師が中国から退去させられるということが起こった。この「中国の影」（W・フライターク）が、歴史における神の働きを問い直し、宣教の意味を問い直す下地となった。後出のアメリカ教会の準備文書「なぜミッションか？」という問いも、そこから理解されるであろうし[24]。同じく『十字架のもとのミッション』という大会の公式報告書の表題の意味もそこから理解される。というのも、「革命的な力をもつ他の諸信仰」[25]と対峙する中で焦眉の課題となったのは、隠された神の支配（十字架）への告白とミッションへの神の召命とであったからである。

1、ヴィリンゲン大会は周到で重層的な準備をへて開かれた。大会期間中は毎夕計一一回の講演がなされた[26]。二年前一九五〇年から五二年にかけて準備となる論文も三〇本近く発表され[27]、さらに各国の教会からは大会に向けて準備文書が提出された。それらの中から二つをとり上げておきたい。一つは、J・C・ホーケンダイクの論文とアメリカ教会の準備文書「なぜミッションか？」である。二つとも大会において重要な役割を演じただけでなく、バルトとの関連も——肯定的意味でも否定的意味でも——深い。

最初に取り上げるのは「批判的」（W・アンデルセン）な意味でヴィリンゲンに貢献したJ・C・ホーケンダイクである[28]。当時彼はWCCの伝道部の初代幹事として一九五〇年から何度となくヴィリンゲンの準備講演に立ち論考を発表した。彼は一九五一年のフロイデンシュタットにおける大陸宣教会議での講演（「宣教思想における教会」）で〈教会‐中心的〉なミッションの思考をきびしく批判した。「〈教会‐中心的〉なミッションの思考は道に迷うことにならざるをえない。なぜならそれは間違った中心の周りを回っているから。『教会はミッションの出発点でありゴールである』というのは結局のところ現象をとらえた言い方にすぎない。われわれはわれわれの〈教会‐中心主義〉にくるまれてしまっていてわれわれの考えがどんなにか論争の的になるものなのかもはや理解できないということなのかも知れない。われわれが『神の国の福音は全世界《オイクメネー》で宣べ伝えられる』というわれわれの愛するミッションの御言葉を何度もくり返すときそれが本当のところ何を意味するのかを理解しようと何度でも試み――〈神の国－福音－証し（使徒の任務《アポストラート》）－世界〉というこの枠の中でわれわれの教会のことを再－考することが良いのではないであろうか」[29]。彼にとってこの「枠の中」でもっとも重要なのは「神の国」と「世界」である。「神の国と世界とは一つである。初代のキリスト教徒のケリュグマは全世界に向けられていない神の贖いの業を知らなかった」。「神の国」はこの「世界」に告げられなければならない。和解と和解の務めを立てることと切り離されないのと同じく福音とそれが宣べ伝えられることとは切り離されることはできない。「福音と使徒の任務（Apostolate）は本質的に一組である」[30]。それではこうしたコンテキストにおいて教会はどこに立つので

（24）Vgl. W. *Günther*, S.74-77. ; *J. G. Flett*, p.136-137.

（25）Missions under the Cross, p.188.

（26）毎夕の講演者と演題は以下の通り。ノーマン・グッドール「ヴィリンゲン――マイルストーンであって、ゴールではない」。M・A・C・ウォーレン「キリスト教宣教と十字架」。ラインホルト・フォン・タッデン「十字架の下の教会」。ポール・ミニアー「契約と委託」。F・W・ディリストーン「聖霊の賜物」。J・ラッセル・チャンドラン「キリスト教宣教と歴史の審判」。L・ニュービギン「キリスト教的希望」。アルフォンソ・ロドリゲス「神の召命」。オットー・ディベーリウス「神の同労者」。ジョン・A・マッカイ「大いなる委託と教会」。E・J・ビングル「教会の宣教」。Vgl. Missions under the Cross, p.9-184.

（27）Missions under the Cross, p.257-258.

（28）Vgl. *D. Manecke*, Mission als Zeugendienst, Karl Barths theologische Begründung der Mission im Gegenüber zu den Entwürfen von Walter Holsten, Walter Freytag und Joh. Christian Hoekendijk, 1972.

（29）*J. C. Hoekendijk*, The Church in Missionary Thinking, in : International Review of Missions, July, 1952, p.332.

あろうか。ホーケンダイクは次のようにいう、教会は「たしかに出発点にも終わりにも立たない。教会はこうしたコンテキストの中で固定した場所をもたない、教会は神の国を世界に現実に宣べ伝えるかぎりにおいて出来事となる。……教会の本質はその機能によって、すなわちキリストの使徒的任務への参与ということによって十分に定義される。神の国の福音を全世界（オイクメネー）に宣べ伝えることが教会の主要な業である。事実、それは教会の業ではまったくなく主の業である」[31]。この最後の部分にホーケンダイクは注を付し、バルトの『教会教義学』の一つの箇所を参照するように指示した[32]。こうした彼の立場は、ヴィリンゲンの協議に、どの程度受け入れられたかどうかは別としても、強い刺激を与えたことは明らかである。W・ギュンターはホーケンダイクがキリスト者の本質と課題を「証人」であることに見いだしている点や、バルトの後の言葉で言えば「世のための教会」と通底する彼の教会理解など、バルトのミッションの思想を彼が実り豊かに示したとして高く評価した[33]。

次に取り上げるのはアメリカ教会による準備文書『なぜミッションか？』（Why Missions?）である。これはヴィリンゲンの主題解明のために米国のキリスト教協議会が一九五〇年一〇月から五回の協議会を開催し一九五二年二月に発表した「序言」と五つの節からなる文書である（Ⅰ．宣教的責務とその根拠。Ⅱ．キリスト教のミッションと三一の神。Ⅲ．福音。Ⅳ．神の同時代性の方策。Ⅴ．退路を断っての前進）[34]。文書は、とくにⅡ節で「宣教的責務」の「根拠」を問うてそれを「三一の神」に求めた。これがこの文書の要諦である。それはどのようにしてであろうか。

この文書で一つの鍵となる概念はイエス・キリストの「主性《ロードシップ》」である。それを文書はとりわけ世界との関連できわめて生き生きと、かつその広がりの中でとらえている。そこに特色があるといってよい。「イエス・キリストにおける神の現実《リアリティ》のこの世界における明快で説得的な証しは動的《ダイナミック》な責任であり、静的なそれではない。このことはキリスト教ミッションの委託、使信、動機が再‐検証、再‐定式化されなければならないことを意味する」

(p.2-3)。ミッションを基礎づけるのに「排他的にイエス・キリストのみに集中するだけでは十分ではない」(3)というのがその意味である。文書によれば「大伝道命令」（マタイ二八・一九〜二〇）においてイエスの委任が三一の神の名に結びつけられることによって、イエス・キリストは個人の救いと文化のキリスト教的変容との両方を意味していることが明らかにされた。ミッションとは言葉と行為とにおいてそうした世界における、世界に優越するキリストの力を証しすることにほかならない。とすれば総括的に次のように言ってよいであろう。「福音と現在の状況とにおける三一の神のダイナミックな働きはダイナミックで総体的な応答を呼び求める」(27)と。この応答がミッションである――あるいはそれは「責務」（義務）というような言葉にはなじまないのかも知れない。文書はキリスト論から三一論へと展開した古代教会との並行関係を二〇世紀のキリスト教の歩み、とりわけミッション運動の歩みの中に見てとって、次のようにいう。ミッション活動は「もたもたした仕方ながら、変

(30) Ibid., p.333.
(31) Ibid., p.334. 参照、ホーケンダイク『明日の社会と明日の教会』（戸村政博訳、一九六六年）所収の「神の国の手段としての教会」。
(32) KDIII/4, 538ff. が指示された。バルトはそこで福音を宣べ伝えていくことを教会の「本来的ナ業」とし、教会はそれ自身のためにそこにあるのではなく、福音のためにそこにあると記した。Vgl., Ibid., S.579.
(33) Vgl. W. *Günther*, S.79ff.
(34) P・レーマンを座長として、R・ニーバーやP・ミネアーなど教派に配慮しつつ選出された有力な人物一七人が委員会に名を連ねている。IMCのガイドでは二つの方向からの解明が求められていた。すなわち、「教会の普遍的な宣教的責務を（1）永遠の福音に基礎づけられているものとして、（2）現在の歴史的状況との関係において、再言すること」（1）である。これに答えるべく委員会はレイマン・レポート（Layman's Report）やH・クレーマーの著作などを手引きとしつつも困難な時代に生きるキリスト者であるという原点に立ち返って「一から」議論した――と「序言」は述べている。

化する世界におけるその場所とそのタスクに対する確かな本能をもって、エディンバラ（一九一〇年）からマドラス（一九三八年）へその進路をだんだん明瞭にしてきた。……二〇世紀において――神の摂理と人間の混乱――その思想と生活において三一論的な方向に進んだことでその使徒的な原型に従った。……厳格なキリスト中心主義から徹底した三一論へ――これこそが宣教の神学の、宣教の方策の、宣教的責務の方向性にほかならない」（4-6）。文書は如上のミッション理解に立って大陸神学、とり分け弁証法神学を「御子のユニテリアニズム」（7）として批判する。それは宣教課題を「魂の救い」に縮減してしまったと。「宣教の責務は……魂の救済の義務にあるのではない……そうではなくて三一の神が世界でなした、またなしつつあることに対する教会の鋭敏でトータルな応答である」（6）三一の和解の神に奉仕する宣教は、その実践的ストラテジーにおいて、「ミッションの地域的・財務的拡張のためのよくできた秘書的な策略、その効果的な管理というのではない、そうではなくて個人的な生活と文化的・社会的な様式の形成と変容における言葉と行為による創造的な企てである」（ibid.）。文書は最後に委員の一人であるH・R・ニーバーの著作を引用しながらエキュメニカル神学にとっての三一論の重要性を強調している。ヴィリンゲンに与えた影響をW・ギュンターもいうように過大評価できないとしても、三一論がエキュメニカルな宣教論に入って来るに際し重要な役割を果たしたことは間違いない。[35]

2、本大会（代議員一八一人）の協議は主題別につくられた五つのグループによって深められた（グループⅠ．教会の宣教的責務。Ⅱ．現地教会。Ⅲ．現在の状況における宣教協会の役割。Ⅳ．召命と訓練。Ⅴ．宣教活動の形態の再検討）。それぞれに七つの下位セッションをもつこれらのグループによって報告が作成され全体会で周知された。さらにそれが六つの地域別参加者グループの議論をへて全体会に戻され、採決に回された。[36]

従来の教会とミッションの密接なつながりの確認を受けてそれをさらに神学的に考察するというのがこの会議の課題であったとすれば、それに答えようとした代表的文書が全体会で採択された「教会の宣教的召命に関するステートメント」であった。宣言文としてのその完成度はともかく、ここにはヴィリンゲンが打ち出した教会とミッション理解の方向性が明らかに示されている。われわれもここでそれを確認したい。このステートメントの特色はミッション事業を直ちに教会に基礎を置くものとせず、それを歴史における神の救済計画、あるいは救済行為というもっとも大きなコンテキストの中に位置づけるところにあるといってよいと思う。そしてこのステートメントにミッシオ・デイの最初の言表の一つが見られる。[37]

ステートメントは全部で五項目からなる（第一項「宣教の状況と神の支配」、第二項「教会の宣教的責務」、第三項「トータルなミッションの働き」、第四項「世との連帯」、第五項「時の徴を見分けること」）。第一項（「宣教の状況と神の支配」）はわれわれが当面する「状況」を「革命的な力をもった他の諸信仰が、すなわち、速やかにしかも広範に勝利し、キリスト教の宣教活動にイスラムの勃興以来直面したどれよりも鋭い挑戦を示している」とし、聖霊はわれわれにこう語っているという、『『汝の頭を挙げよ、汝の贖いは近い』』。われわれの言葉はこの暗い時代にあって退却

（35）*J. G. Flett*, ibid., p.136-149.

（36）ヴィリンゲン宣教会議の最終的な決議文書は以下の通り。「教会の宣教的召命に関するステートメント」（グループⅠの報告。採択）。「宣教と一致への教会の召命に関するステートメント」（グループⅠで準備され、採択）。「現地教会―地域に置かれた普遍的教会」（グループⅡの報告。採択）。「宣教協会の役割」（グループⅢの報告。採択）。「宣教の召命と訓練」（グループⅣの報告、採択）。「宣教活動の形態の再形成」（グループⅤの報告、採択）。「解釈と行動に関する委員会報告」。「若い教会の代議員のステートメント」。「年長の教会の代議員による一つの評議」。「宣教の責務の神学的基礎」（グループⅠの「中間報告」。会議のステートメントとしては採択されなかった）。「ペンテコステ派の指導者たちのステートメント」（デュ・プレシ、ヴィリンゲン陪席）。このうち最初の二つが会議の責任によるステートメント。

（37）*W. Andersen*. p.40.

のそれではなく前進のそれである。……われわれはわれわれ自身をではなく十字架につけられたキリストを宣べ伝える――それは人間には敗北のメッセージに見えるかも知れないが、その秘義を知っている人にとってはまさに神の力である。ここに立場を置くわれわれはどんな災厄によっても意気消沈することができない。というのも、われわれは神こそ歴史の革命的諸力を支配しており、その決意を十字架の隠れた力によって実行するということを知っているからである」。第二項は表題が示すようにこのステートメントの中心であり、「十字架につけられたキリストを宣べ伝える」、すなわち教会の宣教活動を三一の神に基礎づける。重要なので、あえて全文を引いておこう。

（第二項）

われわれをその一つのパートとする宣教運動の起源は三一の神ご自身にある。御父は、われわれに対するその愛の深みから、愛する独り子を、すべてのものをご自身と和解させるために遣わした。それは、われわれも、またすべての人々も、聖霊を通して、御子において、神のまさに本質であるところのその完全な愛において御父と一つとされるためである。以下の諸テーゼにおいて、われわれは、すべての場所ですべての人に対して神の証人であるために教会に与えられている義務と権威の本質の説明を試みる。

1、神はすべてのものとすべての人間を創造した。それらにおいて神の愛の栄光が反映されるためである。それゆえに何一つ神の贖いの愛の範囲から除外されていない。

2、すべての人間は共通した神からの疎外のうちにある。だれもそこから自分自身の努力で逃れることはできない。

3、神はすべての失われた者たちを探し求め救うため一人の救済者を、一人の牧者を遣わした、また一人の贖罪者を、すなわち、彼の死と復活と昇天とによって人間と神との間の障壁を打ち破り、完全な和解を成し遂げ、彼自身において新しい人類をつくり挙げられたキリストが頭として治める彼の体を創造した一人の贖罪者を遣わした。

４、この成し遂げられた業を基礎として神はその霊を、イエスの霊を遣わした。われわれを彼において一つの体として集め、われわれをすべての真理へ導き、われわれが霊と真理をもって父を礼拝することができるようにし、われわれに力を与えて、彼の証人、使者、その完成の初穂、手付金として、彼のミッションを継続させるためである。

５、聖霊によってわれわれは、以下の二つのことを二つながら可能ならしめられている。キリストの使者として前進しすべての人が神と和解せしめられるよう願うことと、それゆえ神がそのもっとも確かな約束をわれわれに与えられたその愛の最後の勝利への確かな信頼をもって待つことである。

キリストにおいて選ばれ、キリストによって神との和解を受け、彼の体の肢、彼の霊を分け与えられた者、御国の希望による相続人とされたわれわれは、まさにこれらの諸事実によって、贖いのための彼の派遣《ミッション》に完全に参与するように委託を与えられている。世界に対する彼の派遣《ミッション》に参与することなしにキリストへの参与はない。それゆえに教会は同じ神の行為によって自らの存在と自らの世界－派遣《ミッション》を与えられるのである。「父がわたしを遣わしたように、わたしはあなたがたを遣わす」。

かくて教会のミッションは神による御子のミッションに参与して「彼のミッションを継続させる」ところにその本質が存する。この教会のミッションには、第三項によれば、限界はない。すなわち、「地の果てまでであり、すべての国民に対してであり、時の終わりまで」である。また「ミッションは、地理的な拡大と、生活のあらゆる領域への徹底的な浸透と、この両方をふくむ」。さてこのステートメントは教会を「証人」と規定し、その宣教活動を「証し」と表現した。第四項は「証し」を次のように説明する、「教会のミッションの言葉と業、その在り方全体が、神がキリストにおいて為した、いま為している、為すであろうことへの証しでなければならない。しかし『証し』（witness）という言葉は、教会が世に対してその上に位置するということを、世から分離しているということであれ世を上位の正義や安全の立場から見るということであれ、決して意味しえない。教会は世の中にあり、そして教会の主がご自身を人類と完全に一つとしたように教会も同じようにしなければならない。教会がその主に近づけば近づくほど教会は世に近づく。キリスト者は世から切り離された孤島に生きているのではない、すなわち、彼らはこの世における神の民である」。それゆえ教会は世に連帯する。連帯を否定するなら教会は福音の伝達の可能性を否定することになる。最後に、第五項によれば、われわれは人間の目に暗黒と混乱の時代と見える中にあって神の主権的支配の確かな徴を見分けなければならない。ステートメントの終わりの部分で、次のように述べられる、「何よりもわれわれは、このような時代に、われわれの主ご自身によって、前進するようにという主の命令を見分けるべく勇気を与えられているのである」。

この「教会の宣教的召命に関するステートメント」はグループⅠの最初の報告「宣教の責務の神学的基礎」を改訂してなったものであった。最初の報告が全体会で承認されず「中間報告」として扱われたため、最終レポート起草のための四人委員会（L・ニュービギン〔長〕、P・レーマン、R・チャンドラン、K・ハルテンシュタイン）によって一晩で作成され大会最終日に採択された。一人こもって最終案をまとめたニュービギンはもとの議論を十分関知しておらずそのため最終レポートは彼自身の「発明」[38]のように見えるというJ・G・フレットの感想はわれわれには興味深い。中間報告と最終案の距離感に納得した全体会はこれを採択した（ブラクサル）。いずれにしてもこの「ステートメント」がミッション活動を三一の神に基礎づける、すなわち、ミッシオ・デイの最初の文書であることは間違いない。

第二節　バルトの宣教の教会

（1）生ける神――J・G・フレットの理解

ブッパータールの宣教学者J・G・フレットはミッシオ・デイをバルト神学から再構築するという興味深い試みをしている[39]。われわれは第一節でミッシオ・デイをさし当たりミッションを三一の神に基礎づけるという最も広い意味でとらえていると言った。フレットによればこうしたミッシオ・デイの試みのどれもが「神の存在と行為の分裂」を根底にもつ「全く同じ欠陥をもった三一論信仰（Trinitarianism）」（287）に依存しているという。なぜそれが問題かといえば、派遣という言葉が用いられるとしても、この神の派遣の行為が神の本質から切り離されているかぎり、ミッションは人間的なこと、偶然的なこと――「ただ既存の制度の派生的な機能、差し迫った危機的環境への防御的反応でしかありえず、それゆえその既存の制度の維持だと非難されるしかありえない」（ibid.）――であることを免れないからである。フレットはこの神の「本質存在」（being）と「経綸」（economy）の分裂あるいは二分法（dichotomy）を克服するものとしてバルトの「生ける神」の理解に訴える。そしてこうし

（38）Vgl., *J. G. Flett*, ibid., p.154. レスリー・ニュービギン『宣教学入門』、二〇一〇年。第三章「三位一体の神の宣教」（三九頁以下）参照。

（39）*John G. Flett*, The Witness of God.（本文内の数字は頁数を示す）。

た「生ける神」をフレットは「宣教の神」(missionary God)と呼ぶ。「神はご自身を人間のためにある、また人間と共にあるものと規定したがゆえに宣教の神である」(288)と。この生ける神にフレットは、バルトに従いつつ、宣教の真の基礎と動機を求めていく。

「生ける神」はバルトにおいてその初期から晩年にいたるまできわめて重要な神概念の一つであった。『ローマ書』(第一、第二両版)で聖書のまことの神を表すためにも用いられた[40]。ただ『ローマ書』では——この時期、すなわち、一九一〇年代半ばの説教に最初に登場する——「未知の神」というような言葉と一緒に現れて、神の神性、すなわちその絶対性・超越性における神を含意するために用いられる。これに対して戦後バルトは『教会教義学』「創造論」「和解論」などでも「生ける神」を多く用いたが、神の絶対性を表すものとしてではなく、ここでフレットが依拠しようとしている意味で人間との生きた関わりの中に自らを移し入れる神を表すものとして用いた。テキストを引いておこう。「恵み深くない神、人間に味方したまわない神は、偶像であって、まことの生ける神ではない[41]」。「生ける神がわれわれに対して現臨したもうということ、そのことがわれわれの現在をただ単に実在にするばかりでなく、また重みと内容あるものに、それ故重要なものにするのである[42]」。しかしこの神は人間と世との関係の中で生ける方であるだけではない。むしろご自身において生ける方である。バルトは神論の「恵みの選びの教説」において「選ぶことの中で生ける神[43]」を語ったし、決定的には次のように言われる、「神が、その啓示によれば、三一の神でありたもうことによって、神がご自身の中において生ける神でありたもうということについて、決定がなされているのである[44]」。神の経綸、すなわち、イエス・キリストにおける神の啓示においてわれわれに開示されるのは、神の内在的な三一の存在であり、この神の三一性が神の生命性を決定する。この三一性は静的な構造としてではなく自己の外への動的かつ生命的な運動においても理解されなければならない。これがバルトの三一論の要諦といってよい。

恵みの神、すなわち、存在と行為、内在と経綸が一つである生ける三一の神として人間のために人間と共にある神、この方をフレットは、やはりバルトに従って、イエス・キリストにおいて見る。神と人の真の出会い、その真の交わりが永遠から神ご自身に属することがイエス・キリストにおいて啓示された（「復活は人の子を永遠の神の子として啓示した」〈ibid.〉）。このイエス・キリストにおいて和解が遂行され彼ご自身がその証人、「真の証人」[45]にほかならない。「イエス・キリストは真の証人である。つまりこの交わりの統一性は表現的《エクスプレシヴ》であって、その外部に向かっての包括的運動から切り離されて理解されることはできない。……イエス・キリストはその預言者的職務の行使において生き、かつ活動的である」（289）。われわれもここでフレットと共にバルト独特の言

(40)　*Barth*, Der Römerbrief (Zweite Fassung) 1922, GA II (47) S.452.
(41)　*Barth*, KDIII/2, S.741.
(42)　*Barth*, ibid. S.641.「この主は、常に、いたるところ、現臨し、活動的で、責任をとり、全能の仕方でその場にいたもう。決して、どこにおいても、死んだ神としてではなく、常に、いたるところ生ける神として、決して眠っているのでなく、常に目を覚ましつつ、どこにおいても無関心でありたもうのでなく、すべてのことに参与しつつ、どの点においても決して単に傍観的ではなく、むしろ、あらゆる点において……主導権を振いつつ、その場にいたもう」（KDIII/1, S.13）。
(43)　*Barth*, KDII/2, S.84.
(44)　*Barth*, KDIV/1, S.626.
(45)　*Barth*, KDIV/3, S.425.

葉を借りて、イエス・キリストの生は、和解において、イエス・キリストの預言者的職務において「自己自身を、増殖する歴史である」[46]と言わなければならない。「それは他の多くの時代の他の多くの人々の歴史を開始し……彼らを神の現臨へと、そのようにしてキリストご自身の歴史への活動的な奉仕へと向かわせる。これはたんにイエス・キリストと共にあることではない、そうではなく一つの活動的な生ける歴史、一つの交わりであって、その交わりの中で彼らは後続の主体となる」（ibid.）。神の呼びかけの結果としてまた呼びかけの内部に存在するキリスト教会（christian community）は宣教の教会（missionary community）であるほかない。総括的にフレットは次のように述べる、「神は人間存在を神の証人となるように呼びかける。……宣教の神には……その完全な行為の直接的な帰結として教会の応答が必ず伴う。キリスト教会は必然的に宣教の教会である。なぜなら世のためにする意図的な運動において表現的なこの〔教会の〕存在は永遠から神ご自身に属するまさに神と人間との交わりの本質であるから。キリスト教会は宣教の教会である。そうでなければそれは神の和解の教会ではない」（290）[47]。

　この宣教の教会について、バルトを踏まえながらフレットが指摘する中からいくつかのことを挙げておきたい。第一に宣教の行為は、この（復活と再臨の）中間時にあって将来の救いの完成とは切り離された間に合わせの働きというのではない。「教会は希望のうちに和解の成就を待っているが、和解の本性は教会の現実において成就されている。……宣教の活動は希望の現実である」（291）。第二にフレットは、「イエス・キリストは教会である」とは言えても「教会はイエス・キリストである」とは言えないというバルトの認識を援用し、「神の宣教（missio dei）は教会の宣教（missio ecclesiae）である」が、「教会の宣教は神の宣教ではない」という。「ミッションは教会が所有している何かではありえない。なぜなら教会は孤絶して存在していないのであるから。教会は生ける交わりであって、そこでは神が主権を保持し教会は応答において生きる。この秩序づけられた同一性は教会が聖霊によって教会の主に従いつつ世に赴くとき生きたものとならねばならないことを意味する」（ibid.）。この同一性は聖霊における生ける神の行為によって担保される。それゆえフレットによれば「キリスト教会の具体的な形はあらゆるステージにおいて神の国を宣べ伝えつつ意図して世に赴く宣教の教会のそれである」(292)。第三にフレットによれば、宣教の教会は自己自身を目標としない「証し」(293)の教会、「世のための教会」(ibid.)である。「世とのこの連帯は教会の聖性の本質である。なぜなら他のだれもこの務め(task)を与えられていないのだから」(ibid.)。第四に、宣教の教会としてのキリスト教会は和解の教会である。「彼の教会は和解を受けた、和解する教会として生きる。……キリスト教会は神の和解の教会として宣言的団体(a declarative fellowship)である、すなわち、神の敵とされる人々に、和解の現実の知識・愛・力において近づく、そのようなものとしてのみ存在する」(294)[48]。したがって和解の教会が行うのはいわゆるプロパガンダではありえない(ibd.)。イエス・キリストの教会はキリストが「さまざまの苦しみによって従順を学んだ〔ヘブル五・八〕」ように「神がそのためにいます世へとキリストの召命を受けて赴くことによって従順を学ぶ」(295)。教義学の言い方をすれば、「教会はつねに改革される教会としてのみ存在する」(ibid.)といってもいい。最後にフレットは、ミッションが位置をもたないような教義学に疑問を呈しつつ(「要するにミッションの不在は神の教説に有害な影響を及ぼす」(296))[49]、強制されたキリスト者はキリスト者ではないというバルトの言葉を引き[50]、「喜び」(joy)こそが宣教の活動の源泉であ

(46) *Barth*, KDIV/3, S.242.
(47) Vgl. *Barth*, KDIII/3, S.74, III/4, S.578.
(48) 和解を受け和解の証しと告白に生きる教会をフレットは「宣言的団体」と呼ぶ。和解の現実の「知識」と「愛」と「力」おいて世に関わるとは、後述するバルトの世のための教会の「活きた根」、すなわち「認識」と「連帯」と「共同責任」とに重なる。(2)の(a)を参照。
(49) Vgl. *Hennig Wrogemann*, "Mission" als Thema und Desiderat Systematischer Theologie, in : Verkündigung und Forschung 49, Issue 1 (Sep. 2004).

る（297）と語り、その貴重な研究を締めくくった。[51]

（2）世のための教会の基底としてのミッション

バルトの宣教理解の大筋をわれわれはJ・G・フレットによって辿った。むろんそこに彼の解釈が加わっているが、少なくとも宣教《ミッション》の、神における起源という問題では彼の議論はおおむね受け入れられるように思われる。「神の宣教は教会の宣教」とはいえても、その逆はいうことができなかった。この「教会の宣教」を人間的なもの、恣意的なものとしないために宣教の起源（terminus a quo）だけでなく教会の目的論（terminus ad quem）が問われなければならない。何のために、どこへ向かって教会は存在するのかと。そこでこの項目でわれわれはバルトの「派遣の教会」論を取り上げることになる。

教義学のシステムの中に「宣教《ミッション》」が少数の例外を除いて含まれていないことを嘆くフレットに前項で言及しておいたが、バルトはまさにその少数の例外に属する。彼はすでに『倫理学Ⅱ』（一九二八〜二九年）に「教会は、それが生きている所では、常にまた伝道する教会（Missionsgemeinde）である」[52]と記し、戦後、「創造論」とそれに続く「和解論」ではそうした言葉を何度かくり返しながら、[53]「和解論」第三部の派遣の教会（世のための教会）論でミッションを教会の存在の、またその奉仕《ミニストリー》全体の「根底」[54]とするに至った。われわれははじめに派遣の教会論の輪郭を辿り、その後にミッションの意味ならびに諸問題をバルトに従って考察する。

（a）世のための教会

教会は和解の秩序である。教会論はバルトにおいて和解論にその場所《ロークス》をもつ。周知のように彼は『教会教義学』「和解論」三部（一九五三～五九年）でキリスト論との密接な関連において教会論を展開した。[55] 彼のキリスト論は「包含的キリスト論」[56]であり、人間的諸領域を含み聖霊の働きにおける教会論も規定する。その内容を短く表現すれば、「教会の集合」（「和解論」第一部）、「教会の建設」（第二部）、「教会の派遣」（第三部）となる。われわれが取り上げるこの第三部は「真の証人」イエス・キリストのもとに和解の現実として人間の「召命」を、教会における聖霊の働きとして「教会の派遣」を語る。使徒的教会論であり、「世のための教会」論である。

ところで組織的に見て重要なのはバルトの教会論が予定論から始まっていることである。バルトは『教会教義学』「神論」第二巻で予定論を「神の恵みの選び」として展開した。神が身を向けたもうことを語るのが「恵みの選び」[57]にほかならない。「まさに実在の神（Der wirkliche Gott）こそが、キリスト教の認識によれば、ただこのように身を向けたもうことの中でだけ、現にあるところのものでありたもう。この人間〔イエス〕に身を向けた

（50）*Barth*, KDIV/3, S.608.
（51）Vgl. *John G. Flett*, Versammlung, Auferbauung und Sendung der christlichen Gemeinde, in : M. Beintker, G. Plasger und M. Trowitzsch (hg.), Karl Barth als Lehrer der Versöhnung (1959-1968), Vertiefung-Öffnung-Hoffnung. Beiträge zum Internationalen Symposion vom 1. bis 4. Mai 2014 in der Johannes a Lasco Bibliothek Emden, 2016. S.117-137.
（52）*Barth*, Ethik II 1928/1929, GA II (10), S.313.（『キリスト教倫理学総説Ⅱ／1』）。
（53）*Barth*, KDIII/2, S.610, III/3, S.74, S.578, IV/1, S.168, IV/2, S.305, IV/3, S.954, S.1003.
（54）*Barth*, KDIV/3, S.1002.
（55）拙著『カール・バルトの教会論――旅する神の民』二〇一五年、参照。
（56）KDIV/1. S.391.
（57）*W. Kreck*, Grundentscheidungen in Karl Barths Dogmatik, 1983, S.188-283. *E. Busch*, Die Grosse Leidenschaft, S.119-124.

もうことの中で、また彼において・彼を通して彼の民として一つに結び合わされたほかの人間たちに身を向けたもうことの中で〔だけ〕！」[58]。これを少し敷衍すれば、「神の恵みの選び」としての「イエス・キリストの選び」（三三節）に人間たちの選びが含まれる。この人間たちは「彼の民として一つに結び合わされたほかの人間たち」である。それゆえにこの「彼の民」、すなわち「神の民《ゲマインデ》の選び」（三四節）が、「個人の選び」（三五節）の記述に先行する。じっさい聖書もバルトがいうようにイエス・キリストの選びから直ちに個人の選びに向かうのではなく、「ひとりの仲保者イエス・キリストご自身の現実存在を反映する」[59]「中間の、また仲介的な選び」[60]に視線を向けている。この「神の民」、すなわち、イスラエルと教会は、その現実存在を通してイエス・キリストが全世界に証しされ、全世界が彼を信じる信仰へ呼び出されるために、その証しの奉仕のために選ばれた。教会は自己目的的に存在するのではない。とすれば教会の目的論が、すなわち「何のために」が問われなければならない。この目的論という問いに「和解論」第三部が与えた答えが「世のための教会」であった。

「世のための教会」という分節を含む『教会教義学』「聖霊とキリスト教会《ゲマインデ》の派遣」（七二節）は「世の出来事の中にある神の民」（一）を基礎論とし、「世のための教会」（二）、「教会への委託」（三）、「教会の奉仕」（四）の四分節からなる。

基礎論の「世の出来事の中にある神の民」でバルトが問うているのは三つである。世の出来事とは何か、世の出来事の中にある教会は自分をどのように理解したらよいのか、そして教会はその中でどのような仕方で存在しているのか。その答えは第一に、世を、教会はイエス・キリストにあって見る。そのとき世は、「神との世の和解。神の前での人間の（すべての人間の）義認と神のための聖化。そしてそれと同時に、その根源における人間混乱の根絶。また世の出来事における秩序の回復」[61]である。第二に、教会とは、そうした和解の現実と認識において「自分たちに固有な決然たる姿（その信頼・決断・希望を伴う決然たる姿）で生きる人間の群である」[62]にほかならない。そこで第三にどのような仕方で教会は存在しているのか。教会は自らの信仰や愛や希望に基づいて存在しているのではない。そうではなくて神の秘義において存在している、すなわち、イエス・キリストと聖霊によって存在している。「わたしが生きるので、あなたがたも生きる」（ヨハネ一四・一九）、あるいは「教会の存在は、イエス・キリストご自身の存在の一つの述語であり、一つの次元である」[63]。というのがキリスト論的に見た場合教会の存在において妥当している秩序である。これはまた聖霊論的にも言い表されなければならない。すなわち「聖霊の恵みの働きによって、彼の証人たちの群は、世の出来事のただ中に存在し、存続する」[64]と。

第二分節「世のための教会」と第三分節「教会への委託」は「教会への委託」を先に見ておくほうが分かりやすい。というのも教会には一つの「委託」が与えられていて、教会はその「遂行」のために世に遣わされるからである。その委託は何か。委託とは、委託の内容であるイエス・キリストその方、「神の慈しみの然り」[65]、一言で言えば「福音」[66]を名宛人である人間に証しすることである。名宛人たるこの人間とその状況についてバルトはこう書いている、「教会は、自分の委託に対して忠実であれば、〈壁ノ外デモ内デモ〉教会への委託の内容をまだ認識

（58）*Barth*, KDII/2, S.6.
（59）Ibid., S.217.
（60）Ibid., S.216.
（61）*Barth*, KDIV/3, S.814.
（62）Ibid., S.826.
（63）Ibid., S.863.
（64）Ibid., S.872.
（65）Ibid., S.916.
（66）Ibid.

せず、その限りにおいて外に立っていて、認識を持たず、それを極度に必要とする人間を、教会は相手にするのだ〉ということを、極めて現実的に自覚しているであろうが、しかしそれならばこそいよいよ、〈その人間は、そのような認識を持たぬ状態にあっては、すでに神の意志と御業によって乗り越えられ過去のものとされ処理されてしまった地位にいるのだ〉ということについても――すなわち、〈本当は、人間は、神の前で、教会が人間に証しすべき神のみ言葉によってあるであろう者で、すでにあるのだ〉ということについても、同様に現実的に自覚しているであろう。……」[67]。そうでなければ人間が福音の証人となり、証人であることは決してできない。世が神の和解を受けたということが証人であることを可能にし、それを求める。その「証し」――それが教会の奉仕《ミニストリー》の本質――とはこの場合知っている者が知らない者に語りかけることではない。それは「神が彼らをも創り愛したもうという事実……、イエス・キリストが彼らのためにも死んで甦りたもうたという事実……、神のみ言葉を聞いてそれに従うということが彼らにとっても最初にして最後の定めだという事実」[68]を認識しているということでもある。こう言ってもよい。「教会にとっては、人間を、神によって愛されている者たちとして認識しつつ、教会としても愛し、愛しつつ語りかけるということ以外に、なすべきことがあろうか」[69]。教会はこうして委託を遂行するために世に遣わされる。教会は世のために存在する。世のためにという在り方以外の仕方で神のために存在することはない。バルトが第二分節「世のための教会」で語っていることはそうした委託遂行の前形態、あるいは本質的な要素である。バルトはそれを三つ挙げる。第一に教会はそしてその構成員はこの世がどんなものか、和解を受けた世であるということを、したがって人間がどんなものか、神がそれを知るまま知っているということである。第二に、教会には、イエス・キリストがそうであるように世と連帯的に振る舞うことが許されているということである。そして第三に、教会は、世における神の働きに能動的に共同の責任を負うことが許されているということである。かくて神が知るままに世を知り、これと連帯し、共同の責任を負うこと――これをバルトは

「活きた根」[70]という――このことが教会の時々の具体的在り方の如何を越えて教会を不断に教会たらしめ、不断に世のための教会たらしめる。「イエス・キリストの教会は、世のために存在する。……まさにそのようにすることによって、そしてそのような仕方で、教会は、神のために存在する。……まず第一に、そして何よりも、神が、世のためにいますのである。そして、イエス・キリストの教会が、先ず第一に、そして何よりも、神のために存在するときに、教会も、それなりの仕方で、その置かれた場所において、世のために存在するよりほかにない」[71]。こうした認識に二つの聖書箇所、すなわちヨハネによる福音書三章一六節（「神はそのひとり子を賜ったほどに、この世を愛して下さった。それは御子を信じる者がひとりも滅びないで、永遠の命を得るためである」口語訳）とコリント人への第二の手紙五章一九節（「神はキリストにおいて世をご自分に和解させ、その罪過の責任をこれに負わせることをしないで、わたしたちに和解の福音をゆだねられたのです」口語訳）が重要な手引きとなった。神が世をご自分と和解させたということは教会をして非キリスト教的世界との関わりを不可避なものとする[72]。教会は世に対する和解の証人として召し出される。これこそが教会は何のために、どこに向かって存在するのかという教会の目的論という問いに対するバルトの答えであった。それはミッションの遂行、すなわち証しであり、証人であることであった。

---

(67) Ibid., S.923.
(68) Ibid., S.975.
(69) Ibid., S.976.
(70) Ibid., S.879.
(71) Ibid., S.872.
(72) 「世は、イエス・キリストなしには、また彼の御業と御言葉なしには破滅したものであるが、しかし、世は、仮に教会が存在しなくても、破滅したものではないであろう。それに反して、教会は、世を相手方として持たなければ、破滅したものであろう」(KDIV/3, S.946)。

(b) ミニストリーの基底としてのミッション

バルトが直接にミッションについて語るのはいまわれわれが取り上げている「聖霊とキリスト教会の派遣」(七二節)の第四分節「教会の奉仕(Dienst)」においてである。「委託」の内容を「名宛人」に証しすることが「教会の奉仕」であった。この場合「奉仕」は一般にミニストリー(職務)という言葉で理解されているものに等しい(後出のディアコニーのことではなく、それを包括する概念である)。この第四分節でバルトの考察対象は三つである。第一に委託の遂行としての奉仕とは何か。第二に奉仕の本質。第三に奉仕の諸形式である。これら諸形式が具体的な職務になる。それぞれに短く説明すれば、第一にバルトは奉仕の本質を限定・限界づけられているが約束に満ちたものと説明する。第二に奉仕の本質は「証し」にある。そして第三にバルトは世のための教会のミニストリーとその遂行を問う。

バルトはミニストリーとして以下の一二を列挙した。「礼拝」「説教」「教育」「福音伝道」「ミッション」「神学」「祈り」「魂への配慮」「模範の提示」「ディアコニー」、「預言者的行動」そして「交わりを基礎づけること」である。バルト自身の分類によればはじめの六つ「礼拝」から「神学」までは語ることによる行動の奉仕であり、「祈り」以下の六つは行動することによる語りの奉仕である。ただしそれらは互いに交錯し合っており厳密な意味では分離できないとバルトはいう。「福音伝道」とはいわゆる内国伝道のことであり、「ミッション」とは諸国民《フェルカー》、すなわちユダヤ人でない異邦・異教の民に福音を証しすることである[73]。教会はミッションによって発足し自分を越えて今日までその必然的な歩みを重ねてきた[74]。バルトはここで伝統的な教会の諸奉仕を世のための教会の証しの奉仕という観点から再解釈を試みた。

「ミッション」をわれわれは取り上げる。われわれはJ・G・フレットの研究などを参考にしながらここまでバルトにおいてミッションが神の存在と行為の本質に根差すことを確認した。広い意味でミッシオ・デイといってよいであろう。しかし同時にバルトにおいて教会の宣教《ミッシオ・エクレシアイ》がイエス・キリストの神の民《ゲマインデ》（イスラエルと教会）の選びに基づいて本質的な意味をもつことも明らかにしてきた。「ミッション」をバルトが一二のミニストリーの一つとして取り上げたとき、彼はそれを他と並ぶ一つの務めとしつつ、しかしたんにそれらの一つにすぎないものではない、もっと根本的な、教会を教会として意味づける、世のための教会として意味づけるものとして認識していた。彼はミッションを「キリスト者の群れの存在のまたその奉仕全体の根底」[75]としたのである。教会のすべての奉仕の根底、すべてのミニストリーに関わりそれらを意味づけるものとして認識していた。すでにバルトは「和解論」第一部の「和解についての教説」の概説において、「和解論」第三部の教会論に関して、予示的に、「来たらんとする神の国を、人間の将来全体の総括として宣べ伝える教会《ゲマインデ》、しかしそれゆえにこそ伝道の教会(Missionsgemeinde)」[76]と記していた。「教会はそれとしてまた伝道の教会である。そうでないとしたら、それはキリスト教会ではないであろう」[77]。教会の存在目的はそこに収斂する。

バルトは一二の奉仕《ミニストリー》の一つとしてミッションを取り上げ、神学的原則、心構え、注意点などを記しているが、要約すれば、次のようになるであろう。第一に、イエス・キリストはすべての人のために、したがって異教徒のためにも、死んで甦りたもうたという明らかな約束と確かな信仰との前提のもとでだけ、ミッションは意味深い[78]。

---

(73) Vgl. IV/1, S.749. IV/3, S.1005f.
(74) *Barth*, IV/3, S.1002.
(75) Ibid., S.1002. 傍点、筆者。
(76) *Barth*, KDIV/1, S.168.
(77) *Barth*, KDIII/4, S.578. Vgl. KDIII/3, S.74., IV/2, S.305., IV/3, S.954.
(78) 以下を参照せよ。「このような、一方には人間イエス、そして他方には他のすべての人間たちという、そのような両者の間の存在論的関連。さらにまた、こちらには能動的なキリスト者、そしてあちらには潜在的・将来的

ミッションの課題はそれを彼らに「示す」（anzeigen）ことであり、「語る」（ansprechen）ことである。第二に、伝道団体ではなく、教会がミッションの主体である。われわれは一九三二年の『現代における神学とミッション』でミッションと神学を共に教会の行為として説き明かしていたし、欧米教会で宣教が教会の真の責任として自覚されたのは二〇世紀に入ってからであったというW・アンデルセンの認識も確認している。第三に、ミッションは福音を伝えるという純粋な意図でだけなされなければならない。第四に、諸宗教の中にあってミッションは真剣な評価と同時に非妥協的に自らの独自性と新しさを対置するという前提でなされる。バルトがエルサレム宣教会議（一九二八年）を批判し、『《キリスト教》への問い』（一九三一年）の中でファシズムやアメリカニズムを一つの新しい宗教としてとらえミッションをもってそれらに対峙したことを想起させる。第五に、ミッションにおいても、教会的奉仕全体の遂行が問題なのであって、たとえば教育やディアコニーなど、たとえ最初にもっぱらそれに従事することはあっても、それが自己目的化してはならない。第六に、ミッションの目標は「回心」させるということではない。むろんそれはじっさい起こることであるかも知れない。しかし回心は神の業である。そして最後、第七に、諸国民の間でのミッションはその出発点において征圧や支配ではないのであって「奉仕」である。若い教会が自らも証人となるように導くことが必要である。これもわれわれはすでに弁証法神学時代以来バルトから聞いてきた(79)――どれもじつにまっとうな理解であり助言であると言わざるをえない。

さて証人であること、指し示すことが教会の目的であるとすれば、いずれにせよ教会が自らを自己目的的に理解することはできない。「教会は、その本質において、他の被造物のために存在し自分とはちがった人間的被造物のために存在するように定められた、人間的被造物である。……自分が属している世の内部にあっても、自分自身に関連しつつ存在するのではなく、徹頭徹尾世に――すなわちその周囲の世界に関連しつつ存在する。……まさにそのようにすることによって、そしてそのような仕方で、教会は、神のために存在する(80)」。それゆえに教会は自らも世でありながら世に派遣される伝道の教会としてキリスト教会なのである。教会のメンバー、キリスト者もまたこの「教会の派遣に参与するとき」に「主の兄弟姉妹、したがって神の子なのである」[81]。バルトはよく知られているように洗礼をそうした「教会全体に委ねられた派遣に参与するための『聖別式』あるいは『按手式』である」ととらえた。そこからまたバルトの晩年の成人した共同体としての教会という理解の仕方が明らかになってくる。バルトの断片『洗礼論』（KDIV/4）から引いておきたい。「私にとって興味があるのは〔神に対して成人となったと称する世ではなくて〕神と世に対して成人になるべき人間である。成人のキリスト者と成人のキリスト者の群れである。神に対して責任を負い、神に対して活きた希望を懐き、世において奉仕し、自由な信仰告白をし、絶えず祈る、彼らの思惟・言説・行動である」[82]。これらのことをわれわれはバルトの派遣の教会論でおさえておかなければならない。Ｅ・ブッシュは、おそらくこうしたことを念頭においてであろう、バルトのKDIV/4を「神学的遺言」と呼んだ[83]。

なキリスト者という、そのような両者の間の存在論的関連。そこにこそ……まさにそのような教会《ゲマインデ》が、やはりイエス・キリスト御自身に基づく必然性をもって派遣され、この世における伝道の課題を委託されているという事実の根拠が存在する」（KDIV/2, S.305.）。

(79) Vgl. *Barth*, KDI/2, S.365f.

(80) *Barth*, IV/3, S.872.

(81) *Barth*, IV/4, S.220.

(82) *Barth*, IV/4, X. Vgl. *E. Busch*, Die Grosse Leidenschaft, 1998, S.264-267. 参照、Ｅ・ブッシュ「成人した信仰共同体としての教会——バルトの教会論の目指すもの」（小川圭治編『カール・バルトと現代』所収、拙訳、一九九〇年）。

(83) *E. Busch*, Nachwort, in : Barth, Letzte Zeugnisse, 1969, S.80.

さて最後に、先にあげたミッションの神学的原則の第六に改めて立ち返りたい。ミッションにおいて問題なのは証しであって「回心」させることではなかった。なぜなら回心は神の業であったから。世が和解を受けたことが事実であり現実であるからその証しがわれわれの課題となる。「証しの奉仕」（D・マネッケ）がバルトにおいて宣教であり伝道であった。「証し」とは何か。バルトは次のように書いている、「概念のキリスト教的意味での証しとは、わたしが、わたしが信じる時に、信じる間に、隣人に向かってなす挨拶のことである。わたしがそのものの中でイエス・キリストのひとりの兄弟を、それであるからわたし自身の兄弟を、見出すことを期待するところの者との間にわたしがもっている交わりを告知することである。わたしは証しをする間に、わたしは何も欲しないし、何も欲してはならない。わたしはただ隣人との具体的な向かい合いの中で、わたしの信仰を生きるだけである。キリスト教的証しの力は、その証しがそれがもっているすべての切迫性にもかかわらず、またこの意味で控えめであるという性格をもっているかどうかということと、立ちもすれば倒れもする。……証人は自分の隣人にあまりに近寄りすぎて侮辱を加えることはまさにしないであろう。証人は彼を『取扱い』（behandeln）はしないであろう。証人は彼を自分の活動の対象としないであろう。たとえ最上の意図をもってしてもそのようにはしないであろう。証しはただ、神の恵みの自由を最高度に尊重することの中でのみ、それ故にまた、わたしから何も期待してはならず、すべてを神から期待しなければならないところのほかの者を最高に尊重することの中でのみ、存在するのである」[84]。この証しのために教会は存在し世に遣わされる。こうした意味で教会は証人として世のために存在するのである[85]。

（84） KDⅣ/2, S.487f.

（85） Vgl. *Darrell L. Guder*, Barths Missionsverständnis, in : M. Beintker, G. Plasger und M. Trowitzsch (hg.), Karl Barth als Lehrer der Versöhnung, ibid., S.349-361.

第五章　第二バチカン公会議とバルト

第二バチカン公会議（一九六二年一〇月一一日〜一九六五年一二月八日）を頂点としてそれに至る、あるいはそれ以後のカトリック教会・神学者との交流はカール・バルトの晩年の輝きの一つに数えられるであろう。「世界教会協議会」第一回大会（一九四八年）の開会講演を引き受けるなどエキュメニカル運動に関わりはじめたバルトであったが、第二回大会、すなわち、エヴァンストン大会（一九五四年）の準備委員として積極的に貢献したことを最後にその関わりは後退し[1]、それに取って代わるかのようにカトリック神学者たちとの関係が深まって行った。ハンス・ウルス・フォン・バルタザールの『カール・バルト』（一九五一年）、ハンス・キュンクの『義認』（一九五七年）に代表される革新的なバルト研究が世に出たのはこの頃である。こうした中で第二バチカン公会議への並々ならぬ関心がバルトに生まれたとしても不思議ではない。公会議にはバルトもオブザーバー参加を招請されたが、病気のため行くことができず、閉会して一年後、バチカンからの招待により一週間のローマ訪問が実現することになる。この「使徒たちの墓への巡礼」はバルトにとってカトリック教会でいま何か起こっているかを間近に見、プロテスタント教会への問いも含めて教会の革新とは何かを広く考察する機会となった。

（1）参照、E・ブッシュ『生涯』五六一〜五六五頁。なお一九五五年の『和解論』第二巻でバルトは「神の和解の業にその相対的自立性において対応する」人間について語り、そのエキュメニカルな正当性と必然性を強調している（KDIV/2, S.6 : Vgl. *W. A. Visser't Hooft*, Br. K. Barth, 15.6.1957, in : K. Barth W. A. Visser't Hooft Briefwechsel 1930-1968, GA V (43), S.290-293）。一九五九年の同第三巻では、すでにわれわれも第二章で言及したようにエキュメニカル運動を世に向かう近代の教会の歴史の有力な証しを見て取り、運動に最大の賛辞を贈った（KDIV/3, S.37-40）。しかしまさにそれとは裏腹にエヴァンストン以後、エキュメニカル運動から距離を置くようになった背景にT・ヘルヴィクは、カトリックとの関係が深まったということだけでなく、一九六一年の「世界教会協議会」第三回ニューデリー大会を前にしてのエキュメニカル運動の側の人的かつ概念的変容、すなわちそれまでバルトの立場でもあった「キリスト中心的普遍主義」からいわゆる「世俗的エキュメニズム」への変容・移行を上げている。ヘルヴィクによれば、バルトは、国際的な学生反乱、植民地解放闘争等の政治的パトスに現れているそうした世俗的エキュメニズムを、一九六〇年にストラスブールで開かれた国際学生会議に招かれ参加したさい（Vgl. *K. Barth*, Fragebeantwortung bei der Konferenz des《Weltbundes christlicher Studenten, in : Gespräche 1959-1962, GA, IV (25), S.98-117.》経験した。フィッセルト・ホーフトはこれらの新しい動きをエキュメニカル運動の伝統からの「全体的な離反」とは見ていなかったが、バルトと同様に霊的・神学的危機を認識し、憂慮しつつ、ニューデリーとウプサラ（第四回大会）との間で起こった動きを見ていた。「世界を真剣に受けとめるということの本質が、単純に、われわれが教会の課題を、世界が問うている諸問題に答え世界が感じている諸要求を満たすところにあると考えることを意味しなければならないとは私は思っていない。……もし教会がイエス・キリストの教会であるならば、教会は唯一つの目標しか知らない、すなわち、神の国。すべての人間的な諸目標は、われわれが神の国の性質について、またそこへと至る道について受け取っている知識の光において批判的に分析されなければならない。それゆえ教会は問わなければならない、いかなる発展が、いかなる解放が、いかなる革命が神の経綸と一致するのかと、またわれわれの現在のすでに定着してしまっている無秩序を変換する手段についてわれらの主は何を語られるのだろうかと。……われわれは『責任社会』の概念の核心に神に対する責任があることを忘れてはならない。他のすべての責任はこの本源的な責任にかかっている」（*W. A. Visser't Hooft*, Memoirs, S.367）。*T. Herwig*, ibid., S.238-243. デイヴィッド・ボッシュ『宣教のパラダイム転換』下、二〇〇一年、二二一頁、参照せよ。

第一節　カトリシズムとの出会い

(1) ミュンスター時代

一九六五年のあるインタビューでカトリック教会との個人的な関係を聞かれたバルトは、少しいたずらっぽく、五歳の頃祖母に連れられて泊まったスイスのカトリック司祭館での記憶から語り始め、最後は「本物の、良きカトリック教徒」(2)としてのモーツァルトにまで言及し、この音楽家に対する感謝を口にしている。学問的には、その関係は、彼自身が認めるようにミュンスター大学時代（一九二五〜三〇年）にまでさかのぼるであろう。(3)そこでのカトリック教会、神学者たちとの交わり、また同時期のミュンヒェンのイエズス会士エーリヒ・プシュワラとの学問的交流など、その後のバルトの歩みに大きく影響した。(4)ミュンスターにつづくボン時代（一九三〇〜三五年）のアンセルムスとの取り組み（『知解を求める信仰』一九三一年）が彼の神学形成に決定的な役割を果たしたことは周知の通りである。フィッセルト・ホーフトがそう評したように、たいていのプロテスタント神学部でカトリックのものは読んではいけないと言われていたような時代にあって、バルトはカトリック神学を早くから真剣に受けとめた数少ないプロテスタント神学者の一人であった。(5)またカトリック教会の側からも、批判的にせよ受容的にせよ、これだけ真剣な関心の対象となったプロテスタント神学者はほかにいなかった。(6)カトリックにおけるエキュメニズムのパイオニア、ケルンのロバート・グロッシェが、一九三二年に神学研究誌『カトリカ』を創刊し、弁証法神学との対話を進めていたこともこの関連で記憶されなければならない。(7)

バルトのカトリック教会と神学との最初の折衝を証しするのはバルト自身がその企てを「冒険を意味する」と語った講演『教会の概念』――一九二七年七月、ミュンスターのカトリック中央党大学グループでなされた――であった。この講演でバルトは教会理解に関してカトリックとプロテスタントの理解の共通点を確認し、その上で『ローマ公教要理』の中にある、教会の神的現実を「ただ信仰によってのみ認識する」という文言の自らの解釈を示し、信仰をプロテスタントではそれ自身すでに恵みによって引き起こされた神の恵みの人間的受領と把捉と理解し、それゆえ恵みの現実が人間を支配するのに対して、カトリックの神学は人間が神の恵みを自由に処理する試みなのではないかと問いかけた[8]。

『プロテスタント教会に対する問いとしてのローマ・カトリシズム』（一九二八年）[9]はプロテスタントを相

---

(2) *K. Barth*, Gespräche 1964-1968, GA IV (28), S.185-188.

(3) Vgl. *W. H. Neuser*, Karl Barth in Münster, 1925-1930, 1984.

(4) Vgl. *K. G. Steck*, Über das ekklesiologische Gespräch zwischen Karl Barth und Erich Przywara 1927/29, in : Antwort, 1956, S.249ff.

(5) *W. A. Visser't Hooft*, Karl Barth und die Ökumenische Bewegung, in : EvTh, 40, 1980, S.22.

(6) 「宗教改革以来プロテスタント神学において誰もこんなに多くの、批判的ではあるが積極的な、いずれにせよ真剣な興味を、ローマ・カトリックの学者の側にひきおこしたことはなかったという事実に伴う、奇妙な名誉を私にあたえねばならないであろう」（『バルト自伝』佐藤敏夫訳、一〇七頁）。Vgl. *Benjamin Dahlke*, Karl Barth, Catholic Renewal and Vatican II, 2012.

(7) Vgl. *Benjamin Dahlke*, ibid., S.41-52.

(8) *K. Barth*, Der Begriff der Kirche, 1927, in : Vorträge und kleinere Arbeiten 1925-1930, GA III (24), S.140-159.（『教会の概念』）。

(9) *K. Barth*, Der römische Katholizismus als Frage an die protestantische Kirche, in : ibid., S.303-343.（『プロテ

手に語られ、それゆえカトリシズムに対して一貫して批判的でありながら、そのカトリックから問うという興味深い設定によってプロテスタント教会に鋭い批判の目を向けている。プロテスタント教会はローマ・カトリックによって問われている。なぜそのような問い方が可能かと言えば、近代のプロテスタント教会が宗教改革の線にもはや立っていないからである（問いの第一は「プロテスタント教会は教会であるのか、どこまでそうなのか」。問いの第二は「プロテスタント教会はプロテスタント教会であるのか、どこまでそうなのか」）。バルトによれば、プロテスタント教会がそれに答える歩みをしなければ、ミュンスター大学の若い神学講師が傲然と言い放ったように、プロテスタンティズムは確かに片付けられてしまうことになりかねないのである。バルトが『教会の概念』を語ったことへのいわば返礼として、一九二九年二月、プロテスタント神学部の企画としてエーリッヒ・プシュワラが招かれ、講演と対話はバルトにきわめて大きな刺激を与えることになった。バルトの『神学における運命と理念』（一九二九年）、『礼典論』（同年）などはそれらの成果にほかならない。

ヴァイマル共和国におけるカトリック教会の在り方もバルトの批判を免れてはいない。一九二七年一〇月の講演『神学と現代の人間』（「老年学友会同盟」の学友会週間で最初に語られ、その後プロテスタントの諸集会で語られた）[10]はカトリックにも問題を提起した。彼は現代人が神学に対してとるであろう可能性を三つ上げる。第一に、無神論的な神学否定。第二に、神学を一般的なものに解消し無害化しようとする近代プロテスタンティズム、そして三番目に、ローマ・カトリックの神学の可能性である。カトリックの試みは信仰も服従も人間の学問と生活の中に基礎づけられた意味深い可能性として示そうとするものであり、そこでは信仰はもはや冒険でなく、「一つの習慣」となっている。[11]その上でバルトは、二十年代後半、当時のプロテスタント神学に澎湃として起こりつつあった「自然神学」を求める叫び、ないしそれを新しく基礎づける創造の神学ともカトリックが通底していることを鋭く指摘した。二十年代から三十年代はじめにかけてのカトリック教会へのバルトの批判的立場は『教会教義学』第一巻（一九三二年）の「はしがき」の以下のような有名な言葉に集約されるであろう、「私は、アナロギア・エンティスを反キリストの発明と見なす、そして、人はそのアナロギア・エンティスのゆえに、カトリック的になることはできないと考える」。「存在の類比《アナロギア・エンティス》」の問題と、後にわれわれが取り上げる「マリア論」の問題（『教会教義学』「和解論」第二部の「はしがき」参照）、この二つが根本的問いとしてバルトに残り続けた(12)。

(2) 一九五〇年代以降

第二次大戦後、いっそう広い交友関係が開かれることになる。ベルギー人ドミニコ会士ジェローム・ハメルをはじめ、一九五〇年代に入って、すでに言及したバルタザール、フランス人イエズス会士アンリ・ビュイアール、ハンス・キュンクなどのすぐれたバルト研究書が刊行されただけでなく、ドミニコ会士A・J・マイデュ、イヴ・コンガールなどまことに多彩なカトリック教徒また神学者たちとの学問的・個人的な交わりが開かれた。バルトの追悼記念会でキュンクがカトリック教徒として感謝の辞を述べて、バルトを第二バチカン公会議と関わる

スタント教会に対する問いとしてのローマ・カトリシズム』）。拙論「相違における一致――福音主義キリスト教の革新とは何か」、佐藤司郎・吉田信編『福音とは何か』二〇一八年所収、三一一～三一五頁を参照せよ。

(10) *K. Barth*, Die Theologie und der moderne Mensch, in : ibid., S.160-182.（『神学と近代の人間』）。

(11) 拙著『カール・バルトの教会論――旅する神の民』二〇一五年、新教出版社、五四頁以下、参照。

(12) 「存在の類比」について公会議以後のバルトの考えについては、*K. Barth*, Gespräche 1964-1968, GA IV (28), S.16f., 337, 484-486. などを見よ。

「カトリック革新運動の精神的父祖たちの一人」[13]と述べたことは決して過大な評価ではなかった。最晩年、病気のため教会の礼拝出席がままならなくなると、プロテスタントとカトリックのラジオ説教を連続して聴取しそれを高く評価するなど、関心は衰えなかった。バルトがカトリックに改宗するのではないかと本気で心配する向きもなくはないほどであったが、きっぱり否定した[14]。じっさいバルトにとって福音主義からローマ・カトリック教会へであれ、その逆であれ、改宗はそれ自身としては何の意味もなかった。というのももし彼にとって改心が問題になるとすれば、それはいつもただイエス・キリストへの改心であり、それゆえどこにあっても自らの属する教会におけるひとりの主への信仰と奉仕が問題だったからである。これはわれわれもすでに見た『教会と諸教会』の立場であり、晩年の『和解論』の立場でもあり、この意味で彼のエキュメニズム観は最後まで変わらず、その実践も変わらなかった。

分裂した教会が、誠実・真剣に主の声に聞こうとし、また恐らくは聞き、しかも主の声によって心開かれ・主の声に対して心開かれつつ、他の者の声にも聞こうとし・また恐らくは聞くということ――それが、教会の分裂に面しつつ一なる教会に対する信仰を実現する場合の、決定的な一歩であろう。そのように振舞う場合、教会は、自分のいるべき場所にいるのであって、この場所を離れぬかぎり、教会は、一なる教会に向かう途上にいるのである。……われわれは、その途上を前進することをやめてはならない。ということは、「ワレハ一ナル教会ヲ信ズ」ということの道を、繰り返しその出発点から歩み出すことを恐れないということである。すなわち、すべてのキリスト教会のいずこでも承認せられている中心から歩み出すことを恐れないということである。従って、教会が所属し・教会がそのからだであり・自ら真に教会の統一でありたもうあの一人の方のご支配から歩み出すことを恐れないということである。彼に基づいて見る場合には、教会の現実的統一も、遠くはるかな所にか近い所にかはともかく、必ずわれわれの目に映るであろう（KDIV/1, S.764f.)。

第二節　ローマ訪問――『使徒タチノ墓へ』

（1）第二バチカン公会議とバルト

一九五八年一月の教皇ヨハネ二三世による公会議開催の発表はカトリック教会内外で大きな「驚き」（G・アルベリーゴ）と喜びをもって受けとめられた。[15]「第二バチカン公会議」の名称は翌年七月に決定されたが、この年の一一月、バルトがストラスブール大学から神学名誉博士号を授与された際に催されたその地の友人・知人たち――ジョルジュ・カザリス、アンドレ・デュマ、ロジァ・メール、ドミニコ会士イヴ・コンガールというような人たち――との話し合いでは公会議開催発表のことやそれによって提起される諸問題が論じられたという。[16] 世界の注目を浴びたこの公会議の開催告知についてバルトもいろいろな機会に質問を受けている。一九六二年五月、アメリカを訪問したさいの記者会見でバルトは次のように述べた。「私は教皇ではありません。彼が何を考えて

（13）Karl Barth 1886-1968, Gedenkfeier im Basler Münster, S.44.『福音と世界』一九六九年五月号、六〇頁参照。
（14）*K. Barth*, Briefe 1961-1968, GA V (6), S.479.
（15）ハンス・キュンク『再合同のためのキリスト教革新』一九六四年、参照。
（16）*K. Barth*, Gespräche 1964-1968, GA IV (28), S.103.; E・ブッシュ『生涯』六二五頁、参照。

いるか、だれも正確には知りません。それ〔公会議〕についてはいろいろの意見があります。キリスト者が互いに出会うなら、それはいつも良いことです。なぜそこでそうしてならないということがあるでしょうか。そこでどういう結果になるか――私は預言者ではありません。どんなにすぐれたカトリックの思想家でもそれについては正確なことは何も知らないと私は思います。それゆえ私は慎重であるのです。明確な目標というものがまだそこにはありません。根本のところで諸教会の普遍的な交流が問題なのでしょうか、それともカトリック教会のある種の新しい改革が問題なのでしょうか、それとも、ただ何らかの典礼上の教説だけが問題なのでしょうか。あるいはひょっとしたら新しいドグマが生まれるのでしょうか。これらはみな可能なことです」[17]。公会議以前のバルトはこうして深い関心を寄せつつも成り行きを慎重に見守る姿勢をとっていた。

公会議が始まるとその関わりは変化した。最初の会期が終った一九六三年六月にバルトは「世界教会協議会」の『エキュメニカル・レビュー』誌に小論「第二バチカン公会議についての考察」を寄稿した[18]。九月には、公会議準備のため設けられた「キリスト者の一致のための事務局」から、公会議後半の二会期、すなわち第三会期と第四会期へのオブザーバー参加の打診を非公式・間接的に受けた。キュンクがそれを電話でバルトに伝えたが、バルトは、招請を名誉なことと感謝しつつ、しかし十分な準備をして臨むには時間が足りないこと、撤回できない当面の予定のあること、そして何よりも健康が許さないことなどを理由に熟慮の末辞退する旨を手紙で伝えた[19]。会期中、彼は、病院のベッドの上でも、ゲーテ、イェレミアス・ゴットヘルフ、ゴットフリート・ケラー、その他の勝れたカトリック作家のほかに、「私が入手できる、公会議関連の情報や（さし当たりドイツ語の）テキストにはみな」目を通し[20]、会議の成り行きを見守っていた。キュンクのほかに、プロテスタントの神学者として公会議に招かれていたオスカー・クルマンからも直接に情報を得ていた[21]。

公会議が終わって、健康を回復したバルトにローマ訪問の機会が訪れた。公会議の成果を「せめて祭ノ後ニでも」直接現地で見聞きしたいというバルトの願い[22]は、ベア枢機卿（キリスト者の一致のための事務局々長）に受け入れられ、まことに麗しい「使徒たちの墓への巡礼」が実現した（一九六六年九月二二〜二九日）。バルトは何回かの対話集会に臨み、ミサにも参加し、イエズス会士とグレゴリオ学院の尖塔に登ったり、ヴァルド派の信仰共同体を訪問するなど、ローマ滞在を楽しんだ[23]。

ローマ訪問の一つの中心は対話集会であった。対話は「互いの兄弟的‐信頼による開放性と即事性[24]」という雰囲気の中で行われた。記録は公にはとくに出ていない。対話のためにバルトは公会議の諸決議を相手方も驚くほど綿密に研究し周到に準備してローマに赴いた。彼は一般的設問表一通のほか、一六の公会議決議（憲章四つ、教令九つ、宣言三つ）のうち、彼にとって最も重要だと思われるものに関し、九通の設問表を用意した。対話にさ

---

(17) *K. Barth*, Gespräche 1959-1962, GA IV (25), S.283.

(18) *K. Barth*, Überlegungen zum Zweiten Vatikanischen Konzil, in : Ecumenical Review, July, 1963, deutsch in : Zwischenstation. Festschrift für K. Kupisch, 1963, 9ff. Vgl., *W. A. Visser't Hooft*, Karl Barth und die Ökumenische Bewegung, ibid., S.23.

(19) *K. Barth*, Briefe 1961-1968, GA V (6), S.191f（キュンク宛）、S.236（クルマン宛）、S.334f（ベア宛）. Vgl., Ad Limina, S.9.

(20) *K. Barth*, Ad Limina, S.9f.

(21) *K. Barth*, Briefe 1961-1968, GA V (6), S.102f, S.206, S.236, S.343, S.347.

(22) *K. Barth*, Briefe 1961-1968, GA V (6), S.334f.

(23)「以前私は何回かローマに行ったことがあるが、今度ほど――言葉の最良の意味で――楽しんだことはない」Ad Limina, S.11.

(24) Ad Limina, S.12. 招待した側がバーゼルの教師から試験を受けているように感じたかも知れないとフィッセルト・ホーフトは書いている。*W. A. Visser't Hooft*, ibid., S.23.

いしては設問表の中からその都度幾つかの質問をあらかじめ示しておき、必要なら若干の説明をバルトが加え、その後カトリック側の参加者からの答えを受けて対話するという方法がとられた。話し合いはフランス語でなごやかな雰囲気の中で行われた。持参した一〇の設問表についてバルトは、帰国後、「それらのいくつかについて、もしローマ旅行の後で書くなら、その前に書くのとは別の仕方でまとめることになるのは当然である」[25]と述べている。訪問最終日、バルトは大きな国際神学会議に参加し特別の歓迎を受けた。カール・ラーナーの講演やゼメルロートの発題を聞き、またラテン語を母国語のように使う能力をうらやましく思いながら、対話のためには、われわれももっと勉強しなければならないとの感想ももらしている。

一週間のローマ滞在中の劇的な頂点はバルト自身そう見なしたように教皇パウロ六世との謁見であった。[26]彼自身の報告から二、三の会話を取り上げてみると、たとえばバルトが、公会議諸文書でプロテスタントがつねに「分かれた兄弟」と呼ばれているが、私がローマで教示を受けたように、この言葉で「兄弟」が強調されねばならないと思うが、それでよいかと尋ねると、教皇は賛成したように見えたという。さらにバルトは、マリア論にも触れないわけに行かなかった。バルトが「教会の本質と機能の原像」[27]としてのイエスの養父ヨセフを重んじていることを教皇は知っていて、その歳になってもなお新しい認識が与えられることを祈ると確言した。バルトは、教皇個人に対して、賢明で、同時に謙遜かつ敬虔な人物だとの印象をもった。彼は「一つのことが、教会史ならびに世界史上、彼の名前を忘れがたいものにするであろう。それは、諸民族の間の平和、とくにベトナムにおける平和を彼が勇気をもってねばり強く擁護したことである」[28]。いずれにせよバルトにとって、もはや「教皇は反キリストではない！」[29]。こうしてバルトは教皇パウロ六世と親しく語り合う機会を与えられ、彼を個人的にも高く評価した。第二バチカン公会議を召集し、開催期間の途中亡くなった教皇ヨハネ二三世にも本来カトリック教会の新しい流れをつくった人として注目し評価していたことはいうまでもない。一九六四年二月、カール・ブリンガーとディートマル・シュミットのインタビューに答えてバルトはこう言っている。「公会議以上に私の関心を引くのは、カトリック教会の内部で、またカトリック神学の内部でも、ここ十年の間に起こり、はっきり見えるようになった運動です。不気味なほど強力な運動。不気味、と私は言いますが、またこういうこともできるでしょう、キリスト教の共通の信仰の中心、端的に言えばイエス・キリストへ向かう驚くべき強力な運動と。それが、教皇ヨハネ二三世がそれに特別な表現を与え、そして現在の教皇パウロ六世によっても受け入れられた音調なのです」[30]。教皇謁見はバルトにとってローマ訪問の頂点ではあったが、重要なことは、そこでも、いやそこでこそ、バルト自身がそう語っているように、公会議の背後にあって、公会議を開催へと至らせたもの、すなわち、「新たな灼熱となった、新たな運動となった溶岩のようなもの」[31]の一端にじかに触れたことであった。

九月二九日、帰国。バルトは一つの革新運動を開始した教会と神学とを評価し『使徒タチノ墓へ』を次のように結んだ。[32]

(25) Ad Limina, S.18.
(26) E・ブッシュ『生涯』六九〇頁以下を参照せよ。
(27) Ad Limina, S.16.
(28) Ibid. S.17.
(29) Ibid. S.18.
(30) *K. Barth*, Gespräche 1964-1968, GA IV (28), S.17.
(31) Ibid. S.93.
(32) 「使徒たちの墓への旅」の後もバルトとバチカン、とりわけパウロ六世との親しい関係は書簡を通じてつづいた（一九六七年一〇月三日、一九六八年三月一六日、同年九月二八日の教皇宛てバルト書簡参照。*Barth*, Briefe 1961-1968, GA6)。ただそれによってバルトがその従来の立場、カトリックに対する疑義を放棄したわけではない。

将来に関するどんな楽観主義もまったく問題にならない。むしろいっそう強く命じられているのは、小さなことであれ大きなことであれ、根本的にわれわれ自身の門前を喜んで掃き清める志と結びついた静かな兄弟的希望である。われわれの側からローマ・カトリック教会への《改宗》(Konversionen)も、あるいはその逆にあちらからわれわれの教会へのそれも、それ自身としては何の意味もない(壁の内でも外でも罪が犯される!)。それが意味をもちうるのは、それがただ良心的な必然的形態——すなわち、別の教会へではなく、一つなる・聖なる・公同の・使徒的教会の主であるイエス・キリストへの《回心》(Konversion)であるところにおいてだけである。根本的にいえば、こちらでもあちらでも、ただ次のことだけが、すなわち各人が自分の教会の自分の場所で一人の主に対する信仰と彼に仕えることへと呼びかけられることだけが問題になりうるのである。(33)

(2) 公会議の評価

公会議全体をバルトはどのように評価したのであろうか。インタビューなどに答えてしばしば語っているが、一九六七年一月、ボセーのエキュメニカル・インスティテュートの学生たちとの間でなされた対話もその一つである。(34)それによれば、第二バチカン公会議の成果としてバルトがとくに評価しているのは、以下の四点である。

第一に、聖書への方向づけが見られること。「私にとってこうした革新の最も重要な契機は、公会議のすべての文書において、旧新約の聖書へと向かう流れがはっきり表現されていることです」。なるほど第一バチカンと同じく、(35)第二バチカンでも、たとえばその『神の啓示に関する教義憲章』に「聖伝と聖書」という二元論が見られる。(36)しかしこれは過去の公会議の決議と衝突できないこともその理由の一つなのであって、(37)「事実的には、全体として、聖書をして、教会における現実的な規定的要素とするはっきりした傾向が存在します」。それに関連して聖書解釈と説教の重視も変革のしるしであった。第二に、キリスト論への方向づけがあること。「すべての文書において、イエス・キリストが最高に重要な役割を果たしています。つまり諸文書はキリスト教生活の本質的要素としていつも彼を指し示しています」。『教会憲章』などに見られる教会理解はきわめてキリスト中心的なものだとバルトは見ていた。第三に、「信徒」の重要性の強調である。[38]「位階制度」（Hierarchie）と「信徒」（Laien）

たとえば九月二八日の手紙では、七月に出されたいわゆるピルに関する回勅（Enzyklika Humanae vitae）について自然法則や良心が「一種の啓示の源泉」と考えられているのではと問い、それは自然法則も良心も啓示の源泉とは考えられていないとバルトが見る第二バチカンの啓示憲章にも一致しないと疑義を呈した。これに対し枢機卿ツィコニャーニが教皇に代わって一一月一一日にバルトに反論、バルトは一一月二八日付けの枢機卿への手紙で簡潔に一致点と相違点をあげ聖書を引き丁寧に自らの立場を説明した（Briefe 1961-1968, 534-537.）。Vgl. *Michael Welker*, Vom Kämpfer gegen die ‘römische Häresie’ zum Vordenker für die Ökumene, in : Christian Möller (hrsg), Wegbereiter der Ökumene im 20. Jahrhundert, S.156-177, 2005. *Eberhard Busch*, Barth — ein Portrait in Dialogen, von Luther bis Benedikt XVI, 2015, S.291-300.

(33) AaO., S.18.

(34) *K. Barth*, Gespräche 1964-1968, GA IV (28), S.327-339.

(35) *Henrici Denzinger*, Enchiridion symbolorum definitionum et declarationum de rebus fidei et morum, D3006. デンツィンガー・シェーンメッツァー『カトリック教会文書資料集』四五一頁。

(36)『神の啓示に関する教義憲章』第二章９（カトリック中央協議会『第二バチカン公会議公文書』改訂公式訳）。

(37) Vgl. *Denzinger*, D1501.

(38)『教会憲章』や『信徒使徒職に関する教令』をはじめとして公会議公文書のいたるところに信徒の重要視が見られることは周知の通りである。それはバルト自身の教会理解とも合致していた。カトリック教徒も参加していたあるプロテスタント教会の集まりで彼は教会の教職の権威について問われてこう述べている、「私は彼ら〔牧の区別がもはや存在しないなどということは、むろん全然できないが、その区別は「小さく」なった。また神の民としての教会において「位階制度」（教皇、司教、神父、助祭）と「信徒」という二つの部分の間には「境界のはっきりしない中間段階」があり、「共属関係」があり、「ある意味で、信徒の優位のようなものへ向かう傾向すらローマ教会にはあるということができます」ともバルトはいう。そして第二バチカンの諸文書で教皇が自らをくり返し「神ノ僕ノ僕」（Servus servorum Dei）と称していることを取り上げ、教皇を下の頂点とする逆三角形のイメージで第二バチカンの教会像を描く。そこにはバルトによれば、たとえ神父の役割とか機能とかが語られることがあっても、注目すべき主張があるという。「彼らは支配すべきではなく仕えるべきです。そして彼らは信徒にも耳を傾けなければなりません。どこでも司教は、個々の教会でいえば神父は、今や信徒の助言と共になければなりません。こうしたことは進歩です」。第四に、ここで新しいことは「教会を――他の教会との関係において、この世との関係において、さらに他の（キリスト教以外の）諸宗教との関係において――開く力強い試み」である。この教会は、彼によれば、もはや窓のない建物ではなく、今やすべての方面に開いたたくさんの窓をもった建物なのである。以上四点が、第二バチカン公会議が示した教会の革新に対するバルトの「兄弟的、共感的」理解であった。

何がまだ問題として残っているのであろうか。これにもバルトは時々に言及した。たとえば位階制度、教皇の権威の問題、ミサ、すなわち、犠牲と実体変化の説など。しかしバルトはこうしたもともとカトリックとプロテスタントの間を隔てていたいくつかの問題について、公会議をへて、問題がなくなったわけではないが、「致命的に危険」だとは考えなくなった。「たしかに、相違はあります。……しかしそれは私がカトリック教徒と論議する妨げにはなりません。なぜなら、どこにも（相違しか）見えないわけではないからです。そうではなくて、一般的にいえば、人は物事を議論し、人は互いに理解し合えるからです。そしてその限りそこには、私にとって、

《一致しえない相違》は存在しません。困難は存在します。そう困難です。そしてそれはそれなりの役割を果たすでしょう――長い間、おそらくさらに数百年間も。でも、それゆえわれわれが互いに非難し合うほかないというほど強力な相違など存在しません。私はローマに行ってきました。私を火刑にしようなどという人はだれもいませんでした」。こうしてバルトは第二バチカンに関連してカトリック教会の革新運動を高く評価したが、マリア理解については、公会議後も疑念は解消されなかった。もともとバルトにとってマリア論は独立の教説たりえない。その意味で今回マリア論が『教会憲章』第八章で教会論の中に組み入れられたことは評価すべきことであったが、しかしそこにいぜんとして第八章が存在することに問題を感じないわけにはいかなかった。

(3) 対論――教会理解を巡って

一九六五年のあるインタビューでバルトはカトリックとプロテスタントの今日最も重要な論争点は「教会概念」だというキュンクの発言に同意し、公会議の進行をふまえて次のように述べている。「短くまとめることが許されれば、われわれプロテスタントがローマに対して苦労しているのは、教会におけるキリストの延長、職制

師や神学教授〕に対し他方には《Laien》〔信徒〕がいるという考えにはどんなに反対しても反対しすぎることはないと思っています。……もし今晩私が皆さんに、教会と信仰とをこうした二つの概念〔教職と信徒〕に結びつけることを断念させることができるとしたら、大きなことがなされたということでしょう！　そう、私たちは、もしそう言っていいなら、教会では皆基本的に――信徒なのです。というのも《Laie》はギリシャ語の Laos に由来し、その意味は民（Volk）と同じだからです。すべてのキリスト者は神の民のメンバー以上では決してありえません。そのような者として私たちはみな奉仕しなければならないのです」（*K. Barth*, Gespräche 1964-1968, GA IV (28), S.300. Vgl. KDI/2, S.891）。

と位階制度の中心的位置、サクラメントの教会としてのローマ、さらに忘れてならないのはローマ・カトリック教会のひじょうに際立った法的な性格です。……そしてそれらすべての背後には、マリア論、つまりマリアが果たす巨大な役割があります[39]」。そこでわれわれもさし当たり『教会憲章』に対する設問表を取り上げ、とくにマリア論を中心にバルトの問いを検討しておこう――すでに述べたように対話記録はなく、バルトもローマ訪問の後で書くなら当然違ったものになったであろうと述べており、われわれの考察も一面的で限界のあることを免れない。

教会憲章（Constitutio dogmatica de Eccelecia）についての設問表[40]

Ⅰ　理解のための設問

1、第一章〔教会の神秘について〕と第二章〔神の民について〕の関係について。すなわち「キリストの体」は「神の民」の上に位置づけられているのか、それとも下に位置づけられているのか。

2、14〔カトリック信者〕と15〔カトリック以外のキリスト信者〕に従えば『分かれた兄弟』とは何か。ローマ・カトリック教会に留保されている『完全に合体している』の『完全に』の本質はどこにあるのか。

3、パウロもペトロが議長をつとめる「使徒団」の一員だったのか（第三章19―26）。

4、教皇‐司教‐司祭‐助祭だけが「キリストと一体となって行動し」（28）ているのだろうか。もし答えが然りであるなら『信徒』は、聖職位階には入らないのか、しかしどうして入らないのか、というのも彼ら信徒もキリストの三職と教会の使徒性とにあずかっているのだから、

5、マリアの賓辞、すなわち、弁護者‐扶助者‐援助者‐仲介者（第八章62）はただ敬虔な祈願という文脈においてのみ（ラッツィンガーにおいてそうであるように）理解されているのであろうか。もし答えが

然りであるなら、こうした解釈はマリア論全体に広げられるものか（たとえば、マリア無原罪受胎にも？マリア被昇天にも？）。

Ⅱ　批判的な設問

1、主、王、審判者としてのキリストと彼の教会とのあいだの隔たりはどこに残っているのか。信徒だけがこの世におけるキリストの証人なのか。『聖職位階』はそれ以上のものなのか。教会全体が証人の民ではないのか。教会（第八章52）は啓示なのか、また受肉の延長なのか。

2、使徒言行録四章四二節の教会の四つの目印《メルクマーレ》（使徒の教えを守ること、相互の交わり、パンを裂くこと、祈ること）の中でなぜまさに第三番目のもの（ユーカリスト）が教会の生活にとって本質的なものと呼ばれるのか。

3、教会が信仰者を生むのか（第三章28、第八章64）。洗礼によって？

4、教会の終末論的次元をほのめかすとき（たとえば第七章48―50、第八章65）、審判のためのキリストの再来はどこに残っているのか。神のもとから下ってくる――神のもとに昇って行くではない――「新しいエルサレム」、聖なる都（黙示録二一章二節）は、どこに残っているのか。そもそも新しい創造（テイヤール・ドゥ・シャルダン）はどこに残っているのか？！

5、第八章55―58に示されている釈義はそれに基づいて構築されているマリア論の支えとなりうるのか。66で行われている特別なマリア崇敬の勧めにとって支えとなりうるのか。この事柄全体は（K・ラー

---

(39)　*K. Barth*, Gespräche 1964-1968, GA IV (28), S.192.

(40)　第二バチカン公会議公文書の訳は『第二バチカン公会議公文書改訂公式訳』（カトリック中央協議会発行、二〇一三年）を用いた。以下公文書については同じ。

ナーにおいてそうであるように！）キリスト教の中心的諸真理に属するのであろうか。

バルトは一九六六年六月二七日付けキュンク宛の短い手紙で『教会憲章』に言及し、興味深いことを書いている。その数日前、キュンクとテュービンゲンのエキュメニズム研究所の仲間たちがバルトを訪ねた。その後当時キュンクの助手をしていたA・ガノッツイから送られてきた「カルヴァンと第二バチカン」の関係についての論考をバルトはただちに読んで短い感想を伝えた。「ローマ・カトリックのカルヴァン研究者、いや明らかにカルヴァンの友人という現象はこれまでの私には耳新しいことでした。たしかに、《ペトロの職務》がともかくもローマ在住の尊敬すべき権威を有する教会総会議長（Synodalpräsident）という職務に還元されるのなら、きっと——限界近クマデ——カルヴァンもこの『教会憲章』の第一章から第七章まで承認できたでしょうけれど——そして私も！　しかしそこにはともかくも致命的な第八章があります。そしてカルヴァンならそれに関し語り得たであろうことについてG氏は賢明にも黙っています」[41]。『教会憲章』に関してバルトが最も疑念をいだいたのは第八章「キリストと教会の神秘の中の神の母、聖なる処女《おとめ》マリアについて」、すなわち、マリア論の取り扱いであった。第二バチカンの議事報告によれば、聖母マリアに関する議案について、教会論の中に組み込んで扱うか、固有の議案とするかが論議され（一九六三年一〇月二九日）、僅差で前者が採択され教会論に組み込まれることになった[42]。その翌日バルトはクルマン宛にこう書いている。「私は何年か前バルタザールに一度こう言ったことがあります。マリア像が祭壇の上にではなく、教会員と同じ平面にあり、その顔が祭壇のほうを向いているなら、それに原則的に反対するものは私には何もありません。マリア論を教会論に組み入れることに関する最新の報道によれば、それに対応した発展のようなものがきざし始めているように見えます。ただ残念なことに、そうした意味で決議した多数派がそれほど強くなかったことです！」[43]。『教会憲章』にマリア論（第八章）が入ったことは、バルトにとってむろん前進を意味した。問題は、その内容が、バルトの考える方向にあるのかということであった。この手紙で書いているマリア論、つまりバルタザールに言ったようなマリア論がバルトの基本的なマリア論であることは、すでに一九三八年の『教会教義学』第二巻「神の言葉」において明らかである。マリア論はバルトにおいて教義学の独立の教説たり得ない。バルトはカトリックのマリア崇拝が聖書からと最初の四世紀の教会のマリア理解と、その両方からの逸脱であることを指摘して、次のように述べる。「まさにマリアについての教説の中で、そしてマリア崇拝の中でこそ、具象的に明らかな仕方で、ローマ・カトリック教会の……異端そのものがひそんでいる。換言すれば、ローマ・カトリックのマリア論的教義が述べている『神の母』は、全くそのまま次のような人間的被造物――すなわち、その救いに際して、先行する恵みに基づいて奉仕しつつ（ministerialiter）協力して働く人間的被造物――の原理、原型、総内容であり、まさにそのようなものとしてまた教会の原理、原型、総内容なのである」[44]。かくてバルトによれば、こうしたマリア論に対応するのがカトリックの教会論であった。その意味でバルトは、公会議のそのはじめから、[45]くり返し「教会の本質と機能とに不気味に関係するマリア論」[46]に疑問を提出していた。マリア論の問題はローマ訪問時も、[47]帰国後も、[48]疑問として残りつづけた。バルト

（41）*K. Barth*, Briefe 1961-1968, GA V (6), S.343f. Vgl. Ibid., S.336f.

（42）その差は僅かであった（賛成一一一四、反対一〇七四）。賛否がこれだけ拮抗したのは公会議ではこの決議だけであった。パウロ・フィステル『第二バチカン公会議』八二頁を見よ。

（43）*K. Barth*, Briefe 1961-1968, GA V (6), S.206.

（44）KDI/2, S.157.（傍点バルト）

（45）*K. Barth*, Briefe1961-1968, GA V (6), S.103 (1962.11.25), S.117 (1962.12.19), S.132 (1963.3.6), S.206 (1963.10.30), 206.

（46）*K. Barth*, Überlegungen zum Zweiten Vatikanischen Konzil, in : Zwischenstation-Festschrift für K. Kupisch,

は教皇パウロ六世の謁見に言及したさいすでに述べたように、マリアよりむしろヨセフをその予型として教会の在り方を考えようとした。バルトは、一九六二年一一月一三日の教令（De S.Ioseph nomine Canoni Missae inserendo）によってローマ・ミサ典礼書に「浄配ヨセフ」としてその名が入ったことをプロテスタントの一人として喜んだ。「聖ヨセフの問題に関して定められたことは私にとってひじょうに喜ばしいことでした。私は長い間そうしたものを待っていたのです。イエス・キリストとの関係における聖ヨセフの働き（『養父』）は、教会の範型としては、マリアの範型よりはるかに正確な範型なのではないでしょうか(49)」とバルトは教令が出た直後クルマンに書いている。一九六三年三月二日のテュービンゲンの学生との対話では、次のように説明している。「それゆえに、聖ヨセフは、そこですでに全くアクティヴな役割を果たしています。しかしそれは奉仕的役割であって、支配的役割ではありません。……聖ヨセフは誠実で正直、彼は良き僕です。それが教会です。マリア論の展開がこうした方向に進んでいくようには私には思われません。しかし、そういう風に進んでいく可能性はあります。というのはそれはヨハネ二三世のやったことの一つであり――驚くべきことだったからです。すなわち彼は、ミサ典礼書に、今までなかったヨセフを入れました。なるほど聖マリアの後に名が上げられるのですが、しかしともかくその次に来ています。つまり洗礼者ヨハネの前に、パウロとペトロらの前にです(50)」。「私の見るところ、ヨセフは、キリストに対して、教会に帰せられる役割を果たしました(51)」。こうしてバルトは教会論に組み入れられたマリア論の内容に疑義を呈し、同時にミサ典礼書にヨセフの名が加えられたことを評価することで、「奉仕」を中心概念とする自らの教会理解を示した。『教会憲章』にマリア論は組み入れられたが、バルトからすればマリア論がカトリックの教会論にとって絶対に不可欠なものとは見ていなかった。それはローマ訪問の期間を通してバルトがいだいた印象であった。つまり「カトリック教会はマリア論と共に立ちもし倒れもするわけではない(52)」と見ていた。

さて『教会憲章』に対するバルトの問いかけの中からもう一つ取り上げておきたい。それは「理解のための設問1」と「批判的な設問1」に関わる。「批判的な設問1」でバルトはこう問う、「キリストと彼の教会とのあいだの隔たりはどこに残っているのか。……教会は啓示なのか、また受肉の延長なのか」と。バルトは『和解論』第一部で教会の存在を論じる中で、たとえば回勅『ミステチ・コルポリス』（一九四三年）に見られる、教会を「ソレ自身アタカモキリストノ今一ツノ位格デアルカノヨウニ」(ipsa quasi altera Christi persona) 見る見方、すなわち、イエス・キリストと教会との同一視を批判した。いうまでもなくバルトはキリストと教会を分離して考えなかったし、またキリストの体をたんに象徴的に理解することにも反対した。教会は彼の体であるのであり、彼の体は彼の教会であるのである。バルトはキリストの体と教会の同一視を、徹底して聖霊における神的活動において見た。可視的教会と不可視的教会の非弁証法的同一視を批判し、可視的教会において、それが不可視的教会、すなわち「イエス・キリストの地上的・歴史的現実存在」であることを信仰の事柄と考えた。キリストの体としての教会は信じられるべきものであるほかないのであり[53]。啓示の継続でも、延長でも、広がりでもないのである。

1963, S.13.

(47) Ad Limina, S.14.

(48) *K. Barth*, Briefe 1961-1968, GA V (6), S.344 (1966.6.27), S.347 (1966.7.16), S.453 (1967.11.4). Vgl. Ein Brief in Sachen Mariologie, in : Ad Limina Apostolorum, S.61-66.

(49) *K. Barth*, Briefe 1961-1968, GA V (6), S.103.

(50) *K. Barth*, Gespräche 1964-1968, GA V (28), S.102.

(51) *K. Barth*, Gespräche 1959-1962, S.415, GA V (25).『レアリテ』紙に発表されたもの。

(52) *K. Barth*, Ein Brief in Sachen Mariologie, in : Ad Limina, S.66.

(53) KDIV/1, S.744.

こうしたキリストと教会との同一視はキリストの体としての教会という概念に生じやすい誤解である。むろんバルトは正当に教会の存在の独自性をあらわすものとしてこの概念を重視したが、この概念以上に「神の民」というもう一つの教会の聖書的規定を重んじた。「理解のための設問1」はそれに関係する。『教会憲章』では「教会の神秘について」（第一章）と「神の民について」（第二章）の関係に関して、これだけではどちらが優先的に理解されているか、必ずしも明らかではない。イヴ・コンガールは「神の民は真にキリストのからだである。こう言ってはじめて、教会とキリストの関係が十分に表わされるのである」[54]と述べ、『教会憲章』を擁護した。[55]一方バルトは教会をイエスラエルと共に地上を旅する神の民（Gemeinde）と理解し、それを「キリストの体」に優先させて、終末論的・聖霊論的な教会論を展開しているように思われる。[56]こうしたバルトの教会理解が「信徒使徒職」の高い評価と無関係でないことはすでに指摘した通りである。

〔付録〕公会議公文書に対するバルトの設問表

一般的設問

1、公会議の諸決議には、特定の中心点、重点があるのか。
2、第二バチカン公会議は改革公会議だったのか（折りにふれて否定された！）。
3、アジョルナメントとはどういう意味か。何に対する『適合』（Anpassung）なのか。
4、問題の中心は、
（a）教会を基礎づけている啓示の光における教会の（理論的かつ実践的な）自己理解の革新なのか。そ

れとも

（b）現代世界の光における教会の今日の思惟と語りと行為との革新なのか。

5、もし両者であるなら（司牧的課題！）、どちらが優先的なのか。

6、公会議後の展開の中で、力点はこれら二つの革新のどちらにあるのか。

7、上の（b）を選択する公会議の『進歩的』多数に属する人たちは、その場合近代プロテスタンティズムにおいて始まった誤謬の望ましからざるくり返しが容易に起こり得るという危険に気づいているのか。

典礼憲章（Constitutio de sacra liturgia）についての設問表

Ⅰ　理解のための設問

1、典礼のことで公会議にとって決定的に問題だったのは、以下の実践的な革新ないし新しい企てだったのだと受けとるとき、公会議は正しく理解されているということなのか。

（a）より一層強い聖書の尊重（35・1―2；51）。

（b）ミサ礼拝への説教の統合的一体化（9―52）。

（c）典礼の簡素さ、短さ、分かりやすさ（34）。

---

(54) Y・コンガール『神の民としての教会』（『旅する神の民』一一二頁）参照。

(55)『カトリック教会のカテキズム』（一九九二年、一九九七年ラテン語規範版、二〇〇二年邦訳、日本カトリック司教協議会教理委員会）は、「聖なる普遍の教会を信じます」（第九項）の説明で、その第二節を「神の国、キリストのからだ、聖霊の神殿としての教会」と表記し、「神の民」の規定を優先させた。

(56) 拙著『カール・バルトの教会論――旅する神の民』二〇一五年、二九七頁以下、参照。

（d）それぞれの国の言葉をできるかぎり用いること（36、54・63・78・101）。
（e）様々の異なる文化とそれに対応する習慣への適合（40）。
（f）典礼全体にすべての者が自覚的・行動的に参加すること（19・48）—犠牲奉献にも（48）？
2、しかしそうしたすべての実践的な要請の意味は、一九六三年一二月四日のドイツ語圏司教団の宣言に従えば、「活けるカトリック教会の内的な革新」なのだろうか。
3、いま申し立てられた諸要請の中に、公会議の意義からして中心的な重要性と緊急性をもつであろうものが一つ、ないし複数あるのだろうか。

Ⅱ　批判的な設問

1、典礼によって贖《あがな》いのわざが『行われる』とはどういうことか（1、2・6他多数）。神の民の中心的な応答、あるいは神の民によって遂行される証しの概念のほうが、いっそう適切なのではないだろうか。
2、ミサにおいてキリストは、ただ「奉仕者自身のうちに」のみ、またただ「聖体の両形態のもとに」のみ現存しているのだろうか（7・1）——というのも、48によれば、キリスト「信者が司祭とともに汚れのないいけにえをささげて（自分自身を）」ささげるのだから。
3、両形態による拝領が55で（司祭のそれを除けば）例外のケースとして取り扱われるのはどのようにして基礎づけられうるのか。そのためにトリエント公会議を参照指示するだけで十分なのか。
4、ユーカリストの祝いは、新約の教会においても、この典礼憲章でも他の第二バチカン公会議のテキストでも、それに帰される支配的な意味をすでに有していたのだろうか。

教会憲章についての設問表は（二三〇）頁に掲載。

神の啓示に関する教義憲章（Constitutio dogmatica de divina revelatione）についての設問表

Ⅰ　理解のための問い

1、公会議は『啓示の源泉について』というタイトルを拒否することによって何を回避したのか。

2、なぜこの憲章には、第一章、すなわち、第一バチカンとの並行を開始しかつそれを支配する第一章『……神について』が欠けているのか。

3、なぜこの憲章の第一章において、ようやく終わりのところで（6b）――第一バチカンの中心命題を説明しつつではなく、ただまさに言及して思い起こさせるだけによって――あの神が語られるのか。

4、なぜこの憲章の第一章は実質的にキリスト論的かつ救済論的な諸言表（2―6a）によって開始され支配されるのか。

5、なぜこの憲章には、第一バチカンにおける第二から第三章の弁証全体（信仰と理性について……）が欠けているのか（第一バチカンの『司牧的』意図にもかかわらず！）。

6、なぜここで啓示の『伝達』（＝伝承）の特別の教説が――10b以下ではさらに「聖伝」＋「聖書」＋「教導職」の三つ組の教説（二つないし三つ全部を解釈しつつ）があらわれるのか――しかしなぜ、憲章は、第三～六章で実際はただ聖書についてのみ語るのか。

Ⅱ　批判的問い

1、4bによれば、いかなる新しい『公的啓示』も存在しないのか――7以下によれば、「聖伝」とは、使徒たちによって聞き取られ証しされた啓示のさらなる伝達と証言にすぎないのか――10bによれば、教導職も、神の言葉の上にある（24aによれば、聖書の上にある！）のではなくて、それに仕える――そうであるなら、なぜ「聖伝」（7b、9a、10a、10c）は聖書の前に位置づけられているのか――またそうであるならいかにして三つ組（聖伝、聖書、教導職）ということになるのか（10ｃ）、またこれら三つ組の相互の結びつきということになるのか――トリエントの「同じ敬虔の情……をもって」受け入れということになるか。
2、聖書に関して21ｃで言われていることがもし妥当するのなら、ユーカリストへの参与は、どこまで教会の霊的生の増大なのか、『神の言葉をあがめ敬うこと』は霊的生へのたんなる刺激にすぎないのか。

現代世界憲章（Constitutio pastoralis de Ecclesia in mundo huius temporis）についての設問表

Ⅰ　理解のための設問
1、この憲章に――いずれにせよヨハネ二三世の目論見という光において見るなら――公会議の作業全体の本来の核心を見るべきなのか。
2、聖書的・キリスト教的要求ないし約束と内世界的な発展の起源・意味・目標との並行主義をどのように理解すべきか。
3、とくに第二章でフランス革命の古典的な合言葉（自由・平等・博愛）がカトリックの社会教説にあらゆる形で統合されているというのは本当なのか。
4、数多くの終末論的指示（最も強い指示は第三章39）は世界発展に内在的な目標と関係づけられているのか、それとも世界発展から超越した目標と関係づけられているのか。

Ⅱ　批判的設問
1、世界発展の可能性に関する憲章に一貫した楽観主義は共観福音書やパウロ書簡の語り口と一致するのか。
2、この世への宣教よりこの世との対話が優先されなければならないというのは本当に確かなことか。
3、なぜ公会議は具体的な態度決定をあまりはっきりさせることをしないのか。われわれの世紀の只中の現実的な問題性の中で公会議の預言者的機能はどこに残っているのか。

エキュメニズムに関する教令（Decretum de oecumenismo）についての設問表

I　理解のための設問

1、エキュメニカルな対話においてすべての人（カトリック教徒も）が、以下のことを真剣に呼びかけられているのか。

（a）教会についてのキリストの意志に対する自分の忠実さを反省し、刷新と改革の事業に精力的に取り組むことを（4・2）。

（b）分かれた兄弟（fratres sejuncti）に対して最初の数歩を踏み出すことを（4・5）。

（c）とりわけカトリックという家族それ自身の中で刷新し実行すべきことがらを注意深く考察することを(4.5)。

2、人は、カトリック教会を、将来にわたって、教会に必要な改革をたえず行うように招かれているものと見ることが許される（見なければならない）のか（6・1）。

3、「カトリック教理の諸真理とキリスト教信仰の基礎との関係は種々異なったものであるため……それらの諸真理の間に秩序、すなわち『順位』が存在する」（11・3）とはどういう意味か。その『必要なことがら』とはいかなるものか（4・6）。

4、以下の二つの命題は、ただ東方の『分かれた兄弟』（fratres disjuncti）のためだけに妥当するのか（17・1）。

（a）啓示された唯一つの神秘の一方と他方とにおける種々相の特徴に関する命題。

（b）多くの異なった神学的表現の（対立性ではなく）補完性に関する命題。

Ⅱ　批判的な設問

1、『われわれの分かれた兄弟の間にも』（1・2）とはどういう意味か――「エキュメニカル運動」はカトリック教会の外部で生まれたのだから――その上ではじめてカトリック教徒は参加へと呼びかけられているのだから（4・1：4・10：24・2）。

2、非カトリック諸教会などのこうした先行（3・2―4・7以下）が、なぜはっきり承認されないのか。

3、3・5について。コリントの信徒への手紙一、一章一二節に言及されているケファ党は他の三つの党と違って全権を任された一つの完全なカトリック教会だったというのか。

4、現実の生活の中に普遍性を完全に実現させることが、4・9に従えばカトリック教会自身にとっても困難だとすれば、それは分かれた兄弟という概念の定義（完全さの欠如！）にとって、何を意味するのか。

5、『アブラハムの子孫』に対する教会の関係が『キリスト教以外の諸宗教に対する教会の態度についての宣言』においてはじめて語られるのではなくて、なぜ最もつまずきとなること、すなわち、教会とシナゴーグの大シスマ〔教会分裂〕（ローマ九～一一章、エフェソ二章）が、ここで取り扱われないのか。

『信徒使徒職に関する教令』（Decretum de apostolatu laicorum）についての設問表

Ⅰ　理解のための設問

1、3・1―4・4における信徒の召命、彼らの権利と義務（3・4：25・1）、彼らのキリストへの直接的な帰属性、彼らに与えられた聖霊、信仰、希望、そして愛の賜物、およびキリストの三職と教会の派遣への参与（2―4）に関する論述によれば――また29・2―7における彼らの〔使徒職に向けての〕養成に関する論述によれば――、信徒使徒職を教会全体の使徒性から本質的かつ根本的に区別するのは何か。

2、信徒使徒職は、その内部に種々の奉仕が存在する教会そのものの使徒性の真正な形態ではないのか。信徒使徒職と並んで位階制度の特別の使徒性はどこまで存在しうるのか。

3、望ましい信徒の活動（9による）は、ここで言及されている女性に対しても妥当するのか。5（10・1も参照）に従って言えば、それは「教会の中でも世においても、霊的な秩序においても現世の事物の秩序においても」なのか。

4、信徒使徒職のための特別な事務局はすでにつくられ機能し始めているのか。

Ⅱ　批判的な設問

1、なぜ信徒使徒職は――それが時代に適合し必要だから（1・2）というのではなくて――教会を神の民と定義することによって基礎づけられていないのか。

2、もしマリア（4・8）が信徒使徒職の完全な模範であり――そしてそのような者として「使徒たちの元后」（したがってペトロとその仲間たち、また彼らの後継者たちの元后でもある）であるならば、まさに信徒使徒職が教会の使徒性をになう他のすべての者たちの上に位置づけられているということについて語ってはならないということなのではないだろうか。

3、この教令において（11・2；11・4；13・1……）信徒の課題を表すために用いられた証しの概念は本来世に対する教会全体の課題を表すのに相応しいものなのではないのか（使徒一・八、二・三二他）。次のような言い表しもあるのだから、すなわち、「証しという共通の義務のゆえに！」（27・1）。

教会の宣教活動に関する教令（Decretum de activitate missionali Ecclesiae）についての設問表

Ⅰ　理解のための設問

1、この教令と、「教会」に関する憲章〔教会憲章〕、および「今日の世界における教会」に関する憲章〔現代世界憲章〕、それに「宗教的自由」に関する宣言〔信教の自由に関する宣言〕、これらの関係はどのようなものなのだろうか。そこからして、人はこの教令のすぐれた基本テーゼ——教会は本質的に宣教（*Mission*）の教会であり、宣教は本質的に教会それ自身の課題である（2・1：35・1：20・8）——に対して覚悟ができているわけではない。

2、この基本テーゼの遂行において教会は、自らが相変わらず病んでいたこと、「この世」の物理的かつ精神的な暴力に耐えることができなかったこと、つまりこの世にあって教会が宣教的教会であることを躊躇しあるいは止めてしまったこと（小アジア！、北アフリカ！、東バルカン！、ルター派と改革派の正統主義！）を想起しないでよいというのだろうか。

3、逆に言えば、すべての内教会的覚醒運動、革新運動、ないし改革運動の真正性の基準とは、教会が宣教の課題に新しく着手することにおいても教会として真価を発揮するかどうかではないのか（われわれ福音主義者は一六世紀の宗教改革はこの点で対抗宗教改革（イエズス会！）に遅れをとり、ようやく一八世紀になってこの点でより良い方向で考え始めたと告白しなければならない！）。

4、まさにこの教令（特に1—9）で以下のことは偶然であろうか。

（a）きわめて詳細かつ確信をもって釈義的に議論が進められていること。

（b）ミサ犠牲の役割が奇妙なほど後退していること。

（c）この連関でマリア論は不必要なもののように見えること。

Ⅱ　批判的な設問

1、くり返し。この世を救済しかつ革新するのが教会であろうか（1・1）。教会の課題、すなわち、イエス・キリストの最初の来臨と最後の来臨のあいだで、福音の宣教によって、彼について証しをするという教会の課題は、十分大きくかつ栄光に満ちたものではなかろうか。

2、宣教的課題としての教会的一致への呼びかけについて語られていることは（6・6と7・1）、カトリックでないところで洗礼を受けた新しいキリスト者たちの間におけるカトリックのプロパガンダをそれ自身に含むのではないか。

3、それともこうしたプロパガンダは宣教においてもエキュメニズムに関する美しい論述（15・5と29・3）によって排除されるのか。

キリスト教以外の諸宗教に対する教会の態度についての宣言（Declaratio de Ecclesiae habitudie ad religiones non-christianas）についての設問表

Ⅰ　理解のための設問

同胞としての人間（Mitmenshen）は、他にとって疎遠なそれぞれの人種や階級を理由に、キリスト教でないそれぞれの宗教を理由に、キリスト者によって差別されたり迫害されたりしてはならない（4・7：5・3）。彼らはキリスト者によって、キリスト、すなわち、すべての人間の罪のゆえに、すべての人間の救いのために死んだキリストと関連して（4・8）、また神、すなわち、すべての者の父である神と関連して（5・1）、兄弟として扱われなければならない（5・1）。彼らの非-キリスト教的宗教は、彼らの中にある多かれ少なかれ可視的な――すべての人を照らすただ一つの真理の光の反映である――部分的な真理に目を向けるとき（2・3）、このただ一つの真理への普遍的な憧憬の表現として評価され、それどころか尊敬されなければならない（1・2：2・1―2）。それゆえにキリスト者は、彼らとも対話し、時に共働のため心砕くべきである（2・1；4・5）。教会はしかし、彼らに対し、たえず道・真理・命であるキリストを、完全な宗教生活であるキリストを——神がこの方において世をご自分と和解させたことにより完全な宗教生活がキリストに見いだされる——宣べ伝えなければならない（2・3）——キリストの十字架を神の普遍的な愛のしるしとして宣べ伝えなければならない（4・8）。

以上が最良部分（！）におけるこの『宣言』の私の解釈である！　公会議が考えているのと合致しているだろうか。

Ⅱ　批判的な設問

1、なぜテキストを、最良の部分において、いま述べたように解釈することが、それほど困難（もしかしたら不可能？）なのか。

2、『宣言』を支配する『非‐キリスト教的諸宗教』の史的な‐分析的な描出と解明に類比するものは旧約的あるいは新約的連関の中にどのような仕方で存在するのか。

3、なぜ諸宗教そのものに対する教会の批判的かつ宣教的課題が——事柄の中心としてではなく——ただ『宣言』の周縁にあらわれるにすぎないのか。

4、『宣言』のまさに（正当な）人間的関心は、それが諸国民〔異邦人〕の使徒であるパウロの確かな方法に基づいていたなら、もっと妥当性をもつことができたのではないのか。というのもパウロは、ユダヤ人と異邦人に、彼らのために十字架にかけられた方——ユダヤ人にはつまずき、異邦人には愚かなものであるが——だけを宣べ伝え、まさにそのところから彼らに人間として語りかけ、彼らを同胞人間性へと呼び出すからである。

5、『宣言』はどのようにして（2以下）、宗教学においてとうに古くなってしまった原始的な宗教に対する「高度な諸宗教」を際立たせるいうことを一緒になってやることになるのか。しかしそのときこれ〔高度な諸宗教〕

と十字架の言葉との対立はいっそう明らかでいっそう危険なものである。

6、『宣言』はどのようにして（4・1以下）、イスラエルの歴史と現在に目を向けながら――ヒンズー教、仏教、イスラム教とともに一息で――『非‐キリスト教的宗教』について語ることになるのか。しかも以下のことが問題であるそのところで語ることになるのか。

（a）旧約聖書で『宗教』ではなく神の啓示の原形態が問題の中心であるところで。

（b）後期の、また現代の（信仰的あるいは非信仰的な）ユダヤ教の現実存在において唯一の自然的（世界史的）神の存在証明が問題になっているところで。

7、古代、中世、そして広くまた近代の教会の反ユダヤ主義的態度を前にして、本来ここで適切なことは（キリスト教の分かれた兄弟に対してなされる以上に）明確な罪責告白だったのではないか。

8、さて3・2について。ムスリムに言及する場合、いわゆる十字軍における教会の致命的役割のことを想起するなら、こうした文言は⁉

信教の自由に関する宣言（Declaratio de libertate religiosa）についての設問表

Ⅰ　理解のための設問

公会議は、この『宣言』において、自らをキリスト者ないし教会に向けているのではない、そうではなくて（1・3）自分たちの利益のために（すなわち自分のために《プロ・ドモ》語りながら）国の政府に向けている。公会議が国の政府から要求するのは、自らの信仰を唯一の真の宗教として確証し拡大するためのキリスト者ないし教会にふさわしい活動の場である（1・2―3：15・1他）。この要求を公会議は人間の人格の自然的尊厳を指示することによって基礎づける（2・2：15・2他）。じっさい人格の宗教的自由は啓示において間接的に、すなわち、信仰の存在によって（10）、キリストと彼の使徒たちの行動によって（10—11）確証され解明され、それだけでなく教会によっても基本的にはいつも主張された。公会議はこの宗教的自由を、すべての人間に、つまり差し当たって非‐カトリック教徒とその組織にも、しかしとりわけカトリックのキリスト教徒とカトリック教会に帰属し、司法的‐法律的に確証されるべき、そして国の政府によって徹底して実践されるべき権利として要求する。公会議は、最後に、国の政府に、こうした要求を満たすことがその最も固有な関心でなければならないと教える（6・8・3・15・4）。

さて、以上で、私はこの『宣言』の意味と意図を正しく理解し再述しているのだろうか？

Ⅱ　批判的な設問

1、教会（カトリック教会だけでなく！）は、その国家との結びつきの中で『汝ら彼らを強いて入らしめよ』（cogite intrare）〔ルカ一四・二三〕によって支配された歴史に可能なかぎり広く目を注いだとき、積極的にこうした要求の声をあげることが正当に認められているのか。

ここでも本来相当広範囲におよぶ罪責告白がふさわしかったのではなかったか。以下の12・1の言葉で十分なのか。「神の民の生活の中においても時には福音の精神にあまりふさわしくない行動のしかた、さらにはそれに反する行動のしかたもあった。とはいえ、何人も信仰を強いられてはならないという教会の教えはつねに保持されたのである」。

2、いつ、またどこで、旧新約聖書の証人たちは、生活のために、また彼らの信仰の宣教のために——そして他の諸宗教の代表者のために！——法的に保証された活動の場を要求したか。

3、いつ、またどこで、彼らは、彼らの事実的に作動している自由を、人間の人格の自然的尊厳を指示することによって基礎づけることをしたか。

4、いつ、またどこで、彼らは、この自由を、支配的権力の固有の関心の中にあるべきものとして推薦したか。
5、いつ、またどこで、彼らは、この支配的権力が彼らに向けて行使した彼らの自由を脅かす圧力と強制に対して、苦しみつつそれに抵抗することによるのとは別の反応をしたのか。
6、なぜ『宣言』は（一番最後の15・5を除いて）、御子がそこへとわれわれを自由にするまことの自由（ヨハネ八・三六）――それは主の霊のあるところにある（コリント二、三・一七）――について一言も語らないのだろうか。解放をもたらす「キリスト・イエスによって命をもたらす霊の法則（ローマ八・二）――教会はそれを忍耐しつつ「一心に見つめ」（ヤコブ一・二五）る、しかしまたそれは自らの危機でもある（ヤコブ二・一二）――について一言も語らないのか。要するに「神の子供たちの栄光に輝く自由」（ローマ八・二一）について一言も語らないのか。
7、教会――この自由を得るために召し出され（ガラテヤ五・一三）、この自由に踏みとどまる（同五・一）教会――は、自分と語りまた自分のために語りつつ、いわゆる「宗教的自由」をも、国の政府およびすべての人間に対して、この『宣言』でなされているよりももっと強力に証ししなかったのだろうか。(57)

(57) 以上の質問表は、Ad Limina, S.21ff.

『最後の証し』――終章に代えて

バルトの最後の著作『最後の証し』を最後に取り上げたい。

われわれはここまでバルトとエキュメニズムの関わりをその神学的履歴の始まりから晩年まで辿ってきた。われわれはエキュメニカル運動への批判からはじまったバルトの歩みがドイツ教会闘争への参与をへて積極的なものに転じ、五〇年代半ばからはとくにカトリシズムとの関係を深めていった次第を確認した。しかしそれは何か本質的なものが変わったと見るよりも、もともとあったものが様々のことを契機にしてあらわになって行ったと考えたほうがよいと思う。一九六二年、ドゥ・ケネタンのインタビューへ答えて語ったバルトの言葉はそのことを示唆している、すなわち、「私の関心は、いつも、エキュメニカルな神学、つまりある特定の教派の狭い範囲の中に包摂されない神学を教えることでした」。彼の神学ははじめから全教会的なもの、エキュメニカルなものを宿していた。こうしたことが最晩年のバルトの歩みを説明する。われわれはそれを『最後の証し』を瞥見することで確認して終わりたいと思う。

本書はエーバーハルト・ブッシュの跋文とともに、一九六九年、したがってバルトの没後に出版された。バルトは一九六八年八月二一日突然の病気で生命の危険に直面する。手術の結果一命はとりとめ、九月に帰宅できるまで回復したが、過去四学期つづいていたバーゼル大学でのコロキウムをその冬も行うことは難しいことがはっきりするなど生活上の制約が生じていた[1]。それでもジャーナルへの寄稿、ラジオ出演、インタビユーの申し込みなどにバルトは応えた。ここに収められた小品五編は一一月から一二月一〇日まで一ヶ月あまりのものであり、「美しく咲く秋の花」(E・ブッシュ)[2]にもたとえられた。最後に収められた「新しい出発・立ち帰り・告白」の未完成の草稿は彼の絶筆となった。

『最後の証し』に収められた五編のうちエキュメニカル運動ないしエキュメニズムに言及しているのは三編である。はじめに「この人と音楽を聴く」と「カトリックおよびプロテスタントのラジオ説教を聞いて」の二編を取り上げ、次に彼の最後の講演草稿「新しい出発・立ち帰り・告白」を見てみることにしたい。

はじめに取り上げるのは「この人と音楽を聴く」という一編である。これはスイス・ドイツ語放送の人気番組「この人と音楽を聴く」のラジオ対談である。一九六八年一一月一七日に放送された。[3]

この中でインタビューアーは「実にアクティヴにお力添えなさった領域」(三三頁)としてのエキュメニカル運動についてバルトの発言を促した。これに答えてバルトは自分の貢献は「つつましい」ものであったとしつつ、一九四八年のWCCアムステルダム大会からはじめて第二バチカン公会議との関係にまで触れている。われわれもすでに取り上げた公会議後のローマ訪問(本書第五章)については「いわば私的に、まったくわたし個人として、頼まれたわけではなくて」(三五頁)おこなったエキュメニカルな一つの小さな運動だったと語っている。また居住地ブルーダーホルツのカトリック教会との交流なども同様のものとして言及している。じっさいに晩年のバル

(1) ブッシュ『生涯』七〇八頁。
(2) *Barth*, Letzte Zeugnisse, 1969, S.73.
(3) 括弧内は、『最後の証し』小塩節・野口薫訳、一九七三年、の頁数。以下同じ。

トはカトリック教会の要請に応じて何度も対話集会などをおこなっていた。また健康上の理由で教会に行けない日が多くなってくると、決まって日曜の午前ラジオでカトリックとプロテスタント両方の説教を聞くようになっていた。そこにある種の協和音を聞き取り、次のように語っている、「ここでは、目に見えるエキュメニカル・ムーヴメントなしに、教会は進みつつあるのです」と。ただしこう付け加えることを忘れなかった。「わたしはオプティミストではありません。わたしたちは再統一ということをこの身で味わうことはないでしょう。しかし、今日、おたがいに語り合うということは、それだけでも大したことですよ。……」（三七頁）。

さて次に同じくラジオで流されたスピーチ、本書の第四編「カトリックおよびプロテスタントのラジオ説教を聞いて」を見てみよう。彼はこの放送で、日曜日の朝ラジオで改革派とカトリックの説教を聞いて感じるところを率直に述べている。

何よりもバルトは、ラジオから流れる両教会の説教を高く評価した。「聖書に密着し、生活に密着していることをもって、よい説教を見分ける決定的な基準と見なすことが許されますなら、わたしの印象では（遺憾ながら当然例外はあるにしましても）総じて立派な――すなわち説得力を持ち、よくまとまった信仰を益する――説教が行なわれておりました」（七四頁）。その上で彼が聞き得た説教に関してじっさい「エキュメニカルな性質のもの」（七七頁）ばかりであったという。それは両教派の語彙の不一致などよりも「福音そのものにますます集中してゆこうとする、事柄の本質における新旧両派の一致のほうがずっと大きなものとなったきた」（七八頁）からである。換言すれば、新旧いずれの側においても終始「イエス・キリストに焦点を合わせようとしている」（七九頁）からにほかならないのである。それゆえバルトによれば「教会の再統一は、わたしの見るところでは、なお遠い先のことと思われます。けれども、わたしの耳にした限りの説教にあらわれたもろもろの教会は、この遠い

（一番遠い、とは言わぬとしても）目標に向かっての歩みの途上にあるということ、これもまた否定できません」（同上）。

次にバルトは、両教会の説教を聞いてとくに申し上げたい点としていくつかのことを述べている。まずプロテスタントに対して、改革派においてなるほど従来から説教が中核的要素を占め重んじられているけれども聖餐式も同じく重視されねばならないとして、次のように問いかける、「礼拝に、説教と聖餐式という二つの中心点をおくこと、――これこそは当時、ジュネーヴ派がベルンの圧力に負けてやむなく退けてしまったところの、ほかならぬカルヴァン自身の意図でありました！　どうしてわれわれの礼拝においては毎日曜日、すべての教会において（少なくとも全会衆の立ち会いのもとに）聖餐式がもたれないのでしょうか」（八二頁）。われわれはバルトの晩年のバーゼル刑務所での礼拝（一九五四～六四年）でほとんどの場合説教とともに聖餐式が行われていたことを思い起こす。他方カトリック教会に対して、一般に行われている主題的説教で多くの場合聖書がいぜんとしてないがしろにされていることに苦言を呈しつつも、聖書中心主義が着実に進んでいることを認め評価し、またその期待も表明した。最後にバルトは彼が良い説教の基準として掲げていた「聖書に密着していること」と「生活に密着していること」のうち、後者に関連して、改革派の説教でも生活からかけ離れた説教を聞くことはあったが、この点ではカトリック教会の説教のほうが問題はより大きく、それは聖職者の在り方（独身主義）と無関係でないのではないかと問題を提起している。

最後に『最後の証し』の終わりに置かれたバルトの絶筆、講演のための草稿「新しい出発・立ち帰り・告白」を取り上げたい。

一二月三日、バルトは、訪ねてきたチューリヒのカトリック神学教授ヨハンネス・ファイナーの依頼に応じ、一九六九年一月はじめに開催予定のパウルスアカデミー（チューリヒ）のエキュメニカル祈祷週間の講演を引き受けた。問題はテーマであった。Ｅ・ブッシュの『日録』によれば、[4] バルトが彼に「ブッシュ君、テーマ！」と言ったので彼は「出発と立ち帰り（Aufbruch und Umkehr）！」と丁重に答えたという。バルトは動詞で（Aufbrechen und Umkehren）言うほうがよいとし、さらに三つ目の概念として「告白すること」（Bekennen）を加えた。ファイナーも満足し、こうして演題は生まれた。本稿は講演準備の最初の試みとして記されたものであり、それも全部をカバーしていない。ブッシュも跋文で指摘しているように「未完成のまま」[5] であることを本稿を取り上げるさいわれわれも忘れてはならない。

この講演でバルトは「カトリックおよび改革派のキリスト者諸氏」（九三頁）に、教会がこの世にあって最善の奉仕をなすのは教会自身が「出発し・立ち帰り・告白する」ことなのだと語りかけることから始める。動詞によるこの三つの概念は教会の指標《メルクマール》というものではなくて「教会の行なうただ一つの運動にその源を発する」（九四頁）。この一つの運動についてバルトは語ろうとした。

この運動のモデルをバルトは出エジプトの出来事に求めて「出発」と「立ち帰り」を描いた。[6] 草稿は「立ち帰り」の途中までで終わっており、「告白」の部分はメモが残されただけであった（一一六頁）。教会の運動は第一に「力強い出発」（九六頁）である。「出発とは……危機的な運命の岐路において起こります」（九七頁）。それは古いものからの訣別であり、希望においてのみ肯定される新しいものに敢然として身を向けることであり、選択であり、決断にほかならない。ただその場合、彼によれば、未来に対して然りを言うことが第一のことであって過去への否はそれにつづいて来るものである。その意味でもしカトリック、プロテスタント両派の中で、否だけが響くとすればたとえ理由があってもそれは空しい。「教会が従来のものに対して重要な否を言う時、それは一つの明快で、しかも好意的で喜びにあふれた否」（一〇〇頁）である。かくてこう結論づけられることになる、「教会の、まことの、そして正しい出発が行なわれるのは、教会が、新しいものを約束として、したがって未来のこととして、だがしかし明らかな確かな約束と未来として目の前にしている時だけなのです」（同）。

教会の運動の第二は「力強い立ち帰り」（一〇四頁）である。立ち帰りとは、先に進むためにひとまず今来た方向に戻ることである。前進と後退、これは教会にあっては矛盾しない。むしろこの二つにおいて「一つの運動」が表されている（一〇四頁）。しかし古いものとは、たんにあれこれの過去の出来事を意味しない。教会は古いものを、そこへ向かって出発すべき新しいものと見ている。とすれば、「問題は、すでにそもそものはじめにあったところのもの、に立ち帰ることです。なぜなら、このもっとも古きものに向かう方向にある場合だけ、新しいもの、未来のものに向かっての出発は、正しいものであり得るからです」（同）。プロテスタントにとって宗教改革も、カトリックにとってトリエント公会議も、立ち戻る最終的な場所ではない。原始キリスト教もそうではない。「教会は、原始キリスト教に立ち帰るのではなく、新しいもの、すなわち、最初に、直接的に、そして続くすべての時代に規範を与える形で、原契約書（Urkunden）に証言されているところのものに立ち帰るのです。パウロは自分自身を告知しているのではなく、十字架につけられ死人の中から甦られたイエス・キリストを告知し

（4） *E. Busch*, Meine Zeit mit Karl Barth : Tagebuch 1965-1968, 2011, S.685.

（5） *Barth*, ibd., S.76.

（6） 解放の神学との関連性については以下を見よ。Vgl., *Peter Eicher*, Exodus, Zu Karl Barths letztem Wort, in : Peter Eicher, Michael Weinrich, Der gute Widerspruch, 1986, S. 11-75 ; *ders*., Gottes Wahl : Unsere Freiheit. Karl Barths Beitrag zur Theologie der Befreiung, in : Karl Barth : Der Störenfried? 1986.

ているのであり、ペテロやヨハネも、それから福音書記者たちも、それぞれの仕方で同じことをしているのです。彼が、この方こそが、同時に新しくもあるところの古きもの、なのです。キリストは教会に向かって来られ、教会はキリストに向かって歩みます。それはかつて在り給うた方としてのキリストに向かってです。教会は立ち帰りの中で彼に向かって出発するのです」(一〇七頁以下)。教会の出発とは教会の根源への立ち帰り、すなわち、イエス・キリストへの立ち帰りにほかならない。ただこうした教会の立ち帰りは、良くも悪くも、過ぎ去った古いものも同じ根源から出てきたものであるかぎり、これら古いものに対する「尊敬と感謝の行為」(一〇八頁)でもなければならない。

さてここに示されたバルトの立場は、われわれが本書でこれまで明らかにしてきた立場と変わらないと言ってよい。プロテスタントも自らの根源であるイエス・キリストに立ち帰らなければならない。カトリックも同じである。そのようにしてそれぞれが、またあらゆる教派が、それぞれの根源へと立ち帰るべくつとめれば、すでになっているイエス・キリストにおける一致をわれわれは喜びをもって確認することであろう。たとえそれが少し先になろうと!

カール・バルトのキリスト者としての、また重要な神学者としての地上の歩みは、この草稿の執筆をもって閉じられた。はじめに取り上げた「この人と音楽を聴く」の中で語った次の言葉を引いて本書のわれわれの最後の言葉としたい。

いまわたしはほんとうに自分が故郷としていることにふれるのです。——いや、その人のそばにいれば安らかである、そのかたというふうに申したい。恩寵というのも仮のことばにすぎません。わたしが神学者として、そして政治家としても語るべき最後のことばは、「恩寵」のような概念ではなく、一つの名前、イエス・キリストなのです。この方こそ恩寵であり、この方こそ、この世と教会とそして神学の彼岸にある最後のことばなのです（四二頁）。

この一つの名前、イエス・キリストへの立ち帰りこそ、二一世紀、地球規模の文明的諸課題が激しく押し迫ってくる中、教会が一致協力して福音の証しをなそうとするとき、すべての宗派・教派がともにとるべき姿勢であり方向でなければならない。

あとがき

本書はカール・バルトとエキュメニカル運動ないしエキュメニズムとの関係を巡って二〇一二年頃から書いてきた一連の論稿を集め、必要な修正を加えて一本としたものである（第五章は二〇〇三年に書いたものを採録。初出は記しておいたが、構成や内容に手が加えられており記録としての意味しかない）。

この主題への私の関心はバルトの教会論に取り組む中で浮上していた。はじめ教会論の中の一章として取り扱うことを考えていたが、独立して扱わなければ歴史的にも神学的にもきちんとしたことは到底分からないと思いそれは早々に断念、教会論を書いてから改めて取り上げることにし、ここにようやく日の目を見ることになった。昨年二〇一八年のカール・バルト召天五〇年に発表できればよかったが、生活環境の変化など個人的な事情もあり、二〇一九年になってしまった。いずれにせよそうした経過にてらして私としては本書を私の『カール・バルトの教会論』（二〇一五年）の続編と見ていただきたいと思っている。私が教会論のあとがきにも記したように、バルトでどのように教会を形成し伝道するのかという私の根本の問題意識に従えば、このテーマとの取り組みは今日不可避である。

カール・バルトとエキュメニズムという主題の文献は汗牛充棟といった具合ではない。あまり顧みられない領域である。それには初めの頃バルトが、エキュメニカル運動を批判していて、彼にはそれは疎遠なものだと誤解され続けたこともあるかも知れない。しかしじっさいエキュメニズムという視点からバルトの歩みを検討し、書き残したものを調べてみると、今日のキリスト教の在り方に対してもっとも的確な方向付けを与えるものであることが明らかになる。そのことを随所で強調した。諸教会が可能なかぎり一致して福音の証しにつとめるべき今日の時代にあって、この方面でのバルトの足跡が本書により改めて顧みられることになれば幸いである。

エキュメニズムに関係する文献は限りがない。しかしそれとバルトとの関係となると依拠できるような先行研究、研究書は多くない。四苦八苦しながら手探りで進んだ。二〇〇五年にゲッティンゲン大学に一年客員研究員として滞在したおり、エーバーハルト・ブッシュ先生からいくつか示唆されることがあり、それが今日まで一つの導きとなり支えともなった。

本書を世に送るにあたり、これまで研究の上で交わりをいただいた先輩同僚諸氏に、またとくに日本カール・バルト協会、日本ボンヘッファー研究会の兄弟姉妹の皆さんに心からの感謝を申し上げます。いろんな機会における忌憚のない、しかし楽しい議論に教えられることが多かったからです。

初出一覧

第一章　「カール・バルトとエキュメニズム」（第一章）、東北学院大学学術研究会『人文学と神学』第一三号、一〜二三頁、二〇一六年三月。

第二章　「カール・バルトとエキュメニズム」（第二章）、『人文学と神学』第一三号、二三〜四五頁、二〇一六年三月。

付論　「カール・バルトのエキュメニカルな神学への道（2）」、『人文学と神学』第三号、一〜一八頁、二〇一二年一一月。

第三章　「カール・バルトのエキュメニカルな神学への道（3）」『人文学と神学』第一〇号、三三～五二頁、二〇一六年三月。「カール・バルトのエキュメニカルな神学への道（4）」『人文学と神学』第一一号、六一～八二頁、二〇一六年一一月。「カール　・バルトのエキュメニカルな神学への道（5）」『人文学と神学』第一二号、一三三～一四五頁、二〇一七年三月。

第四章　「ミッシオ・デイとバルトの宣教の教会」、『人文学と神学』第一四号、三三～五六頁、二〇一八年三月。

第五章　「カール・バルトと第二バチカン公会議――とくに教会理解を中心に」、東北学院大学学術研究会『教会と神学』三七号、一〇三～一四五頁、二〇〇三年一二月。

本書の出版に当たり、日本キリスト教団信濃町教会から、二〇一七年度の神学教育研究資金の出版助成をいただきました。記して心から感謝いたします。運営委員会の皆様には丁寧に原稿を読んでいただき、助成に値すると見なしてくださったことは私にとって何よりも嬉しいことでした。頂戴したご助言、ご提言には、出版に至るまでの比較的長い間にできる限りお応えしました。今回も新教出版社から出版していただいたこと、小林望社長のご高配に心から感謝しています。

二〇一八年一二月　バルト召天五〇年に思いをはせながら

佐藤司郎

著者　佐藤司郎（さとう・しろう）
1946年山形に生まれる。東北大学文学部卒業。東京神学大学大学院修士課程修了。日本基督教団大洲教会、同信濃町教会牧師、東北学院大学文学部教授を歴任。博士（文学）。現在、日本基督教団仙台北三番丁教会牧師、東北学院大学名誉教授。
著書：『カール・バルトの教会論　旅する神の民』（2015年）、『われは教会を信ず』（2011年）、以上新教出版社、他。編著：カール・バルト説教選『しかし勇気を出しなさい』（2018年日本基督教団出版局）、他。

カール・バルトとエキュメニズム
一つなる教会への途

2019年4月1日　第1版第1刷

著　者……佐藤司郎

発行者……小林　望
発行所……株式会社新教出版社
〒162-0814東京都新宿区新小川町9-1
電話（代表）03 (3260) 6148
振替 00180-1-9991
印刷・製本……モリモト印刷

ISBN 978-4-400-31087-7　C1016

人名・地名・事項索引

（バルト、エキュメニズム、エキュメニカル運動を除く。括弧内の数字は注部分の頁数）

ア 行

カ 行

サ行

タ行

ナ行

ハ行

マ行

ヤ行

ラ行

ワ行